Morpheus

MATRIX CODE

Vom Autor ist außerdem erschienen:

Die Realitätenmacher – Physik des Bewusstseins,
2005, Trinity-Verlag

dritte Auflage

Copyright © 2005 by
TRINITY-Verlag
Postfach 8
A-1015 Wien
trinity@matrix-code.com
www.matrix-code.com

Druck:
Ebner & Spiegel, Ulm
Satz und Layout:
Trinity-Verlag
Umschlaggestaltung:
Sven Herrlinger
sven@x2010.de

ISBN 3-9501801-5-X

BEDIENUNGSANLEITUNG

WILLKOMMEN IN DER MATRIX!... S. 9

1 DER ZUTRITTSCODE...
- Matrix – der Film... S. 11
- Der Zusammenhang zwischen dem Film und diesem Buch... S. 15
- Die Matrix und die Wissenschaft.. S. 18
- Scheinwelten... S. 21
- Was ist die Matrix?... S. 24
- Naturwissenschaftliche Einführung................................... S. 25
- Eine Bitte an dich.. S. 27

2 GESPRÄCHE MIT MORPHEUS... S. 28

3 DER AUSGANG... S. 186

MORPHEUS' BRAIN

1 BEGINN DER SCHÖPFUNG... S. 191
- Der Schöpfungsprozeß neuer Galaxien............................... S. 194
- Schwarzes/Weißes Loch:
  Das Tor zu anderen Dimensionen – anderen Universen...... S. 194
- Der kosmische Quell des Lebens.. S. 196

2 BURKHARD HEIM UND DIE BESCHREIBUNG DES
  ZWÖLFDIMENSIONALEN RAUMES...................................... S. 198

3 DER HYPER-RAUM.. S. 205

4 DIE VERBINDUNG HYPER-RAUM – MENSCH.................... S. 206

5 DAS SPIEL DER GÖTTER... S. 210

6 DIE PHYSIKALISCHE EINFLUSSEBENE DER MATRIX(EN).. S. 222

7 DAS SPIELPROGRAMM DER SCHÖPFERGÖTTER........ S. 228
   • Wurmloch als Dimensionstor....................................... S. 238

8 DIE MATERIE ENTSPRINGT DEM GEIST....................... S. 241

9 DIE WIRKUNGSEBENEN DER MATRIX............................ S. 243

10 DIE ANUNNAKI UND IHR PLANET NIBIRU.................. S. 264

11 WISSENSCHAFTLICHE BEGRIFFE ERKLÄRT................. S. 267

Literatur- und Quellenverzeichnis... S. 287
Bildquellen.. S. 288

Willkommen in der Matrix!

Meinst du, es ist ein Zufall, daß du jetzt diese Zeilen liest? Hältst du es für möglich, daß du mit einer bestimmten Absicht als Mensch geboren wurdest?

Vielleicht erahnst du bereits die Antworten auf diese Fragen. Doch der Unterschied zwischen dir und mir ist, daß ich die Antworten bereits kenne und auch in der Lage bin, sie dir schlüssig zu erklären.

Nun magst du dich wiederum fragen, wer ich bin, daß ich solch eine gewagte Äußerung tätige? Wer weiß, vielleicht sind wir uns schon einmal in diesem Leben begegnet? Und doch würdest du mich nicht wiedererkennen. Ich könnte einer deiner Lehrer an der Schule oder an deiner Universität gewesen sein oder der Mann in der U-Bahn, der dich nach der Uhrzeit fragte... Ich lebe nicht im Verborgenen, ich lebe mitten unter euch. Allerdings trage ich ein Wissen in mir, welches ich dir und einigen weiteren Verbündeten nun anvertrauen möchte.

Innerhalb meiner Anonymität als Morpheus bin ich erstmalig bereit, über etwas Unglaubliches zu berichten. Ob das tatsächlich etwas mit *Glauben* oder *Un-Glauben* zu tun hat, wird dir nur dein inneres Gefühl verraten, weil sich dein Verstand zunächst einmal gegen all das folgende sträuben wird. Die andere Möglichkeit, die Glaubhaftigkeit meiner Offenbarung zu überprüfen, bestünde in einer umfangreichen wissenschaftlichen Recherche. Unabhängig vom Zeitaufwand bist du damit von der Glaubhaftigkeit deiner wissenschaftlichen Quellen abhängig.

Doch was ist Wissenschaft? Was ist Wirklichkeit? Was ist deine Wirklichkeit?

Mein eigenes Wissen führte mich zu einer revolutionierenden Erkenntnis, die ich dir nun teilweise anvertrauen möchte. Um jedoch den größtmöglichen Gehalt an einer Wissensvermittlung zu erreichen, werde ich mich etwas unkonventioneller Methoden bedienen.

Ich sehe hierin die nahezu beste Möglichkeit, mein Wissens-Erbe an dich weiterzutragen.

Es ist aus meiner Sicht kein Zufall, daß die *Matrix* gerade zu dieser Zeit als Film an die Öffentlichkeit trat, und es ist auch kein Zufall, daß du von seinem Inhalt in einer Einzigartigkeit berührt wurdest, wie die meisten...

So stellte ich den Matrix-Interessierten die Frage: *„Wenn ihr Morpheus einmal persönlich begegnen dürftet, welche Frage würdet ihr ihm dann stellen?"*

Das, was du später als *Gespräche mit Morpheus* lesen wirst, behandelt genau diesen Teil. Es sind bisher geheime Gespräche mit meinen Vertrauten, wobei es in diesen Gesprächen darum ging, zu erkennen, wie die Matrix funktioniert, wer sie steuert und wie man aus ihr aussteigen kann. Nun sollst auch du aus diesen Gesprächen profitieren.

Da es aber absolut unmöglich ist, in einem Buch sämtliche Inhaltsstoffe allen zu vermitteln, mußte ich, um meiner Aufgabe gerecht zu werden, eine Zwischenebene finden. Daher mag der eine seine Frage gleich zu Anfang beantwortet finden, der andere erst etwas später. Wiederum empfindet sie jemand möglicherweise als zu ausgiebig erklärt und ein anderer wiederum zu knapp. Es ist der Weg der Mitte.

Meine Enthüllungen gehen jedoch weit über den Bereich der Filme hinaus und führen dich tief hinein in das Wissen über die Hintergründe des Lebens. Denn gerade die Analogien zwischen den ersten beiden Filmen über die Matrix und unserer **Realität** machen das Besondere meines Buches aus.

Zusätzlich habe ich in den *Gesprächen mit Morpheus* einen Schlüssel verborgen. Dieser Schlüssel – eine fundamentale Erkenntnis in Form eines Satzes – ist gleichzeitig auch der Zugangscode, durch den der Auserwählte von der Internetseite www.matrix-code.com zu einer weiteren, nur ihm zugänglichen, geheimen Seite gelangt, wo ihn ein weiteres Rätsel erwartet. Wird auch dieses gelöst, wird er zum Auserwählten und erhält den Generalcode, der ihn bis zu mir führt...

Kapitel 1
DER ZUTRITTSCODE...

> *„Kein elementares Phänomen ist ein reales Phänomen, bis es ein beobachtetes Phänomen geworden ist."*
>
> (John Wheeler)

MATRIX – der Film

Liebe Wahrheitssuchende,
lieber Wahrheitssuchender,

im Jahre 1999 kam ein Film in die Kinos, der nicht nur in seiner Machart durch technische Brillanz die Zuschauer faszinierte, sondern sie auch durch einen kontroversen Inhalt in seinen Bann zog – *die Matrix*.

Durch den großen Erfolg dieses Films wurde nun eine Thematik unter den Zuschauern diskutiert, die den Esoterikern und Mystikern zwar seit Jahrtausenden bekannt, doch von der Allgemeinheit bisher nicht weiter beachtet worden ist. Im Zeitalter der Quantenphysik hat sich jedoch vieles geändert. Von angesehenen Wissenschaftlern wird mittlerweile das untersucht, was der Film zwischen viel Action und Gewalt als Botschaft zu transportieren versuchte, nämlich daß unsere physische Welt, wie wir sie kennen, keinesfalls die *wahre* Realität sein muß.

Diejenigen, die den Film bereits gesehen haben, wissen, worum es geht, doch kann das nicht bei allen Lesern vorausgesetzt werden. Daher habe ich mich entschlossen, gleich hier zu Anfang eine kurze Zusammenfassung des Films zu präsentieren, um im Groben verständlich zu machen, was ich in diesem Buch als Tatsachenbericht behandeln möchte. (Es wäre natürlich weitaus idealer, wenn der Film während des Lesens angesehen werden könnte – es gibt ihn inzwischen auch auf Video und DVD.)

Filmbericht:
Ein junger Mann namens *Neo*, der im normalen Leben Thomas Anderson heißt und als Programmierer für ein Softwareunternehmen (Metacortex) arbeitet, führt ein Doppelleben. Auf der einen Seite ist er der hilfsbereite Mitbürger, der seine Pflichten erfüllt. Auf der anderen Seite ist er aber ein berüchtigter Hacker, der gerne mal das eine oder andere Computerproblem verursacht und auch bei verschiedenen Cyber-Verbrechen aktiv ist. Er merkt jedoch, daß in seinem Leben irgendetwas nicht stimmt; daß noch irgendetwas da draußen ist, direkt vor ihm, er es aber nicht sehen kann. Er spürt, daß es mehr gibt, als er mit seinen fünf Sinnen momentan wahrnehmen kann, und begibt sich auf die Suche nach der Wahrheit.

Über dunkle Kanäle hat er von einem geheimnisvollen Programm namens *Matrix* erfahren und von einem mysteriösen Guru namens *Morpheus*, der ihm seine Fragen beantworten könnte. Irgendwie hat Neo das unangenehme Gefühl, Traum und Realität nicht mehr auseinanderhalten zu können.

Über eine Hackerin namens *Trinity* kommt es schließlich zu einem Treffen mit Morpheus, wobei dieser Neo erklärt, daß er eigentlich *ihn* sucht und nicht andersherum...

Was Neo jetzt erfährt, ist so ungeheuerlich, daß alles in ihm dagegen rebelliert. Morpheus erklärt ihm, daß die gesamte Welt, wie wir sie kennen, eine Illusion ist, ein Computerprogramm, das den Menschen ihre Realität nur vorgaukelt. Die Menschen sind in der Matrix gefangen und sind willenlose Sklaven geheimnisvoller Mächte. Morpheus läßt Neo die Wahl: Er bietet ihm eine blaue Pille an, mit deren Hilfe er sein bisheriges Leben weiterführen kann. Das ist die „Realität", wie er sie kennt. Oder er entscheidet sich, die Wahrheit zu erfahren und sich wie Alice in das unwägbare Wunderland vorzuwagen. Dafür muß er eine rote Pille schlucken. Neo entscheidet sich für die rote.

Mit monumentaler Urgewalt wird Neo in eine Metamorphose geschleudert, die alles, was er kennt, auf den Kopf stellt:

Die Welt am Ende des 20. Jahrhunderts ist nur in der Matrix vorhanden. Aber die Menschen halten sie für real. Denn was bedeutet letztlich Wahrnehmung von Realität? Impulse, die unsere fünf Sinne wahrnehmen, werden elektrisch ans Gehirn geleitet. Wer also das Gehirn entsprechend manipuliert, schafft seinen „Sklaven" eine schöne, neue Welt, ohne daß diese sich dessen bewußt sind.

Die Realität *außerhalb* der Matrix sieht anders aus:
Tatsächlich befinden sie sich etwa zweihundert Jahre in der Zukunft. Morpheus erzählt Neo, daß Anfang des 21. Jahrhunderts intelligente Maschinen die Macht auf der Erde an sich gerissen und sie in eine Wüste verwandelt haben. Denn alle Energie, die sie brauchen, ziehen sie aus menschlichen Körpern, die in gigantischen Zuchtstationen über Schläuche ernährt werden und ihr geistiges Leben ahnungslos in der Matrix-Illusion fristen: Die Menschen sind zu Batterien der Maschinen degradiert worden, und das Leben, das sie als Realität kennen – mit zur Arbeit gehen, einkaufen, Kinder großziehen –, ist nur ein Programm, das den Menschen über eine Buchse am Hinterkopf als eine virtuelle Realität eingespielt wird.

Doch es gibt einige Menschen, die nicht in dieses gigantische Computerprogramm *Matrix* eingegliedert sind. Zum Teil sind das Leute, die in *Zion* leben – einem unterirdischen Ort in der Nähe des Erdkerns, wo aufgrund des Erdkerns noch ein wenig Wärme vorhanden ist, die ihnen das Überleben gewährleistet. Sie sind dort geboren und aufgewachsen. Es gibt aber auch Menschen, die aus der Matrix herausgenommen (befreit) wurden – so wie nun Neo.
Die *künstliche Intelligenz* oder die *Herren der Matrix* versuchen ihrerseits, diese Rebellen zu vernichten und die Stadt Zion aufzuspüren, und schicken daher Agenten aus, um Morpheus zu finden, da er den Weg nach Zion kennt.

Morpheus selbst ist ein Rebellenführer, der einige wenige Getreue um sich schart, welche die Fassade der „Matrix" durchschaut haben und gegen die finsteren Mächte ankämpfen. Mit seinem Raumschiff „Nebukadnezar" kreuzt er durch die Abwasserkanäle der längst untergegangenen Zivilisation und versucht, die bösen Machthaber zu bekämpfen.

Und Morpheus weiß von einem Weltenretter, der die Kraft hatte, die Matrix zu verwandeln. Als er starb, versprach er, einst zurückzukehren. *„Meine Suche ist vorüber"*, sagt Morpheus zu Neo, *„denn ich habe ihn gefunden: Du bist der Erwählte."*

Anhand eines Kung-Fu-Cyberspace-Programms demonstriert ihm Morpheus, wie die Matrix funktioniert und vor allem, wie man sie manipulieren kann. Über die Anschlußbuchse in seinem Hinterkopf bekommt Neo perfekte Kampfsport-Kenntnisse geladen und lernt nun durch Morpheus nicht nur zu kämpfen, sondern auch die normalen physikalischen Gegebenheiten der Matrix-Welt zu überwinden und für sich zu nutzen: Er kann die Schwerkraft manipulieren, sich übermenschlich schnell bewegen und so weit springen, wie er will – wenn er sich nur mental von den Gesetzen der Matrix distanziert: *Das Potential der Gedanken ist frei!*[1]

Zusammengefaßt kann man sagen, daß die Geschichte um die Matrix eine virtuelle Scheinwelt behandelt, derer sich jedoch der Großteil der Menschheit nicht bewußt ist. Für sie ist die Matrix die Realität. Das wäre mit einem Traum vergleichbar. Woher wissen wir, daß das, was wir im Moment erleben – zum Beispiel, daß wir dieses Buch lesen –, wirklich die Realität ist, und wir, wenn wir träumen, in einen Traumzustand übergehen? Vielleicht ist das, was wir während des Träumens erleben, die wirkliche Realität, und wir erwachen morgens wieder in der Matrix?

Es geht also um die Frage, ob das, was wir jetzt in diesem Moment erleben, die *Wirklichkeit* ist oder ob wir nur Teil eines Programms sind, das sich *Matrix* nennt und das uns *diese* Wirklichkeit nur vorgaukelt.

Der Zusammenhang zwischen dem Film und diesem Buch

„*Befreie deinen Geist!*" sagte Morpheus zu Neo. Dies ist die eigentliche Kernaussage des Films.

Morpheus steht für „*das Wissende*", Neo für das aus dem Griechischen entliehene „*Neue*". Morpheus bezog seine Informationen von einer Quelle, die der Matrix und der „realen Welt" (inklusive Zion) übergeordnet ist. Das Orakel (von Delphi), welches uns aus der griechischen Mythologie bekannt ist, steht für eine Informationsquelle, ein Medium, welches Zugang zu übergeordneten Seinsebenen hat. Diese Seinsebenen kann man auch als eine hierarchisch übergeordnete Ebene betrachten. Somit „wußte" Morpheus von einem Erneuerer, nämlich von Neo. Er wußte auch, daß unser Geist in der Welt der Matrix in einem künstlichen, in seinen tatsächlichen Möglichkeiten begrenzt gehaltenen Zustand gefangen ist. Neo erhielt einen Einblick in dieses Wissen.

Nur durch mühevolles Dekonditionieren konnte er sich von den Glaubensbegrenzungen der pseudo-realen Welt, der Matrix, befreien. Durch die Befreiung seines Geistes von seinen Glaubensbildern konnte er schließlich sein eigentliches Glaubenspotential erfahren und zur Anwendung bringen. Er mußte im Film zwar in beiden Welten sterben, in der *Matrix* und in der *realen Welt*, erfuhr jedoch dabei eine „Auferstehung".

Die Botschaft, die hier vermittelt werden sollte, ist, daß es etwas gibt, was all den bekannten Dingen übergeordnet ist. Es handelt sich hierbei ganz offensichtlich um das Phänomen Liebe! (Trinity küßte Neo und sagte zu seinem leblosen Körper, daß sie ihn liebt.) Diese Energieform scheint von der Ur-Quelle direkt zu stammen, einer Quelle, die man im allgemeinen mit der Allschöpfer-Ebene („Gott") verbindet. Verbunden mit dieser Quellen-Energie und einer befreiten Geisteshaltung, sind keinerlei Begrenzungen mehr auferlegt. Lediglich der befreite Geist erschafft nun eine Realität, die dem inneren Bild entspricht. Innerhalb dieser Energieform bestehen auch keinerlei Einflußmöglichkeiten der Manipulation mehr.

„Im Geiste frei zu werden", ist die Botschaft, denn alles, was wir denken, ist konditioniert. Denken ist niemals *„die Sache als solche"*. Nur direktes Wahrnehmen, *„das, was ist"*, läßt uns die Wirklichkeit erfahren.

Auf der anderen Seite erschafft das Denken die Wirklichkeit (im Rahmen seiner Interpretation). Wir reflektieren ständig die auf uns einwirkenden Signale (zum Beispiel ruft ein gesichteter Busen bei Männern den Programmkanal „Erotik" auf und führt zu entsprechenden inneren Bildern).

„Befreien des Geistes" bedeutet, sich klar zu machen – also zu *wissen* und nicht zu *glauben* –, daß der Geist ALLES kann! Man sich daher über Konditionierungen und Begrenzungen hinwegsetzen muß...!

Und um gleich zu Beginn mit einem Mißverständnis aufzuräumen: Kampf ist kein erfolgreiches Mittel, um Probleme elementar zu lösen. Das, was uns in den beiden ersten Filmen der Matrix-Trilogie in einer sehr überzogenen Weise gezeigt wurde, waren Kampfszenen zwischen den *freien* und *ausgekoppelten* Menschen und den Programmen, die sich unter anderem in Form von Agenten darstellten. „Neo gegen Smith" ist letztlich ein erweiterter Schwierigkeitsgrad gegenüber der Auseinandersetzung „Neo gegen Morpheus" im Trainingsprogramm.

Erinnere dich, daß sämtliche Interaktionen des Kampfes virtuell beziehungsweise imaginär, also auf der geistigen Ebene der Menschen, stattfanden. Die tatsächlichen Körper befanden sich während dieser entsprechenden Szenen in einem Traum-Zustand. Die Verbindung zwischen der „realen Welt" und der Matrix wurde bekanntlich über die neuronalen Netzwerke der menschlichen Gehirne und die elektronischen Systeme hergestellt.

Aus dieser Perspektive ist der Kampf zur Befreiung aus der Sklaverei lediglich als ein Bewußtseinskonflikt existentieller Art zu verstehen.

Somit zeigen diese spektakulären Kampfszenen nur ein Bild der inneren Auseinandersetzungen der Menschen mit ihren eigenen festgefahrenen Gedankenmustern und den äußeren Programmen, die sie wie ferngelenkt fremdbestimmen.

Wenn wir nicht einen *Kampf mit unseren inneren Glaubensbegrenzungen* führen, sondern eine *Überwindung unserer inneren Glaubensbegrenzungen* einleiten, dann nähern wir uns dem tatsächlichen Bezug zu unserer „realen Welt".

Wir sollten eigentlich aus unserer Vergangenheit gelernt haben, daß jede gewaltvolle Auseinandersetzung, ungeachtet ihrer ursprünglichen Motive, bestenfalls eine kurzfristige und oberflächliche Lösung erzielen kann, jedoch niemals imstande ist, einen tatsächlichen Ausgleich wiederherzustellen. Denn der „Sieger" impliziert das Potential zum neuen Konflikt und wird also früher oder später als Besiegter vom Podest gestoßen werden...

In diesem Wechselspiel der Potentiale *Sieger* und *Besiegter* verbergen sich die uralten Muster der Gefangenschaft der Polarität von *gut* und *böse*.

Erkennst du diese alten Strukturen wieder?

Die Matrix und die Wissenschaft...

> *„Der Augenblick ist gekommen, sich endlich bewußt zu werden, daß jede Interpretation des Universums, sogar die positivistische, um befriedigend zu sein, nicht nur die Außen-, sondern auch die Innenseite aller Dinge berücksichtigen muß; den Geist im gleichen Maße wie die Materie. Die wahre Physik ist jene, der es eines Tages gelingen wird, den Mensch in seiner Gesamtheit in ihre kohärente Darstellung der Welt zu integrieren."*
> (Teilhard de Chardin)

Teilhard de Chardin spricht das aus, worum es in der Wissenschaft eigentlich geht – nur haben das die meisten Wissenschaftler vergessen.

Es geht um eine Wissenschaft, die uns nicht nur die Außenseite der Realität erklärt, sondern auch die innere. Und aus dieser Sichtweise heraus ist unter anderem auch zu erkennen, daß letztlich gerade diese – von der konventionell gelehrten Naturwissenschaft ausgegrenzte – „Innenseite der Materie" von entscheidender Bedeutung ist. Diese „Innenseite der Materie" übt jegliche Einflüsse auf die „Außenseite der Materie" aus. Sie ist das, was wir unter *Geist* verstehen können, einem bisher eher nur Theologen zugeordneten Begriff.

Dieser geistige Hintergrund vermittelt uns eine Sichtweise, die unseren alltäglichen Lebensablauf zu einem aufregenden Abenteuer werden läßt. So ist mir vor allem eines besonders bewußt: Die Menschen sind Individuen, die unbewußt und marionettengleich einem für sie geschriebenen Programm folgen: einer *Matrix*. Sie reagieren auf unterschiedliche Einflüsse, die sich ihrer Wahrnehmung weitestgehend entziehen. Sie handeln in dem Bewußtsein, einem *Freien Willen* zu folgen, und gehorchen doch etwas anderem...

Es ist der gezahlte Preis für eine Gesellschaft, die ihren Fokus in die *Außen*-Welt verlegt hat; es ist die Ursache für eine ausgegrenzte Innen-Welt, eine Welt ohne die Aspekte des Geistes.

So machte ich eines Tages die Entdeckung, daß sich eine Art Intelligenz erkennen läßt, die sich unter anderem über eine *Blaupause*, die ich im folgenden *Matrix* nennen möchte, ausdrückt.

Diese Matrix gibt sowohl morphologische (also formbildende) als auch einen erheblichen Teil geistiger Informationen vor. Das bedeutet, **daß auch wir Menschen in einer Welt leben, die zu einem großen Teil unseren *Freien Willen* erheblich einschränkt!**

Allerdings besteht für jeden von uns die Möglichkeit der Erweiterung oder sogar Befreiung aus dieser übergeordneten Struktur. Dieses setzt allerdings ein Wissen voraus, welches bisher, davon bin ich überzeugt, nur von wenigen genutzt wird.

Ganz offensichtlich existiert eine Art kosmisches oder gar hyperkosmisches Programm, das sich nicht nur auf materielle Strukturen beschränkt, sondern auch den geistigen Bereich mit einbezieht. Dieses Programm, das bis heute aktiv ist, wurde offensichtlich von einer Entität oder Energie „geschaffen", aus einer im wahrsten Sinne *höheren Dimension* – aus dem *Hyper-Raum*.

Mit diesem Programm wird das geschaffen, was wir als „Realität" bezeichnen, und je tiefer wir in den Mikrobereich eintauchen, desto mehr löst sich die Materie auch immer weiter in Schwingungen auf.

Sämtliche Materie läßt sich als Schwingungsmuster interpretieren. Eine Verflechtung von diesen Schwingungen stellen die ersten materiellen Gebilde wie Atome, Moleküle und so weiter dar. Ein biologisches Wesen, wie ein Mensch zum Beispiel, ist ein Zusammenschluß einer sehr großen Anzahl solcher Moleküle. Sie sind sozusagen ein harmonisch schwingender Verband.

Auf der anfänglichen Suche nach einer Grundsubstanz, einer Form von Kleinstmaterie, bietet die Realität uns lediglich Schwingungsmuster. Das, was wir hier überwiegend vorfinden, sind Elektronen und ihre hervorgerufenen elektromagnetischen Felder.

Aus dieser Realitätsebene betrachtet, läßt sich auch der Mensch auf ein komplexes Schwingungsmuster reduzieren – sämtliche Atome und Moleküle stehen mit ihresgleichen in einer Verbindung. Davon ausgehend, daß ein jedes Teil oder Teilchen eine Eigen-Frequenz ausstrahlt (Resonanz-Frequenz), stehen diese Teile/Teilchen untereinander in einer ständigen Verbindung. Dies vollzieht sich nach dem *Prinzip der Resonanz*.

Nun ist der Mensch allerdings in der Lage, einen sehr wesentlichen Teil seiner Schwingungen *bewußt* und *un-bewußt* zu verändern. Hauptsächlich geschieht dies durch sein Gehirn. Den Gedanken entsprechend sendet das Gehirn seine elektromagnetischen (e-m) Schwingungen aus – ähnlich wie ein Radio oder ein Fernsehsender. Somit sind wir also über unsere aktuell gedachten Gedanken und die dazugehörenden inneren Bilder eine Einflußgröße auf unsere Umwelt.

Dem gleichen Prinzip der Resonanz gehorchend, „suchen" die abgestrahlten Schwingungen ihresgleichen oder ähnliche Partner. Wie eine angeschlagene Stimmgabel ihre Schwingung auf eine weitere Stimmgabel mit gleichen Abmessungen überträgt, so wirken unsere Gedankenschwingungen auf andere Gehirne mit ähnlich oder gleich Gedachtem.

Somit sind wir in der Lage, unseren Gedankenumfang zu erweitern, da wir zu „unserem" Gedankenbild noch weitere modifizierte hinzugewinnen. Dieser Vorgang entzieht sich allerdings unserer Wahrnehmung nahezu gänzlich. Was wir möglicherweise für eine Inspiration halten, könnte durch diesen Prozeß verursacht sein...

Wohl bemerkt: Auch ähnlich Schwingendes wird in dem Verhältnis aufgenommen und verstärkt, je mehr eine Gleichheit erreicht wird. Diese Näherung läßt also Neues (Modifiziertes) hinzugewinnen.

Somit läßt sich die ewig gestellte Frage nach dem Sinn des Lebens aus einer völlig neuartigen Sichtweise heraus interpretieren, nämlich: Der Grund des kosmischen Schöpfungszyklus erfährt einen Erfahrungszuwachs und vollzieht demzufolge eine Erweiterung dessen, was ist.

Um letztlich Neues entstehen zu lassen, bedarf es zunächst eines inneren Bildes, einer Vorstellung, um hieraus einen neuen Schöpfungsvorgang einzuleiten. Es werden sozusagen „neue Ideen" und Erfahrungen gebraucht, um dem Bestehenden etwas hinzuzufügen.

Wie wollen wir etwas Neues erdenken und damit in der Folge erschaffen, wenn nur auf gleichem aufgebaut wird...?!

Das kosmische Grundgesetz von der leicht verschobenen Symmetrie, also das, was sich hinter dem Phänomen „PHI" verbirgt, ist genau der Faktor, dieses NEUE zuzulassen. Somit tragen die Menschen mit zunehmendem Gedankengut in Form von Bildern und Erfahrungen zur Gestaltung und Erweiterung eines kosmischen Projektes bei.

Scheinwelten...

Meinst du, daß das Buch, das du jetzt gerade in deiner Hand hältst, aus Materie besteht? Und die Hand, die dieses Buch hält, ebenfalls?

Wenn du darunter verstehst, daß sich Materie auf das Schwingungsverhalten der Elektronen, aus denen dieses Buch und deine Finger bestehen, reduzieren läßt, könntest du der Realität etwas näher gekommen sein.

Deine Wahrnehmung und Interpretation dieses Textes verdankst du ebenfalls dem gleichen Verhalten der Elektronen. Absolut alles, was wir unter Materie verstehen, ist aus diesen Elektronen zusammengesetzt – auch du.

Elektronen tauschen in diesem Moment gerade Informationen mittels Photonen aus. Und alles was deine Meß-Sensoren, deine Augen, dir als Bild der Materie vermitteln, sind Photonen (Informations-Träger). Deine Interpretation von diesen Informationen wird ewiglich *innerhalb deiner* Elektronen gespeichert.

Das, was du unter *Realität* verstehst, sind Interpretationen aus einer Scheinwelt (Photonen sind Lichtquanten; und Licht scheint... uns zu täuschen). Warum scheint Licht uns zu täuschen?

Meinst du wirklich, daß die Gedanken, die du denkst, wirklich von dir kommen? Was bist du? Wenn du darunter verstehst, daß ein Kollektiv von kleinsten Informationsträgern, die Elektronen, dir den Eindruck von dem vermitteln, was du glaubst zu sein, bist du der Wahrheit sehr nahe.

Hast du nicht schon einmal das Gefühl gehabt, daß irgendetwas mit der „Welt" nicht stimmt? Was ist nun aber überhaupt ein Gefühl? Du befindest dich, ähnlich einem „Wassertropfen" im Ozean, eingebettet in einem Universum. Der Tropfen hat lediglich die Illusion von Individualität. In einem Universum, aus dem du selbst bestehst, hast du dich nur scheinbar von ihm ausgegrenzt. Diese Grenze besteht nur in deinem Verstand.

Dein Körper ist das ganze Universum. Möchtest du denn wissen, was dieses Universum beabsichtigt?

Dann werde dir darüber bewußt, daß etwas „außerhalb" dieses Universums existiert, ein Programm, welches die Funktion und Absicht des Universums bestimmt! Wenn du erfahren möchtest, wer du wirklich bist, solltest du dir die richtige Antwort suchen...

Aber die Antwort liegt nicht *„irgendwo da draußen"*, sie steckt *in dir*! Im Grunde genommen ist jedes einzelne Wort nichts als eine Bewußtseinspille, die dir jetzt auf der Zunge zergeht und die Existenz in ihre Bestandteile zerlegt, um ihre Realität neu aufzulegen.

Du liest also nicht in einem Buch, du liest vielmehr in dem Bewußtsein deines eigenen Seins und seiner Quelle...

Die „Wahrheit" erscheint zunächst einmal so unglaublich, daß sich einfach alles in dir sträuben wird, diese anzuerkennen. Es wird dir wie Neo gehen. Und sie wird dich, davon kannst du ausgehen, bis in dein tiefstes Mark erschüttern, und immer in dem Maße, in dem du den tatsächlichen Gehalt ihrer Tragweite anerkennst.

Daß du gerade jetzt diese Zeilen liest, ist Teil eines Programms, welches auf dich einwirkt... Der Anteil deiner *eigenen*, tatsächlich frei gewählten Entscheidung, die hier am Wirken war, liegt, so sagt es die Naturwissenschaft, bei etwa 1 - 5 Prozent.

Das unter Neurophysiologen bekannte *Halbe-Sekunden-Phänomen* besagt, daß der sogenannte *Freie Wille* zu 95 Prozent „fremdbestimmt" wird (Prof. Libet und andere). Das bedeutet, daß die Menschen einem von ihnen selbst unbemerkten Programm folgen – der Matrix. (Erklärung zum Halbe-Sekunden-Phänomen: Neurophysiologen hatten am EEG eines Menschen die elektrischen Signale des Gehirns gemessen und festgestellt, daß etwa eine halbe Sekunde vor einer Handlung beziehungsweise vor einer eigenen Entscheidung, diese Handlung zu vollziehen, das entsprechende Signal bereits vorlag. Ein Beispiel: Ein äußerer Auftrag zu der Handlung, ein Glas Wasser zu trinken, lag bereits eine halbe Sekunde zuvor als Signal im Gehirn vor!)

Somit stellt sich die Frage, ob nicht dieses Buch selbst auch ein aktiver Bestandteil dieser Matrix ist? Gilt es doch zu akzeptieren, daß auch der materielle Anteil dieses Universums einer Matrix folgt beziehungsweise ursächlich zugrunde liegt.

Da es jedoch gilt, die vorhandenen „Lücken" innerhalb der Matrix zu nutzen, ist das vorliegende Buch auf eine unkonventionelle Art geschrieben worden.

Um den später folgenden, zunächst absolut unrealistisch erscheinenden Beschreibungen im *Gespräch mit Morpheus* eine entsprechend fundierte Grundlage zu geben, sind im zweiten Teil des Buches (*Morpheus' Brain*) naturwissenschaftliche Basis-Informationen aufgeführt.

Was ist die Matrix?

Die Matrix ist ein interaktives Programm, das heißt: *alles* ist mit *allem* verbunden. Dieses Programm besteht aus drei Matrix-Ebenen:

1. der **naturgemäßen Ebene** (Ur-Matrix, Allschöpfer, „Gott"), die der ersten Schöpfungsebene entspricht;
2. der **künstlichen manipulierten Ebene** und
3. dem **Programm**, das durch deine Gedanken, Emotionen und Taten erschaffen wird (morphogenetisches Feld).

In der Regel stellt sich die Matrix als eine nicht *wahrnehmbare Einflußgröße* dar.

Die Matrix kannst du als eine *Scheinwelt* bezeichnen, ein *Programm*, die *universale Manipulation* oder den *Strukturschlüssel*, andere nennen sie die *Blaupause* oder den *Schöpfungsplan*. In die Kategorie der Matrix passen Begriffe wie Routine, Gewohnheiten, Grundstruktur, Inspiration, Prägung, Déjà-vu und andere. All das beschreibt die Eigenschaften einer Ebene der Matrix. Und aufgrund der Existenz dieser Eigenschaften ist es möglich, der Matrix mit verschiedenen Techniken – mit der einen besser, der anderen weniger gut –, auf die Spur zu kommen: Numerologie, Astrologie, Bibelcode, Palmblattbibliothek, Tarot, I-Ging, Tzolkin und andere.

Eine allgemeine Grundlage dieses Buches geht von dem physikalischen Modell des Urknalls *(Big Bang)* aus, welcher unser Universum erschaffen haben soll. Des weiteren gehen wir im folgenden von einem Multi- oder Omni-Versum aus, womit quasi unzählige parallele Universen gemeint sind.

Dieses Modell beschreibt die Perspektive einer Ebene eines Allschöpfers, womit diejenige Entität gemeint ist, aus der das Sein ursächlich hervorging. Diese Ebene, die im Text als Allschöpfer-Ebene bezeichnet wird, IST außerhalb jeder beschriebenen Dimension.

Die Strukturen sämtlicher Einflußgrößen werden als die *natürliche* beziehungsweise als *Ur-Matrix* bezeichnet. Sie liegt sozusagen über allen im weiteren *künstlich* erschaffenen Programmen.

Zur Darstellungsform wird von einer zwölfdimensionalen *Ebene des Seins* (*Alles-was-ist*) ausgegangen. Diese zwölfdimensionale Beschreibung bezieht sich auf die Grundlage von Burkhard Heims „Weltformel" und zählt meiner Ansicht nach zu den besten Interpretationsschlüsseln überhaupt.

Der gesamte Wirkungsbereich der höheren Dimensionen entzieht sich teilweise der menschlichen Wahrnehmung und dient als eine Art Strukturebene von unterschiedlichen Entitäten, wie zum Beispiel den **Herren der künstlichen Matrix** auf der *physischen Ebene* und den **ersten Schöpfungsentitäten** auf der *feinstofflichen Ebene*. Doch dazu später mehr.

Widmen wir unsere Aufmerksamkeit zunächst der Hintergrund-Physik, um das besser nachvollziehen zu können, was ich in meinen Gesprächen von mir gebe.

Naturwissenschaftliche Einführung

Manches der später aufgeführten Darstellungen mag dir zunächst unglaublich erscheinen. Das mag zum einen daran liegen, daß die Fülle der Einzelinformationen, die in das Thema *Matrix* gestellt werden, sehr komplex und neuartig erscheint. Zum anderen mögen den Lesern die Instrumente der Überprüfbarkeit fehlen, mit anderen Worten: Ohne eine glaubhafte physikalische Grundlage ist ein überprüfbares Nachvollziehen dieser Themen kaum möglich.
Aber: Die allgemein bekannten naturwissenschaftlichen Modelle reichen in der Regel auch nicht aus, um meinen themenbezogenen Ansprüchen gerecht zu werden.

Doch es gab auch Wissenschaftler mit einem befreiten Geist wie zum Beispiel Burkhard Heim, Joan Emil Charon und Richard P. Feynman. So wählte ich die Quantenelektrodynamik (QED) von Feynman mit als Basis. Sie zählt zu den brillantesten Modellen für das Verständnis von Biologie, Chemie und Physik, wofür dieser Mann schließlich den Nobelpreis für Physik erhielt.

In der theoretischen Physik wurden wiederholt Versuche unternommen, eine sogenannte *Weltformel* aufzustellen, mit der unser gesamtes Universum berechenbar sein soll. Tatsächlich ist dieses bereits vor geraumer Zeit gelungen. Fernab von der Öffentlichkeit arbeitete Burkhard Heim, ein Schüler des Nobelpreisträgers Werner Heisenberg, eine physikalisch-mathematische Struktur aus, die genau diesen Anforderungen gerecht wird. Unter Insidern gilt Heim ohnehin bereits seit langem als der herausragendste deutsche Physiker überhaupt.

In einem Vortrag, den der deutsche Physiker Illobrand von Ludwiger an der Universität Sussex in England am 22.1.2002 gehalten hatte und in dem es um die Arbeit von Burkhard Heim ging, wurde dieser als das Gegenstück zu Stephen Hawking bezeichnet.

Burkhard Heim entdeckte die *einheitliche Massenformel*, was soviel bedeutet wie die von allen Physikern gesuchte *große Vereinheitlichung*, was wiederum einer *Weltformel* gleichkommt!

Joan E. Charon ist es wiederum gelungen, ein physikalisches Modell zu entwerfen, das den bisher aus der Naturwissenschaft ausgegrenzten Bereich des „Geistes" (Psyche) in eine von ihm ausgearbeitete Physik integriert. Die nach ihm benannte *Komplexe Relativitätstheorie* erläutert unter anderem die Verbindung der Biophotonen-Forschung mit dem *morphogenetischen Feld* von Rupert Sheldrake.

Als morphogenetischer – also formbildender – Antrieb der biologischen Evolution sind die Elementarteilchen *Elektron* und *Positron* anzusehen, wobei das Elektron die bedeutendere und aktivere Rolle spielt.

Alles, was jemals von diesen Teilchen im Außenraum an Form und Struktur geschaffen wurde, wird in jedem Teilchen in seiner individuellen Raumzeit in Form von Lichtmustern gespeichert.

Somit gehen wir im folgenden von den drei maßgeblichsten und revolutionierendsten physikalischen Modellen der Gegenwart aus:

1. Die *postmortalen Zustände* Burkhard Heims,
2. die *komplexe Relativitätstheorie* des Joan Emil Charon und
3. die *Quantenelektrodynamik (QED)* nach Richard P. Feynman.

Es geht hier also in erster Linie um die Aufdeckung von Einflußstrukturen, die auf den Menschen unbewußt einwirken. Diese marionettenhafte Daseinsform läßt jedoch persönliche Einflußbereiche offen, in denen der sogenannte *Freie Wille* einen größeren Anteil gewinnt. Das Erkennen der Wirkungsebenen *einer* beziehungsweise *mehrerer* Matrizen (die deutsche Bezeichnung für *Matrix*) führt automatisch zu einer Veränderung des persönlichen Verhaltens.

Eine mit Sicherheit auftretende Schockphase weicht mit zunehmenden Matrix-bezogenen Erkennungsmerkmalen einem bewußteren Handeln im Lebensalltag.

Im Grunde genommen stellt sich dem Leser bereits am Anfang dieses Buches die Frage nach der Entscheidung: *„Bin ich wirklich bereit, die Wege einer Demaskierung einer sogenannten ‚Realität' zu gehen, oder möchte ich weiter in meiner altbekannten „Wirklichkeit" verweilen?"*

In Analogie zu Neos Wahl, die rote oder die blaue Pille zu schlukken, stehst du an dieser Stelle vor derselben Entscheidung...!

Eine Bitte an dich...

Im weiteren Verlauf des Buches bist du aufgefordert, in besonderer Art in eine Interaktion mit dem Inhalt dieses Buches zu treten. Achte dabei vor allem auf deine Gefühle!

Denn der Verstand alleine gibt keine Möglichkeit, mit dem Hyper-Raum in Verbindung treten zu können, und er ist auch nicht in der Lage, Gefühle nachzuvollziehen...

Kapitel 2
GESPRÄCHE MIT MORPHEUS

Da du hier weiterliest, bedeutet das, daß du dich für die *rote Pille* entschieden hast und für eine Begegnung mit Morpheus bereit bist. *„Bedenke: Alles, was ich dir zu sagen habe, ist die Wahrheit!"* Ich werde dir die Welt auf eine Weise erklären, wie du sie noch nie zuvor gesehen hast, und sie wird für dich danach nie mehr so sein, wie sie war...

Was möchtest du denn als erstes wissen?

Zum einen wäre es natürlich zuerst einmal interessant zu erfahren – wenn es so etwas wie die Matrix überhaupt gibt –, wie man sich diese vorzustellen hat. Kannst du sie beschreiben? Ist sie etwas Physikalisches, etwas künstlich Geschaffenes, ist es etwas, was so – „schnipp" – einfach da war? Ist es etwas von Gott Geschaffenes? Wenn es denn Gott geschaffen hat, so stellt sich natürlich auch die Frage, wer diesen Gott geschaffen hat?

Unter der Matrix versteht man eine Art Programm, eine Blaupause oder eine Struktur. Diese Struktur wiederum ermöglicht eine Einflußnahme auf Dinge, Möglichkeiten und Zustände, die ihr entsprechen. Die Matrix setzt sich dabei aus diversen Programm-Ebenen mit unterschiedlichen Einflußbereichen zusammen.

Laß uns zunächst die Ebenen von oben nach unten betrachten. Die höchste Ebene könnte man mit dem Begriff *Allschöpfer* beschreiben. Der *Kosmologie* (Entstehungsgeschichte des Universums) folgend entstand dort so etwas wie ein Ur-Gedanke, eine Ur-Struktur. Die Existenz weiterer Universen wollen wir zunächst unbeachtet lassen und uns lediglich mit unserem eigenen Universum beschäftigen. Es wird allgemein angenommen, daß unser Universum ungefähr fünfzehn Milliarden Jahre alt ist.

Damit erhebt sich automatisch die Frage, was davor war und wer oder was überhaupt die Entstehung unseres Universums bewirkte? Diesen Auslöser wollen wir einfach *Ur-Matrix*, oder dem mathematischen Modell von Burkhard Heim folgend, die *X-Ebene* nennen.

Hier auf diesem Planeten bewegen wir uns auf der drei- beziehungsweise vierdimensionalen Ebene. Unter den ersten drei Dimensionen verstehen wir Länge, Breite und Höhe. In diesem uns bekannten Raum sowie im gesamten Universum befindet sich einfach ALLES unablässig in Bewegung. Eine kristalline, also statisch unbewegte Situation wäre praktisch der Endzustand, der theoretisch aber auch nichts als einen Meßwert darstellt. Zwar konnte eine große Näherung an den Punkt von 273 Grad erzielt werden, aber in Wirklichkeit hat man es bis heute – selbst mit dem größten Energieaufwand – nicht geschafft, einen Null-Kelvin-Zustand zu erreichen, der nämlich nötig wäre, um den kristallinen Ur-Zustand wiederherzustellen, also den vollkommenen Stillstand alles kosmischen Seins, in dem selbst die Zeit nicht mehr existent wäre.

Wo Bewegung den Raum erfüllt, findet man auch den Faktor *Zeit*, der sich als vierte Dimension ausdrückt. Innerhalb dieser Vierdimensionalität spielt sich die gesamte Wahrnehmungsebene ab. Darüber hinaus gibt es die Gedanken-Struktur-Ebene, die ebenfalls eine Art *Matrix* oder *Programm* darstellt. Das, was jeder Mensch denkt oder was jede Entität denkt, wird in Entsprechung der dabei erlebten Emotion abgespeichert. Eine Emotion geht stets einher mit einer entsprechenden Sendeleistung. Eine höhere Sendeleistung besitzt eine größere Reichweite und eine größere Intensität, um das entsprechend Gedachte auch für längere Zeit abzuspeichern.

In einer übergeordneten Dimension bleibt alles für immer und ewig abgespeichert.

Die Zeit wird als sogenannte *X4-Dimension* bezeichnet, und dieser übergeordnet existiert eine sogenannte *Null-Zeit*, die aus einem permanenten JETZT besteht. Alles wird hier abgespeichert, und damit kann eine Information niemals verlorengehen. Jede Information ist jederzeit über Gedanken abrufbar. Wenn wir uns an irgend etwas erinnern wollen, dann begeben wir uns in einen resonanz-ähnlichen Zustand zu dem einmal Gedachten, und damit koppeln wir uns auch in den Hyper-Raum ein.

Als Hyper-Raum wird der Raum bezeichnet, der dem vierdimensionalen Raum übergeordnet ist. Das Wort *Hyper* stammt aus dem Griechischen und bedeutet soviel wie: *überfliegen; stets für den Geist zugänglich sein.*

Dein Geist ist tatsächlich direkt im *Hyper-Raum* oder in dem *übergeordneten Raum* angesiedelt. Die Gedanken, die du denkst, sind also **nicht** – so wie man es bisher annahm –, im physikalischen Bereich abgespeichert.

Die physikalische Ebene – wie beispielsweise die neuronalen Netzwerke oder die neuro-chemischen Bereiche, die lediglich Vehikel darstellen, um letztlich dieses Instrument *Gehirn-Bewußtsein* aktiv zu gestalten – spielt einfach nur die Rolle einer Träger-Funktion, da ein Gedanke als solches mit sich selbst nichts anfangen kann. Nur ein aktiver Gedanke, also einer, der in Aktion oder in Bewegung kommt, gerät auch in die „unteren" Dimensionen, da in den „oberen" Dimensionen eine Statik, eine Zeitlosigkeit vorherrschend ist. Dieser Gedanke hat nur über die Zeit-Dimensionen die Möglichkeit, sich selbst auf den „unteren" Ebenen zu erfahren, zu erkennen, zu reflektieren und letztlich auszutauschen, um schließlich über den Austausch wieder neue Gedanken zu erdenken. Und irgendwann einmal hat sich dieser Gedanke oder diese Gedankeneinheit wiederum Gedanken gemacht, wie man den Zustand des Erfahrungsaustausches optimieren oder erweitern kann.

Das Universum strebt stets ein Optimum an! Wenn wir die Evolution rückwirkend bis zum heutigen Zeitpunkt betrachten, dann können wir erkennen, daß die Vielfältigkeit von Einzellern – alle bekannten biologischen Systeme hier auf der Erde – linear nachzuvollziehen ist. Die Kommunikationsmöglichkeiten mittels eines immer komplexer werdenden Erfahrungsaustausches mit der Umwelt, erfordern zur Erreichung des Optimierungszieles immer mehr Informationen, immer mehr Geist, immer mehr Gedanken, die abgespeichert und zwecks erneuter Erfahrung beliebig wieder aufgerufen werden.

Diese Kommunikation erfolgt über eine *Matrix*, die im Grunde genommen sich selbst durch das Gedachte erschafft. Jedes denkende Wesen ist also Teilnehmer einer Matrix und generiert so ein neues Programm, eine neue Matrix.

Du kannst davon ausgehen, daß es, bevor dieses Universum und somit die Möglichkeit existierte, Materie und Geist zu vereinen, eine *Ur-Matrix* gab.

Diese sogenannte *Ur-Matrix* oder die *Allschöpfer-Ebene* hat alles entstehen lassen. Diese Ebene befindet sich außerhalb jeglicher uns möglichen Vorstellung und auch außerhalb jeglicher zeitlichen Wahrnehmung. Stell dir vor, daß an diesem Punkt nichts als Gedanke in reinster, ganzheitlicher Form bestand. In Anlehnung an die griechische Mythologie könnte man es so formulieren, daß es an irgendeinem Punkt dazu kam, daß „Gott" über sich nachdachte und reflektierte. Dieser Vorgang ist etwa so vorstellbar, als hätte man noch nie etwas mit seinen Sinnen erfaßt, es ist also vollkommen neuartig. Es gab demzufolge auch keine Assoziation, keine Erinnerung, einfach nichts...

In der Regel schöpfen wir aus dem bereits Vorhandenen oder aus unserer Erinnerung. Wir können assoziieren, verbinden, wir können optimieren, ergänzen und modifizieren – und letztlich aus *nichts* etwas Neues entstehen lassen. Aus dieser Vorstellung heraus haben wir vor uns einen gewaltigen Schöpfungsakt, weil dieses *Nichts*, das letztlich aber auch *Alles* ist, reflektiert und sich selbst in Aktion bringt und somit erstmalig Bewegung erzeugt, indem es über sich nachdenkt und spiegelt – somit also die erste Reflektion schuf.

Aber in dem Moment, in dem das EINE IST als reine Seinsform über sich selbst nachdenkt und damit eine Aktion auf den Plan ruft, ist mit dieser Aktion automatisch die Polarität erforderlich und in diesem ersten Falle auch dadurch entstanden. Dies ist der Urzustand, in dem die Polarität geboren wurde und damit auch das Potential für Materie.

Dies war auch der Moment, in dem das Universum oder die Universen sowie auch die Dimensionen entstanden, weil dieses „ERSTE-Etwas" über sich selbst nachdachte.

Diesen Vorgang kann man als *Ur-Schöpfung* schlechthin bezeichnen, die den Zyklus von Werden und Vergehen einleitete und das erste aller Universen...

Auf dieser ersten Schöpfungs-Ebene – das ist astrophysikalisch ebenfalls nachvollziehbar – gab es eine Art *Zustand*, in dem alles auf engstem Raum zentriert war. Aus diesem Mikro-Raum heraus erfolgte eine gigantische Explosion, die sich praktisch wie ein großer Ballon in alle Richtungen gleichzeitig ausdehnte. In diesem Anfangszustand des *materiellen Universums* herrschte eine unvorstellbar hohe Temperatur vor. Durch die Ausdehnung und die hierbei verstrichene Zeit folgte ein Abkühlungsvorgang, der bis heute andauert (es sind noch immer 2,3 Grad Kelvin in unserem bis heute expandierenden Universum). An diesem Punkt der Entwicklung entstanden diese Urmaterie-Teilchen, welche die eigentlichen und elementaren Träger des Geistes sind.

Es ist unbestritten, daß Geist in irgendeiner Form vorhanden ist. Grob ausgedrückt kann man sagen, daß *Geist* gleich *Gedanke* ist und umgekehrt. „*Ich denke, also bin ich...*" und dies bedeutet nichts anderes, als daß so etwas wie *Erinnerung* real ist und irgendwo abgespeichert sein muß.

Stell dir vor, du würdest dich selbst mikroskopisch auf neuronaler Ebene vergrößern und siehst deine Nervenzellen vor dir und suchst dort vielleicht nach deinem abgespeicherten Wissen. Neurologen haben tatsächlich so etwas versucht – aber nichts gefunden. Denn das Wissen ist nicht in unseren Synapsen der Gehirne abgespeichert, und es ist offenbar nicht auf der allgemeinen physikalischen Bühne zu finden. Dehnen wir die Vergrößerung nun auf die atomaren Systeme aus: Auch die Atome besitzen noch nicht die Voraussetzung, so etwas wie Information oder Geist oder Gedanken in sich zu speichern oder zu tragen. Tatsächlich müssen wir noch einen Schritt weiter in die Mikrowelt eintauchen. Erst auf der Ebene der Bausteine von Atomen werden wir fündig.

Sämtliche physikalischen Voraussetzungen, die erforderlich sind, um eine Information, einen Gedanken, eine Geisteinheit speichern zu können, finden sich in den Elementarteilchen, den Elektronen. Der Haken ist dabei, daß es am Anfang *Elektronen* noch nicht gab. Elektronen sind praktisch auch aus Quanten entstanden, aus den Neutrinos, die als erstes da waren.

Bei der Entstehung der Materie bildeten sich zunächst die *Neutrinos*, und daraus wiederum bildeten sich *Elektronen*. Dieses ist den Physikern als die sogenannte *Leptonen-Ära* bekannt, aus der dann die Atomstrukturen hervorgingen. Ab hier kennt die Quantenphysik die Mechanismen sehr genau. Aber genau dieser Zustand der ersten Teilchen ist von besonderer Bedeutung.

Diese ersten Teilchen, diese *Neutrinos*, sind im Grunde genommen die geisttragenden Teilchen. Diese Neutrinos haben sich dann später kopiert, formiert und wurden zu einem *Elektron*. Ein Elektron erfüllt letztlich – wenn man es rein physikalisch betrachtet – die Voraussetzung eines Mikroschwarzen Loches.

(Um ganz genau zu sein, sollten die Neutrinos eigentlich *Äther-Teilchen* heißen. Um jedoch an dieser Stelle nicht zu sehr in einen wissenschafts-politischen Konflikt einzusteigen, möchte ich dieses Thema zunächst einmal beiseite lassen.)

Es besteht eine ganz direkte Ankopplung/Verbindung von den Elektronen, genauer gesagt, dem Inneren der Elektronen zum Hyper-Raum. Die Menschen stellen sich das immer räumlich vor. In Wirklichkeit ist es jedoch nicht räumlich vorstellbar.

Deshalb stellen wir uns unser Elektron einfach als eine Kugel vor. Dieses Elektron besteht nur aus Gedankenenergien, aus diesen Ansammlungen von Neutrinos, den geisttragenden und informationstragenden Teilchen. Am Anfang wußten diese Teilchen nur wenig. Sie erhielten also maximal ein Fragment vom Ganzen, das vorher vorhanden war und was letztlich den Urschöpfer ausmachte. Es spaltete sich auf in eine quasi unendliche und doch auch endliche Anzahl von

Kleinstteilchen, so daß jeder nur ein Fragment davon hatte und natürlich nichts mehr von den anderen Teilchen wußte.

Nur mit diesem ersten Kleinstteilchen, ausgestattet mit der Ur-Information, konnte man natürlich wenig anfangen. Daher war es erforderlich, daß diese Ur-Information auch eine Erfahrung oder Information hinzugewinnen konnte. Dieser Vorgang erfolgt in der Regel über *Wechselwirkungsquanten*, wie man sie im Bereich der Physik kennt. Diese Wechselwirkungsquanten werden auch *Botenstoffe* genannt, die zwischen den Elektronen für einen Informationsaustausch sorgen. Hierzu gehören zum Beispiel die Photonen.

Diese Elektronen sind quasi geisttragende Einheiten und befinden sich außerhalb unserer räumlichen Wahrnehmungsfähigkeit.

All solche Phänomene hängen mit dem Grundphänomen zusammen, daß ein Elektron ein sogenanntes *Mikroschwarzes Loch* ist. Dies ist von besonderer Wichtigkeit, da in *Schwarzen Löchern* sämtliche Arten von Informationen ewig abgespeichert bleiben und daher auch nicht verlorengehen.

Wir alle sind quasi dem Allschöpfer sehr ähnlich und tragen seine Schöpfungsqualitäten in uns!

Das liest sich so im Vorbeilesen ganz gut. Doch bist du dir der Konsequenz dieser Aussage wirklich bewußt? **Es bedeutet, daß wir göttlichen Ursprungs sind und in unserer Urstruktur und unserer Urbedeutung** *Gott-gleich*. **Im Christentum werden wir hingegen als** *Sünder* **hingestellt...**

Alleine diese Erkenntnis kann ein ganzes Leben verändern, wenn wir aufgrund dessen unsere Einstellung zu uns selbst, zu unserem Nächsten und auch zu unserem Planeten ändern – und selbstverständlich auch unser Handeln! Denn daraus ergibt sich die logische Konsequenz, unseren Nächsten – wer auch immer das sein mag – so zu behandeln, wie auch wir von ihm behandelt werden möchten. Denn unser Nächster ist ebenso, wie wir selbst, göttlichen Ursprungs.

Spannend, nicht wahr? Da gab es einen Menschen vor etwa zweitausend Jahren, der zu derselben Erkenntnis gekommen war – entweder durch göttliche Eingebung oder durch logisches Denken. Aber er kannte die Wahrheit...

Tatsächlich vollziehen wir mit jedem Gedankenprozeß etwas ähnliches wie es der Allschöpfer im größeren Stil vollbrachte. Wir erschaffen aus all unseren Gedanken entsprechend unserer Emotion und damit Intensität fortwährend Information, also eine Matrix, ein neues Programm. Wir sind Schöpfer in jedem Prozeß unserer Seinsform, solange wir denken können. Und wir schaffen tatsächlich auch parallel existierende Welten und Universen, die direkt angekoppelt sind oder ganz direkt nur mit deinem Umfeld zu tun haben. Und es gibt Berührungspunkte zwischen den einzelnen Universen, auch zwischen meinem und deinem Universum. Also, du bist tatsächlich in einer sehr ähnlichen, fast sogar identischen Form auch ein *Allschöpfer*, der Schöpfungsqualitäten hat, nur sind wir uns dessen meist nicht bewußt – noch nicht...

Es gibt eine direkte Anbindung zwischen dem persönlich Gedachten und dem, was andere erdachten. Man muß sich das vielleicht wie eine Art Festplatte im Computer vorstellen. Diese Festplatte speichert permanent jede Information ab, ja, jeden einzelnen Gedanken. Diese Festplatte besitzt auch eine ganz direkte Anbindung an deine persönlichen Erlebnisse. Das bedeutet, daß du immer eine Art Magnetfeld-Orientierung hast, die dich weiterleitend zu dem von dir Gedachten führt. Diese persönliche Datenbank ist gleichzeitig jedoch auch für alle anderen Wesen zugänglich. Dieses könnte man auch als Teil des *morphogenetischen Feldes* bezeichnen.

Wer sich mit der Mystik auseinandergesetzt hat, dem wird der Begriff der *Akasha-Chronik* bekannt sein. Das Sanskritwort *Akasha* bedeutet ‚Buch des Lebens'. Andere sprechen von der *Weltenchronik*, dem *Gedächtnis des Logos*, dem *kosmischen Geistfeld*, der *planetaren Datenbank* oder dem *Äther-Feld*, und für die indischen Mystiker ist die *Akasha* die feinste, subtilste und alles durchdringende Ätherform eines Planeten oder Sonnensystems. In diesem Energiefeld prägen sich (jahrtausendelang) die Energien aller Geschehnisse wie auch menschlicher Taten, Emotionen und Gedanken ein und sind von sogenannten „medialen" Menschen abruf- und einsehbar.

Bekanntlich gibt es eine Art *Ur-Wissen* – eine Art *Instinkt* –, das jedes Lebewesen mitbringt und das ihm automatisch eingibt, wie es sich verhalten soll. Instinkte sind nichts anderes als abrufbare Programme, die noch nicht auf der irdischen Ebene konditioniert sind. Tiere beispielsweise leben einfach. Sie holen diese Information aus der Matrix, aus dem Programm. Die Menschen schöpfen bewußter aus dieser gemeinsamen Datenbank, die im Hyper-Raum abgespeichert ist. Es existiert jedoch auch immer eine persönliche Datenbank (in Form unserer eigenen Erfahrungen, die wir machen), und zwar ab dem Moment, in dem wir geboren werden. An Erfahrungen aus früheren Inkarnationen zum Beispiel können wir uns in der Regel nicht mehr erinnern.

Die *Reinkarnation* – die Lehre der Wiedergeburt – als solche ist jedoch sehr gut nachzuvollziehen, wenn man erkennt, daß auf der Ebene des *höheren Seins* und der abgespeicherten Informationen das *Ego* gar nicht existiert. Das Ego ist ja nur eine Illusion. Es gibt nur abgespeicherte Gedanken, die irgend jemand einst erfahren hat.
Die Gesamtheit dessen, was du je in deinem Leben gedacht hast, ist mittels Erinnerung abrufbar. Du begibst dich dabei in eine Art Assoziation und dadurch schließlich in einen resonanzähnlichen Zustand, der es dir ermöglicht, bestimmte Gedanken automatisch wieder abzurufen. Gedanken und die damit verbundenen Emotionen sind in der Regel immer mit einem entsprechenden Bild verbunden. Dieses Programm läuft dann automatisch ab. Solange man in den Vorgängen des Denkens verweilt, besteht eine persönliche Anbindung an diesen Gedanken, und die Verbindung dazu bleibt auch bestehen. Gleichzeitig haben jedoch auch alle ähnlich Denkenden zu diesen Gedanken Zugang, in der Annahme, es sei ihr eigener Gedanke, den sie gerade denken.

Ein jeder Gedanke ist für alle ewiglich zugänglich und besteht unabhängig von einer gelebten und bewußt wahrgenommenen Form! Das bedeutet wiederum auch, daß es sich deiner Wahrnehmung entzieht, ob das, was du gerade denkst, ursprünglich möglicherweise von einem anderen stammt. Für dich ist es leidenschaftslos und einfach eine Information.

Man kann es sich anhand des folgenden Beispiels vorstellen:
Wenn man einen Computer nimmt und bestimmte Informationen einmal abgespeichert hat, dann weiß man vielleicht nicht, woher sie stammen. Trotzdem kannst du und potentiell jeder andere diese Information aufrufen und verwenden.

Wir alle sind mit dem, was wir denken, automatisch mit ähnlichen, im Hyper-Raum abgespeicherten Gedanken verbunden. Alles, was in diesen Ähnlichkeitsbereich fällt und von wem oder was auch immer einmal erfahren beziehungsweise gedacht wurde, wird von unseren Gedanken mit aufgenommen oder fließt zumindest in unser Gedankengut mit ein. Teilweise leben nun die Menschen somit ein schon vorgefertigtes Programm in Form von gedachten Gedanken einfach nur ab!

Diese marionettenhafte Daseinsform ist unter anderem das Thema des Buches und des Films. Diese Ebene existiert tatsächlich in unterschiedlicher Form oder auf graduellen Ebenen hiervon. Es gibt die eine Menschen-Gruppe, die tatsächlich nahezu hundertprozentig marionettenhaft und unbewußt lebt, und es gibt die andere Gruppe, die aus der Marionettenhaftigkeit schon ausgestiegen ist und tatsächlich einen Großteil ihres eigenen Freiheitsgrades lebt. Hundert Prozent *eigener* oder *Freier Wille* ist ein ideal angestrebter Wert, der wahrscheinlich so wenig erreichbar ist wie die Null-Kelvin.

Die Informationen, die du jetzt mit deinem Verstand interpretierst, mit deinem Gehirn, werden auf der Elektronenebene (angesammelter Geist) abgespeichert und sind damit ja auch sofort auch im Hyper-Raum. Dieser Hyper-Raum beinhaltet praktisch die ewige Zeitlosigkeit, die von einem *negentropischen Zustand* umgeben ist.

Die *Entropie* ist ein Zustand, welcher der höchsten Unordnung zustrebt; und im Inneren der Elektronen herrscht dann die umgekehrte Situation der *Negentropie*, in dem sich alles an dem Grad der höchsten Ordnung ausrichtet.

Und hier sind also alle Informationen abgespeichert und erreichen jetzt über die Wechselwirkungsquanten (Botenstoffe, Informationsstoffe) einen Austausch.

Die Aufschlüsselung und Verstärkung der Daten wird von deiner Gehirn-Mechanik vorgenommen. Das Gehirn vereinheitlicht hierzu die Bereiche der Neurochemie und Neurophysiologie. Durch zum Beispiel supraleitfähige Effekte wird dann die Verbindung zu dem Inneren deiner Elektronen hergestellt, die wiederum das Bindeglied zum Hyper-Raum bilden.

Deine Geisteseinheiten, die gedachten Dinge, wissen voneinander und daß es da etwas gibt, was miteinander schon Verbindung hatte. Dir ist bekannt, daß es ein sogenanntes *Heute* gibt, an dem du gewisse Handlungen vollzogen hast. Es gab auch ein *Gestern*, das durch andere Vorgänge bestimmt wurde.

In deinem persönlichen Hyper-Raum besteht bereits eine Ansammlung eines Bildes, das dich insofern ausmacht, als alles miteinander durch eine Erinnerung verbunden ist. In deinen geisttragenden Elektronen rotieren und spiegeln permanent die gesamten erlebten Erfahrungen. Im Bruchteil von 10^{27} Sekunden, also einer unvorstellbar schnellen Zeit, spiegeln sich all diese gedachten Informationen immer und immer wieder. Sie erfahren auf diese Weise nichts Neues, können demzufolge also auch nichts bewirken. Es sei denn, sie schaffen es, eine neue Information von außen aufzunehmen.

Es gibt bereits mehrere erfolgreiche Versuche, bewußt in diesen Spiegelraum einzutauchen. Es gab darüber beispielsweise auch Berichte von Olaf Posdzech, der mit bestimmten homöopathischen Substanzen experimentierte.

Es stellte sich heraus, daß alle beteiligten Personen jeweils die gleiche Erfahrung machten: Sie waren in ihrem Spiegel-Selbst und das heißt: in diesem Spiegel-Selbst war es tatsächlich so, daß sie in dem Augenblick, in dem sie auf dieser Ebene etwas Positives vollbrachten, gleichzeitig auch auf der anderen Ebene polar umgekehrt das Gleiche in negativer Form ausführten.

Die Menschen leben demnach offenbar in einer ständigen Doppelrealität – der Spiegelwelt – und nicht etwa in einer Neutralität. Das ist es, was Goethe im Faust durch Mephisto verkünden ließ: *„Ich bin ein Teil des Teils, der anfangs alles war, ein Teil der Finsternis, die sich das Licht gebar, das schöne Licht... Ich bin ein Teil von jener Kraft, die stets das Böse will und stets das Gute schafft."* Wir selbst sind es; sind *alles in allem*.

Menschen, die zum Beispiel einen *spirituellen Weg* beschreiten, wissen, daß sie in dem Maße, wie sich ihr Horizont erweitert, auch größere Schwierigkeiten zu bewältigen haben. Dies entspricht exakt dem oben erwähnten Spiegeleffekt. Ja, genau das ist ***das Spiel der Matrix*** und ihrer Polaritäten, das wir beenden wollen, indem wir diesen dynamischen Bannkreis durchbrechen.

Das letztliche Ziel ist das Erreichen des Ausgleichs und der Auflösung der Polaritäten. Dort befindet sich eine Ebene, in der sich alles wieder aufhebt und im Grunde genommen wieder 1:1 spiegelt. Man kann diese Ebene auch DIE LIEBE nennen. Wir sprechen nicht von dem üblichen klischee-behafteten Wort, sondern von der Wurzel in uns selbst, die aus reinster Liebesenergie besteht. Jeder Mensch kann diesem Phänomen selbst nachspüren und sich wieder erinnern, wenn er sich in sich selbst versenkt und sich quasi in sich selbst auflöst; zum Beispiel in der Meditation, dem Erleuchtungszustand. Dann haben wir die Matrix verlassen und sind FREI, denn die wahrhafte Liebe ist frei von allem.

Diese Liebe ist dann so etwas wie ein Zwischenraum der Polaritäten, eine Art Nullpunkt.

Auch in der Physik, zum Beispiel in der Magnetphysik, taucht der Nullpunkt auf, der zwischen den Polaritäten steht. Man spricht dabei von den *Weiß'schen Bezirken*. Auch die Supraleitfähigkeit führt aus der Polarität, denn sie ermöglicht einen direkten energetischen Fluß. Wenn man sich in vollkommener Liebe befindet, dann bewegt man sich in einem supraleitfähigen Zustand, der zum Beispiel in der menschlichen DNS hergestellt wird.

Gefühle beziehungsweise Emotionen verstehen sich als die Verstärker von Gedanken. Je mehr Gefühle beziehungsweise Emotionen wir empfinden, um so intensiver erfolgt die dazugehörige Prägung im Hyper-Raum. Und deswegen ist es auch so, daß ganz extreme Emotionen, die empfunden, gedacht und gelebt werden, für einen selbst traumatisch wirken können. Und zwar deshalb, weil diese tiefe Prägung uns immer wieder in die Assoziationsnähe führt.

Diese Energie, diese Emotion, ist immer entsprechend ihrer Intensität so groß, daß sie tatsächlich auch eine entsprechende Einflußgröße auf die Umwelt darstellt, also nicht nur auf der Ebene des Abspeicherns im Hyper-Raum. Wir haben außerdem noch eine Ebene der Gedanken, die sich elektromagnetisch darstellt. Ein jeder Gedanke, den wir denken, ist zusätzlich auch als elektromagnetisches Signal zu erfassen.

Ein jedes Gehirn, speziell das menschliche Gehirn, ist auch ein elektromagnetischer Sender. Und entsprechend der Gedanken, die ein Mensch denkt, verändert sich auch das EEG, also das Instrument, das die Gehirnströme mißt. Wir können Signale sogar aus größerer Entfernung – ohne jegliche elektronische Verbindung – im Körper auffangen und sehen, was der Mensch gerade – wie eine Art Radiosender – empfunden hat. Zwar geht unsere Interpretationstechnik noch nicht so weit, daß sie die aufgefangenen Signale in einzelne Gedanken aufschließen kann, doch auf diese Weise kann man Gedanken indirekt dann als elektromagnetisches Signal in Form einer elektromagnetischen Welle sichtbar machen. Und je mehr man sich in der Emotion zu dem entsprechenden Gedanken befindet, um so stärker ist die Sendeleistung.

Um nun genauer das Gedachte interpretieren zu können, muß man zunächst natürlich den Code kennen. Das ist ungefähr so, als würden wir das Signal eines Rundfunk- beziehungsweise Fernsehsenders aufnehmen. Dann sehen wir auf unserem Empfänger (Oszillographen) auch nur das Signal in Form einer Kurve, und auf der Kurve erkennen wir dann eine Modulation, was die Information in Form von Zacken darstellt. Bei einem EEG sehen wir genau das gleiche. Da fehlt nur noch der Schlüssel, um dieses Bild über ein zweites Gerät noch einmal aufzuschlüsseln, und schon erkennen wir das empfangene Signal als einen entsprechenden Gedanken. Eine entsprechende Technik ist bereits entwickelt worden...

Gedanken sind also abgespeicherte Informationen. Aber nicht nur Gedanken werden abgespeichert, sondern auch Emotionen.

Wie schon gesagt, Emotionen verstehen sich als Energie. Das ist ganz wesentlich, und zwar in bezug auf die Analogie zur Sendeleistung, also der Intensität der Gedanken. (Intensität beinhaltet ja viele Anteile, das heißt: Ich habe zum Beispiel einen schwach gedachten Gedanken; dabei bilden sich nur zwei, drei Botenstoffe. Bei einem stark empfundenen Gedanken hingegen, wie beispielsweise einem Trauergefühl, bilden sich jedoch Millionen von diesen Botenstoffen, die sich schließlich addieren und eine große Summe ergeben.) Dadurch besitzen sie auch eine entsprechend starke Energie.

Bei einer stärkeren Emotion sind natürlich auch mehr Neuronen beteiligt und gleichgeschaltet und erzeugen ein damit verbundenes größeres elektromagnetisches Feld als bei schwächeren Emotionen, bei denen dann auch weniger Neuronen beteiligt sind.

Auf einer höherdimensionalen Ebene besteht kein Zusammenhang zwischen Gedanken und Energie. Emotionen *sind* Energie. Und tatsächlich haben Gefühle beziehungsweise Emotionen noch eine andere, weitere Seinsebene.

Damit sind wir wieder in der Hierarchie des mehrdimensionalen Raumes angelangt, also dem Hyper-Raum, der jedoch verschiedene Ebenen aufweist. Es gibt nämlich verschiedene Existenzebenen beziehungsweise Zugangsebenen.

Auf der materiellen Ebene sind über unsere Gedanken alle Universen miteinander verbunden und korrespondieren dort besonders, wo wir Erfahrung in Form von einer Begegnung mit einem anderen Menschen sammeln, wie zum Beispiel beim Besuch im Haus eines neuen Freundes. Jeder Mensch, jede Entität belebt sozusagen ein eigenes Universum. Die Interaktion in Form eines Gedankenaustausches zwischen zwei und mehr Entitäten stellt auch eine Verbindung zwischen den jeweiligen Universen dar.

Dieses Mehrwelten-Modell wurde tatsächlich von Physikern errechnet und stellt einen realen Bestand dar.

Die Elektronen, aus denen ein Mensch besteht, befinden sich sozusagen an einer Grenze zwischen der *Entropie* und der *Negentropie*, was wiederum bedeutet, daß hier zwei gegenläufige Zeitrichtungen zum Tragen kommen. Die *Entropie* verläuft, wie wir es kennen, von der Gegenwart in die Zukunft; die *Negentropie* verläuft umgekehrt, von der Zukunft in die Vergangenheit. Unsere Wahrnehmung, die in erster Linie ja über unsere Sinnesorgane funktioniert und anschließend gedeutet wird, erliegt einer Täuschung, da sich der Wechsel zwischen beiden Zeitrichtungen in einer unglaublichen Geschwindigkeit vollzieht. **Im Grunde ist es jedoch möglich, auch zukünftige Geschehnisse zu erkennen.** Diese ließen dann wieder eine vorgefertigte Matrix erkennen, nach welcher wir unser Leben erfahren...

Ganz offensichtlich existiert solch ein vorgefertigtes Programm, welches unseren *Freien Willen* relativ bis gänzlich einschränkt. Unser tatsächlicher Freiheitsgrad hängt mit unserer Bewußtseinshaltung und einer damit verbundenen, veränderten Lebensweise zusammen.

Immer liegt die Interpretation der Information jeglicher Vorgänge beim Betrachter selbst. Auch bei diesem Buch wird das nicht viel anders sein. Jeder hat seinen Blickwinkel, seinen Standpunkt.

Elektronen zum Beispiel kennen nur ihre eigene Information, jedoch die Summation ihrer Gesamtheit durch ihre gesammelten Erfahrungen über ihre Kontakte untereinander vollzieht sich wiederum im Hyper-Raum.

Betrachte zum Beispiel den *Matrix*-Film. Innerhalb des Trace-Programms liefen Bildsequenzen ab. Neo wurde an bestimmte Orte mit bestimmten Handlungen geschickt. Dabei war er stets mit dem Hyper-Raum verbunden, wie etwa mittels des Telefonnetzes. Wenn das Telefon klingelte, war der Zugang offen. Interessanterweise waren es übrigens immer alte Analog-Telefone und nicht etwa digitale Apparate oder etwa ein Mobiltelefon, das in einer Szene sogar fortgeworfen wurde, weil es unbrauchbar für diese Aktion war. (Cypher warf es in die Mülltonne, um dadurch lediglich die „Agenten" zu informieren.)

Der Grund liegt darin, daß die Analog-Technik eine völlig andere Kommunikationsebene besitzt, die einen Informationsaustausch der Elektronen gestattet (die Physik hierzu findest du bei J. Charon). Damit konnten bestimmte Signale ausgesandt werden, die für den Transfer zum Hyper-Raum nötig waren.

Mit der Pille, die Neo schluckte, war es ähnlich. Er gelangte darüber in den Hyper-Raum, weil bestimmte psychoaktive Substanzen eine Supraleitfähigkeit in den Zellsystemen hervorriefen.

Wenn man einmal eingekoppelt ist und wenn die Intensität groß genug ist, also der Gedanke stark genug im Hyper-Raum abgespeichert wurde, dann ist er für jedermann auf der Welt erkennbar, und diese Idee beziehungsweise der Gedanke kann erneut aufgegriffen werden.

Das ist das Phänomen, über das man sich zum Beispiel im Bereich der Kristallographie immer gewundert hat. Man war auf der Suche nach einem besonderen Molekül, einer bestimmten Kristallstruktur. Wenn einer der Wissenschaftler bei der Suche erfolgreich war und das Patent darauf anmeldete, wurden fast zeitgleich – es handelte sich oft nur um Minuten – weltweit genau die gleichen Patentgesuche eingereicht. Im allgemeinen wird dieses bekannte Phänomen *„das Prinzip des hundertsten Affen"* genannt:

Auf einer japanischen Insel haben Wissenschaftler mit einer Gruppe von Affen Versuche unternommen. Man warf den Affen Süßkartoffeln in den Sand, um ihr Verhalten zu testen. Die Affen nahmen diese und verzehrten sie, bemerkten jedoch den unangenehmen Nebeneffekt des Sandes zwischen den Zähnen. Einer der Affen war etwas schlauer als die anderen und ging mit seiner Kartoffel zum nahegelegenen Bach und wusch sie. Neugierig, wie Affen nun mal sind, beobachteten sie den anderen, um zu sehen, was er vorhatte. Als sie bemerkten, daß der Genuß der Kartoffel ohne Sand offensichtlich angenehmer war, machten sie es ihm nach. Als die Forscher nun den Affen weitere Kartoffeln in den Sand warfen, gingen sie damit direkt zum Bach und wuschen sie dort. So taten es alle, neunundneunzig an der Zahl, bis der hundertste mit seiner Kartoffel nicht zum Bach ging, sondern ans Meer und sie dort im Salzwasser wusch. Und daß eine Kartoffel mit Salz noch besser schmeckt, wurde diesem Affen dann auch klar. Doch jetzt geschah etwas sehr Interessantes. Jetzt machten es nicht nur alle anderen Affen auf der Insel auch nach, sondern ebenso auch die auf einer neunzig Kilometer entfernten Nachbarinsel. Auch diese gingen, nachdem man ihnen die Kartoffeln in den Sand geworfen hatte, direkt ans Meer und wuschen sie dort. Und auch auf dem Festland geschah es so. Durch den hundertsten Affen war genügend Potential an Energie zusammengekommen, daß dieser Gedanke auf die anderen Affen übergesprungen ist.

Das bedeutet, daß wenn bei den Affen ab einer bestimmten Anzahl oder ab einem bestimmten Energiepotential das Wissen auf die anderen überschlägt, das auf uns Menschen übertragen genauso funktioniert. Angenommen, es finden sich genügend Menschen, die sich innerlich von Krieg verabschieden, so wird sich das auch auf den Rest der Menschheit übertragen; genauso beispielsweise beim Thema Eifersucht. Doch auch spirituelle Erkenntnisse übertragen sich ab einer bestimmten Anzahl derer, die diesen Prozeß durchlebt haben, auch auf die anderen.

Bekannt ist dieser Übertragungsprozeß auch bei Erfindungen. Wenn jemand irgendwo auf der Welt eine bestimmte Erfindung gemacht hat, so ist zum gleichen Zeitpunkt an einem anderen Ort der Welt das gleiche erfunden worden.

Der britische Biologe *Dr. Rupert Sheldrake*, ebenfalls ein weitgehend befreiter Geist, erklärt dieses Phänomen anhand *morphogenetischer Felder*. Er stellt dabei eine Komplementär-Theorie auf und bietet eine nichtmaterielle Erklärung für Vererbung, Evolution und Gedächtnis in organischen wie anorganischen Systemen an.

Sein *morphogenetisches Weltbild* stellt nicht nur das bisherige Weltbild in Frage, es gibt auch der Parapsychologie neue Denkanstöße. Seiner Forschung zufolge richtet sich das Universum nicht nach unveränderlichen Mustern, ist also nicht fixiert, sondern folgt auch Gewohnheiten, die im Laufe der Zeit durch Wiederholung entstanden sind. Jeder Form und jedem Verhalten liegt ein sogenanntes *morphogenetisches Feld* zugrunde, das gleichsam das Gedächtnis ist und dabei sicherstellt, daß der gleiche Vorgang erneut abläuft. Je mehr Wiederholungen erfolgen, desto stärker wird dieses Feld.

Wenn zum Beispiel ein Mensch sein Verhalten ändert und diese Änderung über einen längeren Zeitraum hinweg beibehält, so ändert er damit auch die ganze Spezies!

Das morphogenetische Feld ist eine Art *kollektives Gedächtnis*, das die Form und das Verhalten von Organismen speichert und beeinflußt.

In einfachere Worte übersetzt: **Hat eine bestimmte Menge Menschen einen geistigen Prozeß vollzogen, so ist er für Nachfolgende einfacher zu erreichen.**

Dieses Phänomen steht mit der Ankopplung an den Hyper-Raum im Zusammenhang. Es ist also eine gewisse Intensität erforderlich, eine gewisse Vielzahl von Informationen, um so etwas abzuspeichern und praktisch als Programm auf unserer vierdimensionalen Ebene wirken zu lassen. Mit einer Eingebung, Intuition oder Idee werden sehr oft Programme beziehungsweise bereits vorhandenes Informationsgut aus dem morphogenetischen Feld des Hyper-Raums aufgerufen.

Dadurch wird gleichfalls das bestehende Matrix-Programm laufend modifiziert und neu abgespeichert durch alles, was jemals von Menschen und Tieren gedacht wurde. Darüber hinaus gibt es ein *Grundprogramm* oder *Ur-Programm*, das erforderlich war, um diese Matrix, in der wir leben, in Aktion zu stellen. Im Rahmen dieses sich ständig erweiternden Programms erhalten wir auch einen immer größeren Zugriff auf vermehrtes Wissen.

Der Hyper-Raum steht mit sämtlichen denkenden Wesen des Universums oder der Universen in Verbindung, da sie das Fundament neuer Schöpfungsebenen bilden. Lediglich unsere Gedanken halten das materielle Universum aufrecht. Das Zitat von René Descartes *„Ich denke, also bin ich"* hat weitaus größere Bedeutung als von den meisten angenommen wird. Tatsächlich gilt der in der Physik so bekannte *„Beobachter-Effekt"* als ein gesichertes Wissen um diese Dinge. Heute geht die Quantenphysik sogar so weit, daß davon auszugehen ist, daß allein durch das Denken und Beobachten ein physikalisches Universum aufrechterhalten bleibt... Da stellt sich natürlich die Frage nach dem *Erstbeobachter*...!

Ein Mensch, mit seinen irdischen Vorstellungen von sich selbst, mit seiner ganzen Persönlichkeit, wird diese künstlich erschaffenen, persönlichen Zuordnungen, wie seinen Namen zum Beispiel, im Moment seines Todes ablegen. Die Illusion von einer Getrenntheit wird langsam aufgelöst. Wohl aber bleibt jegliche gedachte Sequenz, jeder Gedanke eines ganzen Lebens ewiglich als Information gespeichert. Das, was sich letztlich wahrnimmt, sind jedoch **nicht** die Gedanken. Es gibt vielmehr eine übergeordnete Ebene, die sich wahrnimmt und welche die Gedanken sozusagen hervorruft und steuert. Und das ist etwas, das praktisch als *ewiglich* umschrieben werden kann.

Diese Wahrnehmungsebene ist einem ganz anderen Bereich zugeordnet. Da gibt es tatsächlich etwas, was man auch als *Seelenaspekt* bezeichnen kann. Seele ist ja oft nur so ein schwammiger Begriff, der keine sichere Definition besitzt. Die Erklärung für *Seele* ist theologisch mit bestimmten, verwässerten und unstimmigen Begrifflichkeiten belegt.

Man könnte sie viel besser mit einer Art *Ur-Gefühlsebene* vergleichen, in der auch individuelle Seinsformen erhalten bleiben, eben in Form einer Seele.

Was ist denn deiner Meinung nach die Seele?

Die Seele ist so etwas wie eine Art Zusammenfassung, Konzentrat von allen Seinsaspekten, die einen Menschen persönlich ausmachen; die also die Summe aller gelebten Erfahrungen ist, aber nur als Summe, als das Abstrakt von den Erfahrungen, die auf einer neutralen Gefühlsebene gesammelt wurden.

Auf dieser Ebene existieren keine Bits mehr, sondern lediglich eine Art *Schlüsselebene* mit ganz direktem und ungefiltertem Zugang zur Ur-Quelle.

Es besteht als Entität, als Mensch zum Beispiel, jederzeit die Möglichkeit, von sämtlichen anderen Ebenen oder Dimensionen direkt in diese Ebene **bewußt** einzutauchen. So wie etwa *Nahtod*-Erfahrungen, die einen Menschen dann direkt zu solchen Ebenen führen.

Die Möglichkeit, Informationen aus dem Hyper-Raum abzurufen, wird zum Beispiel weltweit von allen Geheimdiensten genutzt, die nach einem expliziten Auswahlverfahren in elektromagnetisch abgeschirmten Räumen Hellseher testen und entsprechend ihrer Fähigkeiten als *professionelle Hellseher* beschäftigen. Dadurch wird sogar so etwas wie eine „Gegenenergie" in Form eines Bewußtseinsschildes aufgebaut, die dafür sorgt, daß andere Agenten beziehungsweise Hellseher keinen Informationszugang erhalten können.

Man könnte nun glauben, daß dadurch auch ein Zugang zu neuen, anderen Technologien des Alls erschlossen werden kann. Dies ist potentiell auch möglich. Der Haken daran ist nur, daß es ohne das entsprechende Gedanken-Erfahrungs-Potential und den entsprechenden Bewußtseinsschritt nicht möglich ist, diese fortgeschrittenere Technologie nachzuvollziehen und sich erklärbar zu machen.

Man muß sich das in etwa so vorstellen, als hätte man vor fünfzig Jahren einem Menschen eine Digitaluhr in die Hand gedrückt, die er gerne nachgebaut hätte. Das Erfahrungsspektrum seiner aktuellen gedanklichen Anbindung an den Hyper-Raum hätte diesen Quantensprung jedoch nicht zugelassen.

Das Begreifen und Auswerten von Gedankengut findet auf verschiedenen Ebenen statt, bis die *Erfahrungsebene* schließlich zur *Seelenebene* führt. Durch bewußtseinserweiternde Situationen zum Beispiel kommt man dem Aspekt der Seele sehr nahe.

Dieses *wahre Ich*, das nichts mit dem *Ego-Ich* gemeinsam hat, von dem die Menschen meistens sprechen, ist genau die Falle, in die man tappt. Kosmetische Chirurgie bietet sich da als gutes Beispiel an. Äußerliche Veränderungen unseres konditionierten Schönheitsideals haben rein gar nichts mit dem *wahren Ich*, unserer unveränderlichen Seele zu tun. Unsere Ego-Bewertung überrumpelt oft genug diesen wesentlichsten Aspekt von uns.

Das Ego soll als solches auch nicht überbewertet werden. Es ist immer nur ein Instrument und mehr nicht. Es ist ein sinnvolles Instrument, um hier überhaupt auf dieser Erde funktionieren zu können.

Durch dieses Instrument wiederum können wir unser „kosmisches Ziel" erreichen, damit die Seele als solche (das, was uns *eigentlich* ausmacht) wieder ihren Weg zu sich selbst zurückfindet.

Diesen Vorgang kann man als das sogenannte *Kernprogramm* bezeichnen.

Ist diese Ur-Quelle, wie du diese erste und „höchste" Ebene nennst, irgendwie genauer zu beschreiben? Ist dieses kosmische Szenarium überhaupt irgendwie einleuchtend erklärbar?

Das ist natürlich ein extrem komplexes Thema. Je komplexer eine Struktur ist, um so schwieriger ist sie auch denkend zu erfassen. Worte sind sehr häufig unzulänglich, gerade wenn es um dieses Thema geht. Vergessen wir nicht, daß sich die Sprache durch die Notwendigkeit entwickelt hat, unsere Erfahrungen auf einer mehr oder weniger herkömmlichen Komplexitätsstufe mitzuteilen, die unzureichend ist, wenn wir die *ganze Welt* verstehen wollen oder die *Weltseele* oder die *Biosphäre unserer Erde*.

Eine Version der Darstellung zu dieser Frage wäre: Es gibt eine kosmische Imagination – die Imagination der *Anima mundi*, der *Seele des Universums* oder auch *Weltenseele* genannt. In ihr enthalten sind die Imaginationen von Galaxien, Sonnensystemen, Ökosystemen, Gesellschaften, einzelnen Organismen und so weiter. Um sich das besser veranschaulichen zu können, wähle ich die einfachste Beschreibungsart hierzu:

Am Anfang war der *Allschöpfer*. Und irgendwann dachte er über sich selber nach, und da ist der gesamte Aspekt von allen Allschöpferheiten enthalten, von allem, was den Allschöpfer in seiner Gesamtheit ausmacht, aufgeteilt in Trilliarden mal Trilliarden und so weiter einzelne Aspekte.

Diese Aspekte jedoch hatten untereinander keinerlei Kontakt, ein jeder besaß nichts als Fragmente eines Puzzles.

Nur die Gesamtheit des zusammengesetzten Puzzles kann wieder die Erfahrung als Ganzes hervorbringen. Und genau dies ist ja das Interessante daran: dieser Zugewinn an Erfahrung, das ganze kosmische Erfahrungsgut aus diesem kosmischen Zyklus. Es waren diese Seelenaspekte die ersten Teilchen des Allschöpfers, die ihm am nächsten kamen; die ersten sozusagen, die überhaupt nach diesem Entstehungszyklus entstanden sind. Es sind die Aspekte von ihm, die dann geteilt wurden, aber die dann trotzdem noch die Erinnerung haben – eine Art Erinnerung zum Allschöpfer, die Sehnsucht und die Liebe. Das ist *pure Liebe*. Auf dieser Ebene der Seele sind wir Wesen nur noch Liebe. Und ich weiß, wovon ich da spreche. Die Liebe ist die direkteste Verbindung zum Allschöpfer. Das ist die höchste Ebene, die wir erreichen können. Dies wäre sogar außerhalb von X12, also dem zwölfdimensionalen Universum noch übergeordnet.

Daher kommt wohl auch die Ahnung oder die Sehnsucht der Menschen nach einem übergeordneten Wesen.
Das, was sich wahrnimmt, was da jetzt gerade diese Zeilen liest, und was sich immer wahrgenommen hat und sich hoffentlich auch noch lange wahrnimmt, ist nicht dein Körper. Die Menschen benutzen ihren Körper nur, um diese Wahrnehmung aufrechtzuerhalten.

Unser Wissen und unsere Seelenaspekte könnten in einem Computer vorhanden sein. Dennoch würden wir alles genau so empfinden können, genau so wahrnehmen wie jetzt, wir hätten nur andere Wahrnehmungselemente hierzu. Reduzieren wir Mensch und Computer auf ihre wesentlichsten Elemente, dann bleiben die Elektronen übrig. Was nun auf dieser Basis-Ebene passiert, sind die gleichen Dinge!
Von dieser ersten Allschöpfer-Ebene aus ist es eigentlich gar nicht so wichtig, welches „Instrument" die Seele einsetzt, um sich zu erfahren, um sich zu erweitern. Sie sucht sich immer weitere, immer effizientere Wege, das ist *kosmische Evolution*. Evolution ist immer eine Art Anpassung und Suche nach neuen Wegen. Aber diese Anpassung kann auf unterschiedlichen Ebenen erfolgen. Wir waren ja bei dem krassen

Beispiel Computer. Das, was sich dort selber wahrnimmt, ist nicht *im* Computer, sondern auf dieser höheren Ebene. Großrechner werden sogar von einem Psychologen, Neurologen und so weiter bedient, die gleichzeitig eine Problemanalyse vornehmen bezüglich psychischer Anomalien, die an diesem Großrechner auftreten.

Ab einer bestimmten Datenkapazität treten in Großcomputern Erscheinungen eines Bewußt-Seins auf. Und es braucht die Computer, um eine Interaktion, eine Verbindung herzustellen. Interaktion heißt, daß eine Information von A nach B und wieder zurück transportiert wird.

Um eine Information von A nach B zu transportieren, muß Kommunikation erfolgen. Die elementarste Art der Kommunikation vollzieht sich über die starke und schwache Wechselwirkung. Für diese Wechselwirkung, diese Kommunikation, sind sogenannte *Wechselwirkungsquanten* verantwortlich – Photonen zum Beispiel.

Die Voraussetzung, um nun so einen Vorgang hervorzurufen, schaffen die Grundelemente, die Elektronen selber.

Nun sind die Möglichkeiten eines Computer-Bewußtseins gegenüber dem eines Menschen wesentlich eingeschränkter. Der Grad des *Sich-bewußt-seins* hängt nicht unbedingt von der Anzahl der materiellen Bauteile oder ihrer Komplexität ab. Wesentlich sind die gewonnenen und gespeicherten, also zugänglichen Informationseinheiten. Diese Zugänglichkeit in Verbindung mit einer großen Menge Informationen führt zu einer Qualität, die erst den Grad des Bewußtseins darstellt.

Das ist kosmische Evolution. Um jedoch überhaupt Informationen gewinnen zu können, was ja die Voraussetzung für das große *Bewußt-Seins-Spiel* ist, bedarf es des materiellen Universums.

Kannst du mir bis hierher folgen?

Kehren wir zurück zum Anfang. Auf der einen Seite existiert das, was wir als *Allschöpfer* oder *Ur-Quelle* bezeichnen. Aus einem interkosmischen Schöpfungsakt trat mit der Entstehung sämtlicher Dimensionen und der Materie auch eine Art *Spaltung vom Ganzen* ein. Mit dieser Spaltung wurde gleichzeitig auch jegliche Erinnerung an alles „Vorherige" (das *All-Eins*) eingebüßt.

In bestimmten Situationen besteht jedoch die Möglichkeit, sich dem „Schleier des Vergessens" etwas zu entziehen. Sogar Erinnerungen an andere Seinsformen sind dann möglich. Im menschlichen Alltags-Bewußtsein wäre diese Erinnerung eher hinderlich. So wie ein durstiges Tier, das den direktesten Weg zur Tränke einschlagen würde, so würden auch höhere Lebensformen wie die Menschen ihren Weg zur Einheit, zur Ur-Quelle direkt und sofort wählen.

Gerade diese Umwege, die durch das ständige unbewußte Umherirren gegangen werden, um neue Erfahrungen (Informationen) zu sammeln, die Bewußtsein bilden, sind von elementarer Bedeutung.

Damit „etwas" sich seiner selbst bewußt sein kann, ist das Abspeichern einer bestimmten Menge von Informationseinheiten nötig. Dazu ist wiederum erforderlich, daß mindestens zwei Dinge einander reflektieren – oder aber eine Sache sich selbst reflektieren kann –, und das wiederum bedingt irgendein Gegenüber, damit überhaupt ein Austausch erfolgen kann. Dazu müssen zwei unterschiedliche *Gedankenträger* oder *Gedankeneinheiten* miteinander in Resonanz gehen, um einen Informationsaustausch in Gang zu setzen.

Diese kleinsten, geisttragenden Teilchen sind die *Elektronen*. Und die Elektronen stellen alle Voraussetzungen zur Verfügung, die Bedingungen zu erfüllen, um das, was wir unter Geist verstehen, abzuspeichern – und zwar ewiglich (J. E. Charon).

Die Begegnung zwischen zwei Elektronen, die nur indirekt über zwei virtuelle Photonen vollzogen wird, führt zu einem Informationszuwachs beider dieser geisttragenden Teilchen. Dieses wäre die erste *Reflektion*.

Je größer die Anzahl der Elektronen ist, die einmal untereinander Informationen ausgetauscht haben, desto vollkommener ist auch das so neu geschaffene Bewußtsein. Dieses neue Bewußtsein oder diese neue Daseinsform hat sich quasi zu einem ewiglich erinnernden Wissen, einer Zugehörigkeit verschmolzen und läßt daraus die Illusion der Existenz eines neuen „*Ichs*" entstehen. Und das ist die erste Form von *Bewußt-Sein* – nämlich, daß sich etwas reflektiert.

Um diese Reflektion herbeizuführen, müssen bestimmte physikalische Bedingungen vorhanden sein. Dies geschieht zum Beispiel durch den Einfluß entsprechend starker Magnetfelder. Dabei werden die geist- oder informationstragenden Einheiten in eine bestimmte Vorzugsrichtung gebracht, so daß hier ein entsprechender Austausch zustande kommen kann. Dieser Austausch vollzieht sich, wie eben bereits angesprochen, über virtuelle Photonen. Man kann sich diesen Vorgang wie eine Art Verschickung eines komprimierten Informationspaketes vorstellen, wobei die Verschickung durch die virtuellen Photonen vollzogen wird.

Für dieses Seinsmodell erhielt Richard Feynman den Nobelpreis für Physik.

Verfolgen wir nach diesem Bild einmal den Evolutionsursprung unserer Erde:

Im Ur-Zustand gab es noch keine *organische Materie*, lediglich *anorganische Materie*. Damals gab es auch noch keine schützende Ozonschicht, und Blitze und vulkanische Aktivitäten waren vorherrschend.

Aber irgendwann entwickelte sich auf der Erde Leben. Erkenne diesen Prozeß auch als eine Art Programm, das speziell dafür geschrieben und durch die geistigen Informationsträger Wirklichkeit wurde. Noch bevor es Materie oder Geist in selbst-reflektierender Form wie etwa die Einzeller gab, existierten natürlich bereits unsere Informationsträger, die Elektronen, die ein gewisses Grundwissen gespeichert hielten.

Durch die damals sehr zahlreichen Blitze wurde verursacht, daß immer mehr Informationen, die von den Elektronen gespeichert wurden, hier auf der Erde eingekoppelt wurden. Durch die Bedingungen auf der Erde konnten sich immer mehr von den „informierten" Elektronen halten, um sich so zu einem näheren Verbund zu formieren, was dann zu den ersten Aminosäuren führte.

Die Impulsgeber dieses lebenserzeugenden Vorgangs sind besonders die Elektronen, die in Form von Sonnenwinden und Partikeln von der Sonne kamen – und noch immer kommen – und damals völlig ungeschützt auf die Erde prallten. Das Erdmagnetfeld und die elektrischen Entladungen der Blitze erzeugten die Speicherbedingungen, die ähnlich einer Festplatte im Computer sind.

Aber wie wird überhaupt etwas abgespeichert?

Dazu muß man sich darüber im klaren sein, daß Elektronen die Verursacher von einem Magnetfeld sind. Durch ihre Wirbelerscheinung in Form einer Rotation wird ein Magnet und ein elektrisches Feld induziert.

Was genau sind magnetische Felder, und was heißt das für die Erschaffung von Leben?

Der Magnetismus, auch der Erdmagnetismus, wird a priori von den Elektronen verursacht. Da haben wir die Elektronen, die auf der Erde sind, die schon da waren, die aber schon immer irgendwo eine Information in sich trugen. Nehmen wir beispielsweise das Gestein mit seinen Elektronen, das bereits auf der Erde war (als flüssige Lava), bevor dieses Programm auf unserem Planeten in Gang gesetzt wurde.

Dann prallten Elektronen von der Sonne auf die Erde und wurden hier durch dieses Magnetfeld entsprechend in eine Richtung geführt und tauschten Informationen zwischen Erd- und Sonnen-Elektronen aus. Und zwar nicht nur von *dieser* Sonne, sondern auch von anderen Sonnen des Universums! Damit erhielt die Erde und ihr Bewußtsein Fremdinformationen von Fremddatenträgern, die hier weiter abgespeichert wurden. Diese Informationen kumulierten sich immer mehr, summierten sich und gingen nicht verloren.

Wie entstand nun Leben – und damit auch die Menschen?

Irgendwann setzte sich dann natürlich der Prozeß der Entwicklung weiter fort, bei dem sich aus diesem Zustand heraus die Elektronen der Sterne zu den ersten Atomen auf der Erde formierten. Diese Atome wiederum bildeten auf chemischem Wege ganz bestimmte Moleküle, die ihrerseits dann Aminosäuren bildeten.

Genau diese Entwicklung der Ur-Aminosäuren zeigte der *Stanley-Miller-Versuch* auf. Bei diesem Experiment wurde versucht, den oben beschriebenen Ur-Zustand der Erde bevor alles Leben existierte wiederherzustellen. Dies konnte Stanley Miller erreichen, indem er eine wässerige Flüssigkeit nahm, die jedoch keinerlei organische Materie außer Kohlenstoff enthielt. Erinnere dich, auch du bist ein Kohlenstoff-Wesen. Denn Kohlenstoff war damals bereits vorhanden, genauso wie auch das Erdmagnetfeld, die Gravitation und das Licht in Form von UV-Strahlen. Genau diese Ur-Parameter hielt Stanley Miller auch ein, wobei die entscheidensten Faktoren aus dem Erdmagnetfeld und den elektrischen Entladungen (Blitzen) bestanden.

Solche Blitze beeinflussen besonders viele Elektronen. Durch die Entladungsphänomene der Spannung, und damit einem Energieniveau extremster Intensität, wurde kurzfristig eine Basis geschaffen, die einen kurzzeitigen Informationsaustausch generierte. Das bedeutet nichts anderes, als daß die Elektronen, die im Grunde eine andere Herkunft haben, von der Sonne in eine Erdnähe gebracht werden und anschließend hier in den bereits vorhandenen Datenspeicher der Erde eingespeist werden.

Dieser Informationsaustausch ereignete sich also in einem fantastischen Tempo – wie über Nacht im Labor – und setzte die Produktion von Aminosäuren in Gang – immerhin der materielle Ursprung des gesamten organischen Lebens.

Dieser Vorgang läßt sich in zwölf bis vierundzwanzig Stunden im Reagenzglas ohne größeren Aufwand beliebig wiederholen, nicht nur im Labor, sondern sogar im schulischen Physikunterricht, da bereits die künstlichen Blitze und das Erdmagnetfeld als Schöpfungsgrundlage ausreichen.

Dieses abgespeicherte Elektronenwissen der Erd-Elektronen und der Informationszuwachs durch die Sonnen-Elektronen waren offensichtlich in der Lage, einfach zu „erkennen" und entsprechend zu „beschließen", daß sie sich erweitern möchten.

Mit dieser Ausdehnung bilden sie die Grundvoraussetzung für organisches Leben, denn die Aminosäuren bilden die Grundstrukturen des Lebens. Diese Kette läßt sich nun beliebig weiterführen.

Und genau da ist der eigentliche Schlüssel zu finden.

Denn das Gesamte, was sich hier wie ein biologischer Schlüssel darstellt, ist im gesamten Universum am Wirken. Hier hast du eine der Schlüsselebenen der Matrix. Die Matrix versteht sich auch als ein Datenspeicher mit bestimmtem Gedächtnisinhalt, der sich ab irgendeiner bestimmten Größe über die Elektronen erweitern möchte.

So wirst du nun auch verstehen, warum ein Stein einen anderen Möglichkeitsbereich besitzt als etwa eine Pflanze oder ein Tier. Beim Menschen wiederum vollzieht sich eine neue Qualität, denn seine Elektronengemeinschaft hat ganz andere Möglichkeiten und ist im Verlauf ihres Wachstums, ihrer Entwicklung, noch nicht am Ende angelangt. **Wir stehen augenblicklich unmittelbar vor dem nächsten Evolutionsschritt, einem der mit ziemlicher Sicherheit auch mit unserer äußeren Form zu tun haben wird. Ähnlich wie der Sprung einer Pflanze zum Tier, so wird hier ein ähnlicher Quantensprung erwartet.** Er wird an ein Wissenspool angepaßt sein, den die Menschen einfach abfordern und den sie einfach erwarten, teilweise aber auch selber generieren. Der Quantensprung wird so komplex sein, daß der Mensch mit Sicherheit eine andere körperliche Form annehmen wird. Daraus ergibt sich automatisch, daß es irgendwo in den weiten Fernen des Universums Entitäten geben muß, die wohl ein paar Millionen Jahre älter sind als wir. Dies wiederum bedeutet, daß sie auch ein anderes Aussehen haben können, das an die entsprechenden Informationsinhalte adaptiert ist. Das letzte Ziel aller Elektronen ist die Rückkehr in diesen Zyklus und sich mit möglichst viel Erfahrung, also ihrem maximalen Aufnahmevolumen, wieder im Sein aufzulösen und zur Ur-Quelle der Allschöpfer-Ebene zurückzukehren.

Enttäuscht dich das?

Wenn Wesen ihr maximales Wissen erreicht haben, dann lösen sie sich lediglich auf der drei- bis vierdimensionalen Ebene auf. Das bedeutet, daß alles, was sich auf der Erde als Seinsform befindet, dann nicht mehr existent ist. Diese Elektronen entziehen sich sozusagen unserem bekannten Horizont und sind nur noch auf einer Ebene existent, die wir im weitesten Sinne als *traumähnlich* bezeichnen würden.

War Neo auf der Erde real, oder träumte er sich nur real?

Wenn du das verstehst, verstehst du meine Aussagen.

Somit ist nun klar, daß ohne die Ur-Matrix nichts existent wäre, da sie die Grundstruktur des Lebens ist. Es gibt eine naturgemäße Matrix, ein naturgemäßes Programm, das ist das *Schöpferprogramm*. Nenn es das *Sein* oder ruhig auch *Gott*. Die Matrix, mit der wir es aber auf der Erde überwiegend zu tun haben, ist ein *künstliches* Programm. Hier existiert aber nicht nur *ein* künstliches Programm, sondern *mehrere*! Es wurden Programme geschaffen und teilweise haben wir sie auch selbst mit all dem, was jemals von uns gedacht und empfunden wurde, ins Leben gerufen. Das ist das, was Rupert Sheldrake mit *morphogenetischen Feldern* meint.

Im Matrix-Programm, von dem im Film die Rede ist, geht es darum, daß die Menschen marionettenähnlich funktionieren und einen hohen Grad des Vergessens erreicht haben. Dies macht es ihnen entweder unmöglich oder mindestens sehr schwer, ihre eigene Gefangenschaft in dem künstlich geschaffenen Programm zu erkennen. Das *naturgemäße* Programm übt noch immer seine Wirkung aus, ist jedoch durch das *künstlich* erschaffene überlagert.

Wie fing denn nun dieses Spiel überhaupt an?

Am Anfang gab es den Schöpfungszyklus des Ur-Schöpfers, und daraus entstand die erste Seinsform. Diese Form bestand nicht aus Materie, sondern aus reinem Geist.

Im biblischen Sinne hätte man diesen Bereich die *Erzengel* genannt, die sich in 64 unterschiedliche Bereiche und Aufgaben aufteilten. Sie waren die ersten Entitäten, die vom Allschöpfer geschaffen wurden. Würden sie zu einem Ganzen zusammenschmelzen, so würden sie in ihrer Gesamtheit auch wieder den Allschöpfer ausmachen. Man stelle sich das ähnlich einer Torte vor, die in Stücke geteilt wird. Jeder einzelne Teil des Allschöpfers war mit enormer Stärke ausgestattet und war sich seines Bezuges zum Allschöpfer genau bewußt.

Sämtliche Religionen, Glaubensrichtungen und Überlieferungen historischer Darstellungen beschreiben jeweils aus ihrer Sichtweise ähnliche Szenen. Der Einfachheit halber bleiben wir beim christlichen Modell der ersten Erzengel. In diesem Bereich entstand zum erstenmal die Polarität, so daß es jeweils 32 sich gegenüberliegende, opponierende Felder gab, vergleichbar mit einem Schachbrett – das übrigens auch 64 Felder hat –, die das Spiel des Wirkens überhaupt in Gang hielten. Man stelle sich vor, daß es damals nichts gab, keine Materie, kein Universum und natürlich auch keine Erde. Nur das Sein und das Einwirken dieser Erzengel. Die „örtliche" Ebene ihres Aufenthalts war im weitesten Sinne der *Hyper-Raum*. Das, was **später** innerhalb der Elektronen als zentrierter Geist zu verstehen ist, befand sich sozusagen in seiner Ur-Form. Physikalisch wären sie, die Schöpferengel, nichts anderes als Neutrinos und Anti-Neutrinos.

Diese körperlosen, lediglich geisttragenden Wesenheiten begannen dann, die Schöpfung des Allschöpfers fortzusetzen, allein mittels ihrer Vorstellung und der scheinbar gegeneinander kämpfenden Kräfte. Und hier, auf dieser Ebene reinen Bewußtseins, so wie es auch unsere Seele besitzt, setzten sie den gesamten Schöpfungszyklus auf ein anderes Niveau. Durch ihr Spiel mit Formen entstanden unterschiedliche Welten, darunter auch die Welt der Materie, der Morphologie. Daher stammt auch dieses biblische Bild vom Allschöpfer, der die Menschen aus Lehm erschuf. Lehm ist eine gute Metapher für Kneten, Formen und so weiter.

Ähnlich wie ein Kind beim Knetspiel fingen sie an, sich etwas vorzustellen und zu experimentieren. Und in dieser Experimentierphase denkt man darüber nach, wie nun etwas aussehen soll. Welche Form ist schön? Man probiert herum, und irgendwann gefällt einem das Ergebnis. Dieses Gefühl des Wohlgefallens löst dann Freude aus und letztlich so etwas wie eine Liebesenergie. Dies ist der Augenblick der Schöpfung von etwas Realem.

Ein Beispiel hierfür könnten die Versuche an der Princeton Universität geben. Eine Gruppe von Physikern untersuchte genauestens die besonderen Fähigkeiten von einigen sogenannten *Indigo-Kindern* aus China. Unter dem Begriff *Indigo-Kinder* versteht man Kinder mit besonderen Fähigkeiten – Telekinese, Telepathie, Präkognition, Hellsichtigkeit, die Wahrnehmung und Kommunikation mit Verstorbenen und feinstofflichen Wesen... Im Fall der chinesischen Kinder handelte es sich um solche, die über enorme telekinetische Kräfte verfügen, wobei sie in der Lage sind, Gegenstände nicht nur durch Gedankenkraft zu bewegen oder levitieren zu lassen, sondern gänzlich zu entmaterialisieren und an einem anderen Ort wieder zu rematerialisieren.

In der Princeton Universität wurden nun solche chinesischen Super-Kinder untersucht und bei ihren Phänomenen genauestens beobachtet und gleichzeitig gefilmt. Im Grunde genommen wollten die Wissenschaftler nur einen Betrug aufklären und beweisen, daß „*nicht alles mit rechten Dingen*" zugeht. Um so erstaunlicher fielen für sie natürlich ihre Ergebnisse aus: Die Princeton-Physiker, denen der Ruf nachgeht, „*die Elite weltweit*" darzustellen, bestätigten etwas, was ihren Gesetzen zufolge gar nicht sein dürfte!

Sie konnten unter anderem eindeutig nachweisen, daß sich Gegenstände entmaterialisierten und an einem anderem Platz wieder auftauchten – und dieses allein durch die Gedankenkraft eines kleinen

Kindes...! Und all diese „Wunder" vollzogen sich vor den „objektiven Augen" höchstauflösender Spezialkameras.

Bemerkenswert ist an diesen „Wundern" auch, daß diese überwiegend von Kindern erschaffen werden. Weltweit sind bis heute ungefähr dreihunderttausend Menschen mit ähnlichen Eigenschaften registriert. Obwohl diese Zahl ständig zunimmt und die Dunkelziffer der nicht Registrierten sicherlich sehr viel höher ist, bleibt festzustellen, daß es sich überwiegend um Kinder handelt.

Die Erklärung hierfür liegt in der Überzeugungskraft der Vorstellung des persönlich Möglichen. Die Menschen werden in eine Welt integriert, in der diese „Wunder" bisher keinen Platz fanden. Das bedeutet, daß mit zunehmendem Alter und einer nicht naturgemäßen Konditionierung die angeborenen natürlichen Fähigkeiten eingebüßt werden.

Kannst du nun etwas über die ersten Schöpfungsentitäten (Erzengel) berichten?

Es wurde also von den zuerst entstandenen Entitäten eine neue Matrix, ein zweites Programm, geschrieben, mit dem auch die uns auf der Erde bekannten physikalischen Gesetze entstanden. Dies waren die Grundpfeiler, die das Universum ausrichteten. Auch dieses Geschehen könnte man durchaus als eine *Matrix* bezeichnen. Und das Besondere dieser Matrix ist, daß sie veränderbar ist. Denn allein mit einem entsprechenden Bewußtsein kann man jede physikalische Gesetzmäßigkeit verändern. Jeder kann allein durch seine Vorstellungskraft und seine dazugehörige Überzeugung zur Realisierung des Gedachten erforderlichenfalls auch physikalische Gesetze entstehen lassen. Erinnere dich daran, daß es Gedankenprozesse waren, die den Schöpfungszyklus (des Allschöpfers) in Gang gebracht haben.

Diese gegenüberliegenden Kräfte auf beiden Seiten der Entitäten führten offenbar zu Auseinandersetzungen. Auf der einen Seite dieser opponierenden Parteien wurde das gesamte Wissen aus der Ebene des Allschöpfers (*Alles ist Gott*) vertreten, während für die Vertreter auf der anderen Seite dieses Wissen nicht mehr verfügbar war. Somit begann das *Spiel der Polarität* auf einer neuen Ebene, die bis heute andauert.

Das, was wir als *das Gute* und *das Böse* bezeichnen, sind lediglich die von Menschen interpretierten Aspekte dieser beiden Polaritäten-Vertreter.

Aber wer sind denn nun die Kräfte, die uns in einer künstlichen Matrix halten? Wer hat denn ein Interesse daran?

Im Film sind es künstliche Intelligenzen – hochintelligente Maschinen –, welche die Menschen als „Batterien" verwenden. Dafür gibt es auf der Erde durchaus Entsprechungen. Im Sinne der Schöpfungspolarität, wo das *Gute* das *Böse* erst entstehen läßt und bedingt, und auch umgekehrt, läßt sich in der „Realität" eine einzelne Gruppe als „Bösewicht" kaum herauskristallisieren.

Dies ist ein zudem äußerst spekulativer Bereich, und man kann hier nur verschiedene Varianten aufzählen.

Da gibt es Forscher, die in ihren Untersuchungen zur selben Thematik die Kreise hinter der HAARP-Anlage in Alaska als Träger der *künstlichen Matrix* ausgemacht haben wollen, die dort über ELF-Wellen angeblich die Menschen beeinflussen.

Andere wiederum sehen die Kräfte hinter der *Neuen Weltordnung* am Wirken, die ihrer Ansicht nach eine Weltregierung mit absoluter Überwachung nach George Orwell anstreben.

Verschiedene Buchautoren sowie Foren im Internet haben sich wiederum auf die *Anunnaki* als „Matrix-Betreiber" eingeschossen. Die *Anunnaki* kennst du wahrscheinlich nicht, daher erkläre ich kurz, um wen es sich hierbei handelt. Der Begriff *Anunnaki* stammt aus den sumerischen Texten.

Der Wissenschaftler Zecharia Sitchin hatte – als Kenner der sumerischen Schrift – die Schriftzeugnisse auf Tontafeln und Rollzylindern neu übersetzt und ausgewertet, die der Engländer Sir Austen Henry Layard vom britischen Museum 1840 bei dem ersten Ausgrabungsauftrag im Zweistromland unter riesigen Hügeln fand. Und aus diesen Schriftzeugnissen geht hervor, daß die alten Sumerer nicht nur eine hohe Kultur besaßen – mit Gesetzestexten, höfischen Anordnungen, Heiratsurkunden, medizinischen Verordnungen, philosophischen und theologischen Schriften und historischen Überlieferungen –, sondern neben der ältesten Sternkarte der Welt auch eine höchst interessante Schöpfungsgeschichte haben.

Die jahrtausendealte Sternkarte „VA/ 243" (siehe dazu die Abbildung in Morpheus' Brain 10) zeigt nämlich neben den heute bekannten Planeten einen unbekannten Planeten, und zwar zwischen Jupiter und Mars. Heute ist zwischen Mars und Jupiter eine auffallend große Lücke, in der sich ein Asteroidengürtel befindet.

Darüber sagen die sumerischen Texten folgendes:
Zunächst wird über das Ur-Sonnensystem berichtet, bestehend aus drei Planeten (Sonne, Merkur und Tiamat). Nachdem weitere Planeten entstanden sind, bestand das Sonnensystem aus der Sonne und neun Planeten. Dann drang ein weiterer Planet (*Nibiru* oder *Marduk*, wie er später bei den Babyloniern genannt wurde) vom Außenraum in unser Sonnensystem ein. Er zog vorbei an Neptun, Uranus und Saturn. Durch sein Eindringen und die sich dadurch verändernden Gravitationskräfte aller Planeten, kam es zu großen Explosionen und Katastrophen, durch die neue Satelliten entstanden. Dann kam es zum Zusammenstoß zwischen Tiamat und einem der Satelliten Nibirus. Nachdem der Eindringling (Nibiru) einen weiteren Umlauf um die Sonne absolviert hatte, kam es zur zweiten und letzten Kollision. Einer der Satelliten Nibirus sprengte den oberen Teil Tiamats ab. Dieser Teil wurde in eine neue Umlaufbahn geschleudert und riß dabei einen Satelliten (Kingu) mit. Sie blieben ein Paar und wurden Erde und Mond (siehe dazu die Abbildungen in Morpheus' Brain 10).

Doch so richtig abenteuerlich wird es im „Atrahasis-Epos", das bis heute in einem gut erhaltenen Zustand ist. Prof. Sitchin hatte dieses ebenfalls ausgewertet:

Das Epos berichtet über die Anunnaki (*Jene, die vom Himmel auf die Erde kamen*), die vor zirka 450.000 Jahren von diesem Planeten Nibiru, der unsere Sonne alle 3.600 Jahre einmal umkreist, zur Erde kamen, um Gold abzubauen. Für die Kolonisation durch die ersten Anunnaki eigneten sich die großen Flußebenen, wie zum Beispiel die Ebenen von Nil oder Euphrat und Tigris. Die erste Gruppe der Anunnaki bestand aus fünfzig Wesen. Sie landeten im Arabischen Meer und machten sich auf in Richtung Mesopotamien, wo am Rande der Sümpfe die erste Siedlung der Erde (***Eridu** – in der Ferne erbautes Haus*) errichtet wurde.

Die Texte benennen ***Enki** (Herr des Bodens/Erde)* als den ersten großen Anführer. Er war Weiser und Kulturbringer, ein ausgezeichneter Naturwissenschaftler, Lehrer und Ingenieur. Enki war der Sohn von ***Anu** (An)*, dem Herrscher des Nibiru, und der Göttin ***Nummu***.

Nachdem die Anunnaki viele Jahre unter schwersten Bedingungen Gold abgebaut hatten, wurde ihre Unzufriedenheit immer größer. Es gab einen Aufstand, als Enkis Bruder Enlil die Lagerstätte besuchte. Die Arbeiter wollten nicht mehr... Es wurde ein Rat der „Götter" einberufen, wobei hier den Tafeln zufolge der große Herrscher Anu vom Nibiru herabkam und den Anunnaki beistand.

Die Lösung fand dann Enki: Ein *Lulu*, ein primitiver Arbeiter, mußte erschaffen werden!

Nach Zecharia Sitchins Forschungsergebnissen geht aus den überraschend detaillierten Bezeichnungen und Beschreibungen der Sumerer hervor, daß der erste Mensch künstlich erschaffen wurde, und zwar zu einem Zweck: Er sollte für die „Götter" arbeiten. Er sollte fortan ihr Joch tragen, deshalb heißt er bei den Sumerern auch ***Lulu amelu*** *(primitiver Arbeiter)*.

Sitchin bezweifelt, daß der alttestamentarische „Gott" ein einzelnes Wesen war. Er vertritt die These, daß es sich dabei um mehrere „Götter" (*Elohim*) gehandelt hat, die meinten: *„Lasset UNS Menschen machen, ein Bild das UNS gleich sei,..."*, und die sahen *„wie schön die Töchter der Menschen waren, und nahmen sich zu Frauen, welche sie wollten."*

Ich weiß nicht, ob ich das glauben soll? Wann könnte die Erschaffung des Menschen denn geschehen sein?

Wie gesagt, ist dies nur eine Betrachtungsvariante. Da sie aber viele Matrix-Interessierte sehr ernst nehmen, hat sie es verdient, näher betrachtet zu werden.

Sitchins Forschungsergebnissen zufolge hatte sich der Aufstand der Anunnaki zirka 144.000 Jahre nach der Landung zugetragen, die vor zirka 450.000 Jahren stattgefunden haben muß. Das würde bedeuten, daß der *Homo sapiens* also vor zirka 300.000 Jahren erschaffen wurde. Zu diesem Zeitpunkt hat die Entwicklung auf der Erde ihren normalen Verlauf gehabt, das heißt, Entwicklung und Selektion fanden statt, so wie uns das die Darwin'sche Evolutionstheorie vermittelt.

Es macht den Naturwissenschaftlern übrigens bis heute besonders Kopfzerbrechen, daß zwischen dem Übergang vom Primaten (Affenmensch) zum Menschen, also zum *Homo sapiens*, ein viel zu kurzer Zeitraum liegt. Genau dieser Übergang, der in wissenschaftlichen Fachkreisen auch als *missing link* bezeichnet wird, ist bis heute nicht geklärt.

Gerade in diesem Punkt, nämlich dem plötzlichen Auftreten des *Homo sapiens* – de facto aus dem Nichts –, sieht Sitchin mit dem Eingreifen der Anunnaki das mögliche fehlende Bindeglied und gleichzeitig auch die Vorlage der biblischen Genesis.

Es dürfte mit der genetischen Manipulation auch nicht auf Anhieb geklappt haben und es wurde offenbar lange herumexperimentiert, wobei hier wahrscheinlich auch Mutationen, Mischwesen und Tiermenschen entstanden sind. Die griechische Mythologie ist voll davon.

Über Enki wurde ein weiterer interessanter Bericht entdeckt:
EN.KI heißt *„Herr oder Fürst der Erde"*. Nach den alten sumerischen Texten war sein Titel jedoch nicht ganz zutreffend, da er seine Herrschaft über weite Teile des Planeten während einer der zahllosen Rivalitäten und Intrigen, welche die Herrscher dieser außerirdischen Zivilisationen immer in Anspruch zu nehmen schienen, an seinen Halbbruder Enlil verloren haben soll.

Enki wird nicht nur die „Erschaffung des Menschen", sondern auch viele andere Leistungen zugeschrieben. Er soll die Sümpfe am Persischen Golf trockengelegt und sie durch fruchtbares Ackerland ersetzt haben, Dämme und Schiffe gebaut haben und ein guter Wissenschaftler gewesen sein.

Doch was den Vertretern der Anunnaki-Variante sehr wichtig ist: Enki soll seiner Schöpfung gegenüber *gutherzig* gewesen sein. Nach den mesopotamischen Texten wird Enki als jemand dargestellt, der sich im Rat der Anunnaki *für* das neue Erdengeschlecht einsetzte. Er erhob Einspruch gegen viele der Grausamkeiten, die andere Außerirdische, darunter auch sein Halbbruder Enlil, den Menschen auferlegten. Aus den Originalberichten geht hervor, daß er den Menschen nicht als Sklaven wollte, er jedoch in dieser Hinsicht von den übrigen überstimmt wurde. Die Menschen, die für ihre Herren nichts weiter als Lasttiere waren, wurden von diesen grausam behandelt. Die Tafeln sprechen von Hungersnöten, Krankheiten und dem, was wir heute als *biologische Kriegsführung* bezeichnen. Als dieser Völkermord schließlich keinen ausreichenden Rückgang der menschlichen Bevölkerungszahl brachte, beschloß man, die Menschen durch eine große Sintflut auszulöschen, vor allem auch, um die Kreaturen loszuwerden, die nicht so „gut geglückt" waren – die Mischwesen.

Heute bestätigen viele Archäologen, daß es im Nahen Osten – und nicht nur dort – vor Jahrtausenden eine Sintflut gegeben hat, die sich neben den schon erwähnten Quellen auch bei den Mythen der nordamerikanischen Indianerstämme wiederfindet, in den Urgschichten Mittelamerikas, Indiens, Japans, im Germanischen, in Afrika, Mexiko und so weiter. Nach den sumerischen Texten erzählte Enki einem Mesopotamier namens Utnapischtim vom Plan der übrigen Anunnaki und lehrte diesen, ein Schiff zu bauen und mit etwas Gold, seiner Familie, Vieh, ein paar Handwerkern und wilden Tieren in See zu stechen.

Die Geschichte von Noah geht, wie viele andere Geschichten aus dem Alten Testament, aus den älteren mesopotamischen Schriften hervor.

Enki wird später als der Schuldige bezeichnet, der dem Menschen das Wissen um seine Herkunft, seinen Schöpfer (die Außerirdischen) und seine Freiheit gegeben und ihm zu geistiger Freiheit verholfen hat. Im Garten E.DIN, der Obstplantage der Anunnaki, wo auch einige der Homo-sapiens-Sklaven arbeiteten, war es verboten, von einem bestimmten Baum zu essen – dem Baum der Erkenntnis. Das Essen seiner Früchte beziehungsweise Wurzeln, höchstwahrscheinlich eine bewußtseinserweiternde Droge, und die daraus folgende „Erkenntnis" waren von größter Bedeutung, da für die Menschen so die Möglichkeit zur Fortpflanzung entstand. Bis dahin waren die Menschen nur Hybriden gewesen, Kreuzungen zweier unterschiedlicher Rassen und unfruchtbar wie alle Hybriden!

Die sumerischen Originaltexte berichten, daß die Anunnaki vom menschlichen Fortpflanzungstrieb nicht sonderlich begeistert waren, denn sie wollten auf keinen Fall die Kontrolle über ihr Experiment verlieren. Das Wissen, das die damaligen Menschen durch das Essen der Frucht erlangt hatten, war nicht nur von wissenschaftlicher Art, sondern es war auch die Erkenntnis in bezug auf die Zeugung, die Möglichkeit, sich aus sterilen Hybriden zu einer fortpflanzungsfähigen Rasse zu entwickeln. Das verärgerte die Anunnaki sehr, und man verbannte die Menschen aus dem Garten E.DIN.

Enki, der die Sklaven zu einer neuen Rasse werden ließ, indem er sie zum Essen der Frucht überredete, wurde von den anderen Anunnaki nun als der Böse dargestellt und zum „Fürst der Finsternis" umbenannt.

Soweit die Forschungen Sitchins.

Die Vertreter der Anunnaki-These sind davon überzeugt, daß die Anunnaki die *Herren der künstlichen Matrix* sind. Ich möchte nicht spekulieren, ob das tatsächlich so ist.

Was allerdings zu denken gibt, ist die präzise Sternkarte der Sumerer. Woher kannten sie alle Planeten unseres Sonnensystems, nachdem doch erst durch den Physiker Isaak Newton im Jahre 1671 das Spiegelteleskop entwickelt und damit erst die Voraussetzung geschaffen war, die Planeten Uranus (durch Friedrich Wilhelm Herschel im Jahre 1881), Neptun (durch Johann Gottfried Galle im Jahre 1846) und Pluto (durch Clyde Tombough im Jahre 1930) wieder zu entdecken?

Woher also wußten die Sumerer all das?

Ist es möglich – um in Analogien zu sprechen –, daß eine erste Generation einen Karren mit Rädern aus runden Steinen baut, die zweite Generation einen Formel 1-Rennwagen entwickelt, und die dritte Generation wieder mit Karren herumfährt?

Und auch die Geschichte der Dogon kann dich zum Nachdenken, zum Umdenken, und zur Befreiung deines Geistes motivieren:

Der im afrikanischen Mali lebende Stamm der Dogon hat interessanterweise astrophysikalisches Detailwissen seit über 700(!) Jahren, das die NASA erst 1970 erlangte, und das nur aufgrund der fortschrittlichen Satellitentechnik. Die Dogon wissen seit über 700 Jahren, daß der Stern Sirius, links unter dem Oriongürtel, einen weiteren kleinen Stern habe, der diesen in 50 Jahren einmal umkreise und aus der dichtesten Materie des Universums bestehe (siehe dazu die Abbildungen in Morpheus' Brain 10). Da es nicht möglich war, diesen Stern mit Hilfe unserer Teleskope auszumachen, hielten Ethnographen diese Geschichte für einen Mythos. 1970 schoß man ein Teleskop ins All, das schließlich einen weißen Zwergstern entdeckte, der mit seinen 55 kg pro Kubikzentimeter unglaublich schwer ist und Sirius in genau 50,1 Jahren einmal umkreist. Als Wissenschaftler die Dogon besuchten, um herauszufinden, woher diese das wußten, erklärten die Dogon, daß vor etwa 700 Jahren ein Raumschiff gelandet sei, dessen Besatzung vom Sirius kam und ihnen diese Kenntnisse übermittelte.

Ist dir auch bewußt, daß Sirius die Zentralsonne unserer Galaxis ist und unser Sonnensystem ein Rotationskörper um Sirius?

Nachdem das astrophysikalische Wissen der Dogon ein Fakt ist, stellt sich konsequenterweise folgende Frage:

Haben diese Besucher die Erde für immer und ewig verlassen, oder werden sie wiederkommen? Vielleicht sind ja manche von ihnen niemals weg gewesen? Und vor allem: Sind sie die *Herren der künstlichen Matrix* geworden?

Doch wozu sollten solche Entitäten eine Matrix benötigen?

Setzen wir einmal voraus, daß solchen Berichten ein wahrer Kern zugrunde liegt, so gäbe es Entitäten verschiedener Daseinsformen, also nicht nur Raumfahrer, die uns besuchen und hier mehr oder minder in unsere Entwicklung eingreifen, sondern auch Wesen höherer Bewußtseins- wie auch Existenzebenen – das, was im Volksmund als *Engel* oder *Erzengel* bezeichnet wird. Also Wesen, die zwar keinen physischen Körper bewohnen, aber dennoch auf die Entwicklung der Erde und ihrer Bewohner Einfluß nehmen (und natürlich auch überall sonst im Universum). Meiner Ansicht nach sind die zuvor genannten *ersten Schöpfungsentitäten* eine solche Gruppe intelligenter Wesen, die hier auf der Erde als Schöpfer-Götter, sagen wir mal etwas pathetisch „*im Auftrag des Herrn*", für sämtliche späteren Erschaffungsformen fungieren – doch neutral!

Unter diesen ist das Verhältnis der Polarität zu je einer Hälfte vertreten, also das, was als die *Schwarze* und *Weiße Bruderschaft* bekannt ist.

Als Repräsentanten der Ur-Polarität der materiellen Universen halten sie das interkosmische Spiel aufrecht. So dienen letztlich diese *ersten Schöpfungsentitäten* dem Plane der Ur-Matrix, welcher vom Allschöpfer erschaffen worden ist. Das Grundprogramm, welches sich hinter diesem Ganzen verbirgt, besagt, daß sich sämtliche einzelnen Aspekte (Fragmente) des ehemaligen Ganzen letztlich wieder vereinigen, jedoch mit dem entscheidenden Zugewinn an gewonnener Erfahrung (der Allschöpfer möchte sich selbst in allen seinen Aspekten erfahren).

Um dieses finale Ziel zu erreichen, werden unter dem „Schleier der Vergessenheit" sämtliche beseelten Wesen ihrer Erinnerung beraubt. Der Grad dieses Erinnerungsverlustes ist je nach gewonnener Erfahrungsebene unterschiedlich.

Zwar sind die Ebenen der Erinnerung in Form von Gedanken, inneren Bildern und Emotionen innerhalb der höheren Dimensionen ewiglich abgespeichert, doch ist der Zugang zu sämtlichen Informationen nur über erreichte Bewußtseinsebenen möglich – nicht über den Verstand!

So vollzieht sich ein Szenarium der unterschiedlichen Verdunkelung, mit sämtlichen vorstellbaren Varianten. Im Sinne dieser Verdunkelung sind die Vertreter der Schwarzen Bruderschaft am extremsten Ende der Polarität gleichermaßen auch diejenigen, die dieses Vergessen repräsentieren. Der Grad des Vergessens stellt somit zugleich auch den Grad der Eigennützigkeit dar, was bei einigen Vertretern des „Dunklen" zu einem Machtmißbrauch geführt hat. Auf der anderen Seite der Polaritätsrepräsentanten, also bei der Weißen Bruderschaft, agieren engelähnliche Entitäten – die *ersten Schöpfungsentitäten* – mit einem sehr hohen Potential der Erinnerung und damit des All-Wissens.

Dem Ur-Gesetz des Allschöpfers entsprechend ist durch die Kraft der Gedanken eine automatische Realisierung des Gedachten, also eine Manifestation, gegeben. Es ist somit von absoluter Bedeutung, mit welchem Gedankenpotential diese Schöpferqualität ausgeübt wird. Ungeachtet von seinen Entsprechungen manifestiert sich, was auch immer als inneres Bild gedacht wird. Von diesen Voraussetzungen ausgehend ist diese bisher erschaffene Welt in ihrer Extremstform nicht mehr verwunderlich... – tragen doch auch die Menschen zu diesem Erschaffungsprogramm tagtäglich bei. Hieraus ergibt sich ein latent vorhandenes Machtpotential, welches von nur sehr wenigen bewußt genutzt wird.

Es ist aus dieser Sicht auch nachzuvollziehen, daß auf unterschiedlichsten Ebenen Entitäten auf die Menschen manipulativ einwirken, um sie letztlich an der Ausübung ihres Schöpfungspotentials zu hindern.

Seit diesem Szenarium reagieren die Menschen auf künstlich erstellte Befehls-Programme „höherer" Entitäten.

Hierdurch entstand also die *zweite* Matrix-Ebene.

Es gab also einst die *ersten Schöpfungsentitäten*, die aus Geist bestanden und die an der Ur-Matrix beteiligt sind. Möglicherweise gibt es aber auch hochintelligente fleischliche Wesen, die – aufgrund ihres eventuellen technischen Vorsprungs – ebenfalls in der Lage sind, manipulativ einzugreifen. Ob wir sie nun als *Anunnaki* bezeichnen, als *Elohim* oder *Sirianer*, mag an dieser Stelle zweitrangig sein.

Gehen wir einmal hypothetisch weiter:

Nehmen wir einmal an, daß es Besucher gab, die den Menschen wohlgesonnen waren, und solche, die es weniger waren. Die Anunnaki hatten beispielsweise den *Homo sapiens* als Sklavenrasse erschaffen, um für sie Rohstoffe abzubauen, die für sie offenbar dringend notwendig waren. Doch es gab eine Rebellion, und der Mensch entwickelte sich, und verbreitete sich über den ganzen Planeten – gegen den Willen der Anunnaki. Die Zeit verging, und als sie das nächste Mal wiederkamen, hatte sich einiges auf der Erde verändert. Inzwischen waren eventuell andere Raumfahrer gelandet, hatten eigene Kolonien und Hochkulturen gegründet, waren wieder verschwunden und die Hochkulturen auch wieder zerfallen. Aber ein erneutes Erscheinen der Anunnaki hatte denselben Grund wie die Besuche zuvor – Rohstoffe. Doch müßte ihnen auch bewußt geworden sein, daß wenn sie nicht die Kontrolle über die Menschen behielten, diese sich selber technisch weiterentwickeln und ihnen vielleicht eines Tages den Abbau der Materialien verwehren würden. Und das durfte aus deren Sicht auf keinen Fall zugelassen werden.

Es war daher naheliegend, einen Bund mit einer Gruppe Menschen zu schließen, denen sie versprachen, sie dabei zu unterstützen, Territorien auf der Erde einzunehmen – und schließlich den ganzen Planeten –, wenn sie im Gegenzug immer Rohstoffabbau betreiben dürften. Die Anunnaki erklärten dabei, daß sie immer im Hintergrund bleiben und ihrerseits dafür sorgen würden, daß die Menschen niemals aufwachen und erkennen, was ihr eigentlicher Daseinsgrund ist.

Hätten die Übersetzungen und Interpretationen Zecharia Sitchins also tatsächlich einen reellen Hintergrund, so würden diese Entitäten die Erde folglich als *ihr* Territorium betrachten. Damit wäre das Spiel dieser „Götter" ein künstlich manipuliertes Programm, das bis auf den heutigen Tag einwirken könnte.

Denke an das Gebot, nicht von der verbotenen Frucht (*gut* und *böse*) zu essen. Die Menschen sollen ja nicht der Erkenntnis teilhaftig werden, wie sie sich aus dem Programm befreien können und daß sie im Grunde sogar dieselbe Energie besitzen wie die „Götter" selbst.

Gehen wir aber noch einen weiteren hypothetischen Schritt:
Rohstoffe waren demnach offenbar *ein* Grund für das Auftauchen der Anunnaki. Doch ist das wirklich der *einzige* Grund? Erinnere dich an die Ausführungen über die ersten Schöpferentitäten, so wird dir bewußt, daß es sich um Polaritäten handelt – es also auch sogenannte *dunkle Wesen* gibt. Und *dunkle Wesen* ernähren sich von *dunkler Energie* – von *Lichtlosigkeit*: Haß, Angst, Aggressionen, Gewalt, Mord, Tod...

Und es gibt bei allen Völkern solche Wesen – hier auf der Erde wie auch im Weltraum –, die mehr zur einen als zur anderen Kategorie gehören. So wirklich problematisch wird das aber erst, wenn diese dunkle Seite über viel Macht verfügt. Beides ist auch in jedem Menschen verankert – das Licht und die Dunkelheit –, doch liegt es an jedem Menschen selbst, welcher der beiden Energien man mehr Aufmerksamkeit schenkt und somit dient.

Ob es nun die Anunnaki wirklich gibt, mag dahingestellt bleiben – wichtig ist jedoch, daß irgendjemand von diesen dunklen Energien, die vor allem durch Fernsehen, Computerspiele, Unterhaltung (dich *unten-halten*) und Nachrichten (du sollst dich da-*nach-richten*!) bei den Menschen gezielt erzeugt werden, profitiert!

Hier läuft also ein wirkliches Programm, jeden Tag – und direkt vor deiner Nase! Im hauptsächlichen wäre dieses Programm mit der Überschrift *Karma* zu versehen. Dieses Pseudo-Dogma einer Illusion von Ursache und Wirkung, welches sich besonders durch ein ständiges Reinkarnieren, also Wiedergeboren-werden äußert, stellt eine absolute Gefangenschaft innerhalb der Polaritäten dar.

Die Vorstellung des Menschen, innerhalb der Polarität gefangen zu sein, beschränkt sich oft auf den materiellen Aspekt seines Körpers. Verschwiegen wurde „lediglich", daß der *Geist* und erst recht die *Seele* sich zwar der Materie bedienen, jedoch nicht polaren Ursprungs sind!

Diese Welt ist das Theater des Intellekts. Dies ist das Spiel des Verstandes. Es existiert jedoch ein weiteres Gebiet jenseits des Verstandes, in das nur die *entwickelte Seele*, das heißt ein *befreiter Geist*, eintreten kann.

Die *Herren der künstlichen Matrix* haben alle diese Illusionen geschaffen, um deine Seele gefangenzuhalten, solange es geht.

Es fällt mir wirklich schwer, das zu glauben.

Das kann ich nachvollziehen. Doch vergiß nicht: Du hast dich für die rote Pille entschieden – mit allen Konsequenzen!

Sei Dir bewußt, daß dein Erbe aus der ersten Schöpfungsebene, der absolute *Freie Wille*, bis zur quasi Unkenntlichkeit verschleiert worden ist. Es klingt tatsächlich unglaublich, aber die letzten Forschungsergebnisse aus der Neurophysiologie sprechen den Menschen einen *Freien Willen* nahezu völlig ab.

Professor Libet war der erste dieser Naturwissenschaftler, der dieses unfaßbare Phänomen herausfand und durch zahlreiche Versuche belegen konnte. Es war eine mutige und revolutionäre Aussage, die er machte – **bewies er damit doch naturwissenschaftlich die Existenz der Matrix!** Und es dauerte nicht lange, bis man versuchte, ihn zu widerlegen, was jedoch bis heute nicht gelang. Heutzutage gilt in seinem Fachbereich dieses unglaubliche Phänomen als gesichert. Dieses würde die Menschen wirklich klar zu Marionetten degradieren. Und deswegen hat ein großer Teil dieser Wissenschaftler auch ein psychisches Problem.

Durch Libets Messungen kann man feststellen, daß etwa eine halbe Sekunde bis Sekunde *vor* einem gedanklichen Entschluß zu einer Handlung ein Signal aktiviert wird – das sogenannte Halbe-Sekunden-Phänomen. Das Entscheidende dabei ist, daß das entsprechende verursachende Signal bereits **vorher** existiert! Mit anderen Worten, du magst glauben, du hättest eine Entscheidung getroffen, doch im Grunde genommen wurde dieser Beschluß unter völligem Ausschluß deiner eigenen Wahrnehmung schon wesentlich früher gefällt. Fakt ist also: „*Etwas*" denkt für dich vor, und du denkst es nach. Noch interessanter ist dabei, daß dieser Vorgang durch absolut *nichts* zur Zeit Bekanntes zu verhindern ist. Die einzige Option, die dir bleibt, beschreibt Professor Libet mit einem *Vetorecht*. Das heißt, der Vorgang selbst, wie zum Beispiel der Entschluß, mit der Hand nach etwas zu greifen, kann von dir nicht verhindert werden, weil der Befehl läuft. In dem Augenblick, in dem du diesen Beschluß jedoch wahrnimmst, kannst du ihn auch unterbrechen – du wolltest es tun, hast es aber nicht getan.

Es läuft hier also ein Programm!

An diesem Punkt stellt sich die Frage, ob auch der Unterbrechungsvorgang von dem Programm gesteuert ist? Das zu überprüfen ist wirklich, meßtechnisch gesehen, schwierig bis unmöglich. Soweit ist man heute noch nicht gediehen, weil man auf der allgemeinen naturwissenschaftlichen Ebene so etwas wie *Bewußtsein* noch gar nicht objektiviert hat. Es gibt überhaupt keine einheitliche Zuordnung, was *Bewußtsein* wirklich ist. Und dieses Geschehen hat ja eben mit *Bewußtsein* zu tun.

Denn Gedanken entscheiden sich, führen also zur Entscheidung. Ein Bewußtsein führt zu einer Entscheidung und dies wiederum zu einer Handlung, und die Handlung ist offensichtlich schon von vornherein generiert.

Du übst etwas aus; aber hast du dich auch gefragt, wer denn da für dich vordenkt?

Der Hyper-Raum wird ja von den Neurologen und Neurophysiologen nahezu völlig ignoriert. Sie sind immer noch der Meinung, der Geist sei irgendwie im neuronalen Netzwerk verborgen. Das ist jedoch nur bedingt richtig. Daher kommen sie an dieser Stelle auch nicht weiter.

Andere Wissenschaftler wiederum wissen, daß es eine Struktur gibt, die *morphologisch* wirkt – das haben wir ja vorhin bei dem Stanley-Miller-Versuch gesehen. Grob gesagt, kann man es so ausdrücken, daß der erste Bauplan, der das Schlüssel-Programm darstellt, aus den physikalischen Gesetzen besteht. Das ist nur eine andere Umschreibung dafür, da das Gesetz die Materie zwingt, sich nach den Gesetzen zu verhalten. Und diese wiederum bestehen selbst aus Gesetzen und so weiter. Im Grunde genommen gehorcht auch die Physik den Gesetzen eines Programms, eben auch einer *Matrix*, allerdings einer Matrix, die ständig durch evolutionäres Erfahren an Intelligenz zunimmt und damit ebenfalls in den Programmierungsbereich der physikalischen Gesetze eingreift.

Wir wissen nun, daß es ein Programm gibt für die Morphologie, für die Struktur – die physische Welt –, welche die Aminosäuren entstehen läßt, die dann ihrerseits irgendwann biologisches Leben entstehen lassen und so weiter. Dies wäre das Hardware-Programm für Strukturen. Es gibt außerdem ein Programm, welches offensichtlich auch auf der Gedankenebene, also auf der Bewußtseinsebene wirkt. Dieses Programm, das *Halbe-Sekunden-Phänomen*, erklärt diese Einbuße an *Freiem Willen*.

Alle Phänomene, wie sie beispielsweise in der Astrologie, Numerologie oder etwa der Palmblattbibliothek zu finden sind, sprechen eindeutig dafür, daß hier auf der Erde ein Matrix-Programm existiert. Wie kann man in die Zukunft blicken, wenn dafür nicht bereits ein Programm geschrieben wurde? Das ist unmöglich.

Eine dieser Palmblattbibliotheken, die sich in der südindischen Stadt Bangalore befindet, wird seit undenklichen Zeiten von der Familiendynastie Shastry verwaltet. Wie der Name schon sagt, sind dort auf Palmblättern (eines für jeden einzelnen) die Daten aller Menschen abgespeichert, die dort eines Tages hinkommen werden. Niemand kennt das wahre Alter dieser Palmblätter, das wahrscheinlich mindestens bis in die Anfänge der irdischen Matrix reicht. In der Familie Shastry wurde die Fähigkeit, diese besondere Schrift lesen und interpretieren zu können, von Generation zu Generation weitergegeben.

Auch Skeptiker reisten zu dieser Bibliothek, um dieses Phänomen zu widerlegen, und wurden jedoch alle eines Besseren belehrt. Auch ihnen wurde das Originalblatt mit den für sie erstaunlichen Wahrheiten über ihr Leben gezeigt, das anhand von Geburtsnamen, Geburtsort und Geburtsdatum herausgesucht wurde.

Das kritische Hinterfragen dieser Tatsache ergab, daß ein Mensch im optimalen Fall dreißig Prozent *Freien Willen* besitzt. Die restlichen siebzig Prozent bestehen aus einem Programm, das sein Leben lenkt.

Genau diese *Dreißig-Prozent-Lücke* wird von den alten Wissenschaften wie Astrologie, Tarot, Numerologie und so weiter genutzt. Nie gibt es eine hundertprozentige Orientierung, eine Art Totalität, sondern man hat immer noch seinen möglichen persönlichen Freiheitsgrad, der sich natürlich unterschiedlich äußert. Es erhebt sich also die Frage, wie man besser mit seinem Restanteil von tatsächlichem *Freien Willen* umgeht, wobei Bewußtheit dabei eine sehr große Rolle spielt.

Das klingt aber nicht sehr rosig...

Ganz offenbar bringt der Mensch den Großteil seines Lebens damit zu, zweckgerichtet für eine *unbekannte Macht* tätig zu sein – sehr ähnlich, wie es der Film „Matrix" zeigt. Die Menschen sind für diese Entitäten – die *Herren der künstlichen Matrix* – offensichtlich nichts anderes als nützliche Energielieferanten, denn diese Wesen leben, ja ernähren sich ganz offenbar geradezu von ihrer Energie – ganz besonders dann, wenn die Menschen Angst empfinden.

Denken wir daran, daß jede gedankengetragene Emotion eine Energie darstellt, die eindeutig technisch meßbar ist. Jetzt ist es auch nicht mehr verwunderlich, daß die Massenmedien und die Gesellschaft überwiegend Informationen vermitteln, die Furcht, Angst und Leid verursachen. Emotionen der Freude, der Harmonie und Liebe würden nicht bei diesen Entitäten ankommen.

Aus der Physik ist bekannt, daß immer nur dann, wenn eine Resonanz erfolgt und auch bestehen bleibt, eine Information beziehungsweise eine Energie übertragen wird. Für die Informationsübertragung braucht man Resonanz. Es müssen gleiche Schwingungskörper und gleiche Wellenlängen vorhanden sein, sonst funktioniert es nicht.

Das heißt: *Nur Gleiches zieht Gleiches an*. Negative Energie, wie zum Beispiel *Angst*, kann nur denjenigen anzapfen, der Angst hat. Dabei müssen wir voraussetzen, daß sich diese Entitäten wirklich auch auf diesem Energieniveau befinden. Nur aus diesem Grunde können sie unsere Angst-Energie aufnehmen und für sich umwandeln.

Es ist einfach Fakt, daß jeder Gedanke ein meßbares, elektromagnetisches Signal ist, das sich umwandeln kann und nicht verlorengeht. Aber wohin geht die Energie, die sechs Milliarden Menschen einfach so abstrahlen? Jedes einzelne Gehirn verfügt über eine Sendeleistung von ungefähr 50 bis 100 Watt. Man stelle sich also diese ungeheure Energiemenge einmal vor.

Bei den Menschen entspricht das einer Hirn-Frequenz zwischen 0,5 und 80 Hertz; einer Frequenz also, die nahezu sämtliche Materie durchdringt und so gut wie gar nicht abgeschirmt werden kann.

Kommen wir wieder auf das Thema der *absorbierten Energie* zurück. Warum werden wohl durch die Medien durchweg kaum positive Nachrichten ausgestrahlt? Die Emotionen der *Angst* werden am meisten geschürt. Dies sind auch die extremsten Emotionen, zu denen die Menschen – außer der Liebe natürlich – fähig sind. Diese Tatsache wird kaum hinterfragt. Ist das nicht verwunderlich?

Es muß also eine Struktur am Wirken sein, die uns dazu auffordert, ja geradezu dazu zwingt, in die emotionale Angst zu gehen (Angst vor Verlust im Bereich der Partnerschaft, Freundschaft, Arbeitsplatz, Armut, Angst vor dem Tod und dem Allein-Sein, Kummer und Sorgen und so weiter). Diese Ängste werden durch die Medien sogar noch hochgeputscht. Man denke nur an die Filmindustrie. Wie viele Filme gibt es noch, die dazu anregen, das Herz zu öffnen? Nur noch ganz wenige! Und jetzt weißt du auch, warum!

Und dennoch: Veraltete Programme sind momentan im Begriff, sich aufzulösen. Dabei sind auch solche Gesetzesbücher wie die Bibel und andere alte religiöse Schriften, die im Grunde nichts anderes waren als ein Leitfaden und Gesetzesfaden für das Leben der Menschen. Im Alten Testament stehen die *Zehn Gebote* für eine Gesetzesgrundlage, die später von den Menschen geschaffen wurde. Unerbittlich in ihrer Strenge hatten sie sicher nichts mit *wahrer Liebe* zu tun, und folglich konnten diese Tafeln sowie die vielen totalitären Ver- und Gebote (zum Beispiel die Sache mit dem Goldenen Kalb) auch nicht wirklich vom Allschöpfer selbst stammen.

Wußtest du, daß sämtliche Übersetzungen aus den Originaltexten der Bibel nicht wahrheitsgemäß angefertigt wurden, sondern bereits der Manipulation unterlagen? Besonders deutlich geht das aus der Geschichte von der Vertreibung aus dem Paradies hervor. Adam und Eva durften im Garten alles nach Herzenslust tun, außer einer Sache – sogar unter Androhung von Vertreibung aus dem Paradies: Sie durften nicht vom Baum von „Gut und Böse" (Apfel) naschen. In Wirklichkeit beinhaltet der Originaltext außer *Gut* und *Böse* auch das Wort *Erkenntnis*. Dieser wichtige, absichtlich ausgelassene Unterschied war ein Schlüssel für die Menschen, der ihnen vorenthalten wurde. Denn wenn der Mensch die tatsächlichen Strukturen von *Gut* und *Böse* erkennt, dann hat er die Grund-Polarität erkannt und kann folglich der Matrix entkommen und frei sein.

Dieser Baum ist als Steinzeichnung durch archäologische Funde belegt. Daher stammt auch der Ausdruck vom *Baum des Lebens*. Gemäß der geschichtlichen Überlieferung war es Eva, die Adam zu dem Baum führte. Zu diesem Zeitpunkt trat die Schlange in Erscheinung. Die Schlange ist ein altes Symbol für Enki aus der Anunnaki-Gruppe, nicht zu verwechseln mit dem Allschöpfer selbst. Diese Schöpfer-Entität gehörte zur Weißen Bruderschaft, die den Menschen wohlgesonnen ist und sich von der Liebesenergie nährt. Da diese die Versklavung der Menschen verhindern wollte, setzte sie Eva über die wahren Hintergründe in Kenntnis. Eva, nun vollkommen überzeugt, das Richtige zu tun, bittet Adam, vom Apfel zu kosten. Die angedrohte Vertreibung wird Wirklichkeit, und ein böses Erwachen erwartet die beiden. Den Rest kennen wir. Aber das entscheidende, ergänzend Wichtige dabei ist die Symbolik des Apfels.

Betrachten wir uns den „Sündenfall" aus der Sicht der Mesopotamier:

Erinnere dich an die Geschichte der Anunnaki. Anu war der Vater und hatte zwei Söhne Enki und Enlil. Enki war zwar der Erschaffer des Menschen, welcher als Sklave in den Minen arbeiten sollte, bastelte den *Homo sapiens* aber nicht aus Langeweile, sondern aufgrund der Aufstände der Anunnaki-Arbeiter, die selbst nicht mehr in den Minen arbeiten wollten.

Offensichtlich kam es zwischen den beiden Brüdern Enlil und Enki zum Streit, obwohl beide über eigene Herrschaftsgebiete verfügten. Enlils Zuständigkeitsbereich war in Mesopotamien, während Enki weiter südlich in E.ABZU regierte und den Bergbau vorantrieb. Es ist anzunehmen, daß der „neue Adam" Anlaß zum Streit gab. Als Enlil sah, wie gut der neue Arbeiter funktionierte, erhob er natürlich auch Anspruch auf ihn. So läßt sich auch logisch erklären, wie und warum Adam nach E.DIN kam. Enlil holte ihn in den „Garten Eden", damit er fortan für die „Götter" arbeite.

Es schien Enlil und einigen anderen „Göttern" nicht zu passen, daß aus dem eigentlichen Vorhaben, einen primitiven Arbeiter zu schaffen, ein Mensch wurde, der dann auch noch fortpflanzungsfähig war. Das war allein den „Göttern" bestimmt. Enlil hatte Angst, daß Enki als nächstes vielleicht einfallen würde, Adam ewiges Leben zu verleihen. Hatte Enlil daraufhin vor, den erschaffenen Menschen wieder zu vernichten? Enlil beschwerte sich bei seinem Vater...

Während Adam bereits im Garten Eden beziehungsweise in dieser fruchtbaren Gegend in Mesopotamien lebte und arbeitete, betrat irgendwann auch Eva die Weltbühne und lebte und arbeitete als „Gehilfin" Adams in Mesopotamien. Dann kam der besagte „Sündenfall", der die Götterwesen erzürnte und sie veranlaßte, Adam und Eva aus dieser Gegend zu vertreiben.

Was war in Mesopotamien im „Paradies" beziehungsweise im Garten Eden passiert, daß die Götter so verärgert waren?

Im 1. Buch Mose heißt es: *„Aber die Schlange war listiger als alle Tiere auf dem Felde, die Gott der Herr gemacht hatte, und sprach zu dem Weibe: Ja, sollte Gott gesagt haben: Ihr sollt nicht essen von allen Bäumen im Garten? Da sprach das Weib zu der Schlange: Wir essen von den Früchten der Bäume im Garten; aber von den Früchten des Baumes mitten im Garten hatte Gott gesagt: Esset nicht davon, rühret sie auch nicht an, daß ihr nicht sterbet! Da sprach die Schlange zum Weibe: Ihr werdet keineswegs des Todes sterben, sondern Gott weiß: An dem Tage, da ihr davon esset, werden eure Augen aufgetan, und ihr werdet sein wie Gott und wissen, was gut und böse ist."*

Alleine an dieser Stelle müßte jeder Anhänger des Alten Testaments hellhörig werden, denn sein „Gott" lügt! Adam und Eva sind nicht gestorben...

Nun war dieser „Gott" nicht Gott, also der Allschöpfer, sondern Anu, der Vater von Enki und Enlil, der um die Besonderheit des Apfels wußte – denn es war ein Granatapfel!

Und was ist daran so besonders?

Nun, die Kerne des Granatapfels und die Rinde der Baumwurzeln enthalten einen besonderen Wirkstoff – DMT. Wenn man diesen zu sich nimmt, wird man von einem erleuchtungsähnlichen Zustand erfaßt. Ähnlich wie die Babys, die praktisch mit einem von DMT durchtränkten Gehirn geboren werden und damit eine direkte Anbindung an den Hyper-Raum haben. DMT ist genau der Wirkstoff, den wir in den Granatapfelkernen finden. Nach heute geltenden Regeln müßten diese kleinen Kinder also auf der Indexliste der verbotenen Substanzen ganz oben stehen, weil Dimethyltryptamin auf dieser Liste auf Platz eins zu finden ist.

Genau das sollte also damals zu Adam und Evas Zeit verhindert werden. Und damit geschah der entscheidendste Einschnitt, der je in der menschlichen Geschichte vollzogen wurde: Die Vertreibung aus dem Paradies!

Erinnere dich: Jeder Mensch trägt das Wissen von der All-Einheit im Allschöpfer vor der ersten Teilungsphase in sich! Aber mit dem Erlernen der Sprache verlieren die Menschen durch die Konditionierung die Erinnerung daran.

Sehr deutlich kann man das bei kleinen Kindern erkennen, die nämlich mit jedem Tag, an dem sie auf dieser Ebene Neues vermittelt bekommen, ihre Erinnerung und Ankopplung an den Hyper-Raum einbüßen. Und in genau dem Maße verringert ihr Gehirn die Produktion ihres psychoaktiven Wirkstoffs – DMT.

Wie steht es mit einem Leben nach dem Tod?

Viele Religionen grenzen ein Leben nach dem Tode und die Wahrheit anderer Glaubensrichtungen vollkommen aus. Im Grunde ist das eine totalitäre Haltung. Die Liebe des Allschöpfers selbst beinhaltet **ALLES**, was ist als Wahrheit in ihrer Gesamtheit. Da gibt es keine Begrenzungen. Doch existieren auch Gemeinschaften, die trotz unterschiedlicher Glaubenswege friedlich miteinander leben, wie etwa in Indien. Ein Absolutum ist nichts anderes als ein geistiges Gefängnis, das allem Befreienden entgegensteht und mit wirklicher, übergeordneter Schöpfer-Liebe nichts zu tun hat.

Es ist dieser Zyklus von Sein und Nichtsein, von Werden und Vergehen und dem Sinn des Lebens, der durch den Allschöpfer in allen Glaubensrichtungen verbunden wird.

Unter den neuzeitlichen Philosophen schuf ganz besonders Immanuel Kant mit seiner *„Kritik der reinen Vernunft"* ein Werk von Weltrang. Arthur Schopenhauer modifizierte es und entwickelte die Thesen weiter. Der Philosoph Heidegger schließlich stellte dieses Konstrukt auf die nächste Entwicklungsstufe.

Gerade der Atheist Schopenhauer befand, daß der Buddhismus das anspruchsvollste, intellektuellste und inhaltsreichste Glaubens- und Seinsmodell überhaupt darstellt. Buddha, der Gründer dieser Glaubensrichtung, war einfach ein Erleuchteter ohne eine Personifizierung mit dem Sohn des Allschöpfers. Sein Weg zu Gott war direkt, ohne Mithilfe von irgendwelchen Priestern. Buddha stieg aus der Matrix aus – durch einen befreiten Geist – ebenso wie ein junger Mann vor zweitausend Jahren in Palästina. Ihre Botschaft war die gleiche – es ist auch meine: *„Befreie deinen Geist und gehe in die Liebe!"*

Vorstellung schafft Wirklichkeit, und die Religionen modifizieren direkt die Vorstellungen der Menschen und beeinflussen ihr Denken. Damit schaffen sie indirekt einen Mechanismus, der ihr Denken und somit ihre Wirklichkeit beeinflußt!

Alle Religionen, die dich unterdrücken wollen, die dich als Sünder anprangern, sind Teil der Matrix! Sie versklaven dich und leben von deiner (Angst-)Energie. Warum zahlst du Kirchensteuer? Hast du das durchdacht? Glaubst du, daß du außerhalb einer Glaubensorganisation nicht mehr Teil des Allschöpfers bist?

Niemand kann vom Allschöpfer getrennt werden – niemand! Aber du kannst es zulassen, daß man deinen Geist manipuliert – es ist deine Wahl!

Welche Rolle spielen also die Religionen in dem ganzen Bild, das wir uns bis hierher über die Matrix verschafft haben?

Religionen waren im Grunde genommen seit jeher nichts anderes als Instrumente, um die Menschen in bestimmte Richtungen zu führen und sie zu veranlassen, sich in einer begrenzten Struktur, also einer *Matrix*, zu bewegen. Auch eine Religion ist ein Programm, angepaßt an die unterschiedlichen Mentalitäten und Traditionen der Menschen.

Auch der mystische Bereich ist dabei wesentlich, denn aus ihm erwuchsen im Laufe der Zeit die entstandenen Bilder der Naturelemente jeder Religion. Und vor dem Entstehen der uns heute bekannten Glaubensrichtungen spielten diese Naturaspekte eine äußerst wichtige Rolle im Leben der Menschen, bis sie verdrängt, ja sogar verfolgt wurden. Man bezeichnete die Kelten und Druiden als teilweise gefürchtete Wissensträger, die eine sehr hochstehende Religion und Tradition hatten.

Um diesen Faden weiterverfolgen zu können, sollten wir uns zunächst fragen, was *Glauben* eigentlich wirklich ist, und das auf einer rein sachlich-analytischen Ebene. Was geschieht neurologisch gesehen im Gehirn als elektromagnetischem Sender beziehungsweise Empfänger von elektromagnetischen Signalen?

Die Signale sind immer die Entsprechung des gedachten Potentials eines Menschen. Sie sind von entscheidender Bedeutung in bezug auf die Intensität eines Gedankens. Je intensiver ein Mensch denkt, desto mehr Neuronen sind aktiviert. Je mehr Nervenzellen in Aktion treten, desto größer ist auch ihr elektrisches Potential und die entsprechende Abstrahlung von elektromagnetischen Wellen.

Durch die Überzeugung – auch wenn man im Moment vielleicht noch nicht beweisen kann, daß es ein Leben nach dem Tod gibt –, wirkt dieses Bild im Unterbewußtsein. Von hier aus wird bei Bedarf das damit verbundene Bild ins Bewußtsein gerufen, und damit werden dann die Neuronen aktiv und damit das entsprechende Potential der elektrischen und elektromagnetischen Wellen, die nun vom Gehirn abgestrahlt werden. Dieses Bild erreicht auch den Bereich des Hyper-Raums, der ja für alle abrufbar ist. In diesem Bereich existiert das abgespeicherte Wissen. Die Information selbst ist dort völlig neutral vorhanden. Die Menschen selbst sind es, die diese Information dann mit Wertigkeiten, Assoziationen und Emotionen belegen. Dann hängt es wiederum von der Reife des menschlichen Bewußtseins ab, welche Wertigkeit beispielsweise diesem Thema zugesprochen wird. Das Gehirn selbst trifft keine Unterscheidung, nur im Alltags-Bewußtsein findet diese Differenzierung statt. Sei dir bewußt, daß Glaube sich direkt auf deine Handlungen auswirkt. Und wer deine Gedanken manipuliert, der kontrolliert auch deine Handlungen!

Welche Auswirkung ergibt sich nun daraus?

Wir betrachten uns als Beispiel den Unterschied zwischen dem Lernverhalten eines Gläubigen und dem eines Wissenden. Der Wissende sammelt seine Erfahrung durch eigenes Erleben. Der Gläubige relativiert in der Regel sein Ratio-Wissen und ordnet die Dinge, die beispielsweise in der Bibel stehen, seiner Realität zu.

Wenn man sich jetzt beide Personen in bezug auf ihre abgestrahlten Gehirnwellen, die das gleiche Bild darstellen, betrachtet, wird man zunächst keinen Unterschied feststellen, denn der *Grad des Glaubens* entspricht auf dieser Wirk-Ebene genau dem *Grad des Wissens*. Neuronal gesehen entsteht eine gleiche Intensität, und damit wird die gleiche Leistung, der gleiche Einfluß auf den Hyper-Raum und die Umgebung erzielt.

Dabei haben wir jetzt einen Aspekt völlig außen vor gelassen. Jedes menschliche Gehirn hat, solange es lebt, ein Sende- und Empfangspotential, vergleichbar mit dem eines Radio-Senders oder -Empfängers. Entsprechend der gedachten Gedanken sendet das Gehirn die entsprechenden Signale. Quasi zeitgleich werden ähnliche Gedanken aus dem Hyper-Raum empfangen und anschließend interpretiert und so weiter...

Eine weitere Besonderheit kommt hier zusätzlich zum Tragen, das stärkere Neuronenpotential übernimmt nämlich stets das schwächere. Das bedeutet, daß wenn zwei Menschen das gleiche oder ein ähnliches Gedankenbild haben, zwischen ihnen eine resonante Verbindung besteht, die auch über größere Entfernungen reicht, wobei der Mensch mit der größeren Sendeleistung denjenigen mit der schwächeren übernimmt. Das verläuft natürlich von beiden Seiten unbemerkt und wirkt sich ähnlich wie ein hypnotischer Auftrag aus. Dies funktioniert nach einem physikalischen Gesetz, welches besagt, daß ein schwächerer Oszillator immer dem stärkeren folgt.

So kann man sich auch das Wirken eines Magiers erklären, der durch seine starken Gedankenbilder und seine Sendeleistung alles in seinen Bann zieht.

Eine Universität publizierte hierzu einen interessanten Versuch: Jedem Probanden (Versuchsperson) sowie dem Professor, der die Vorlesung hielt und der – im Gegensatz zu den Studenten – über den Ablauf auch informiert war, wurde in einer x-beliebigen Vorlesung ein EEG (Gehirnstrom-Meßgerät) mit entsprechenden Elektroden aufgesetzt. Die Analyse ergab, daß immer in dem Augenblick, in dem der Professor in der Intensität seiner Überzeugung und Suggestivkraft stärker war, auch wenn er bewußt Lügen von sich gab, die Gehirnwellen der Studenten von diesem stärkeren Schwingungsniveau völlig übernommen wurden. Dadurch übernahmen sie die Frequenz des Professors, das heißt sie übernahmen seinen Gedankeninhalt. Auch ein Student, der aus dem Vorsemester bereits mit dem Thema vertraut war und wußte, wann Lügen erzählt wurden, konnte sich der starken Sendeleistung des Professors nicht entziehen. Dies ist offenbar das, was man eine *starke Ausstrahlung* nennt.

Auch wenn zu Anfang dieses Experiments jeder Student ein anderes aktuell wirkendes Schwingungsmuster (Bewußtseinsniveau) in seinem Gehirn aufwies – weil jeder seinen eigenen Gedanken nachhing –, war ein jeder letztlich irgendwann mit seiner Aufmerksamkeit bei dem Professor. Alle Schwingungsmuster und Überlagerungen, die von den Gehirnen ausgingen, wurden auf dem EEG sichtbar gemacht.

Bei der Hypnose wird nach demselben Prinzip verfahren: Es wird durch einen Auslöser ein entsprechender Auftrag übertragen. Für den Hypnose-Effekt ist es absolut erforderlich, einen Auslöser zu benutzen, wofür oft ein schwingender Gegenstand benutzt wird. Erst dann hat ein Hypnotiseur die volle Aufmerksamkeit und Hingabe seines Gegenübers. Dies stellt demzufolge nichts anderes dar als die erste Stufe der Manipulation.

Psychologisch gesehen ist es ein sehr effizientes und probates Herrschafts-Instrument, mit dem Glauben zu arbeiten. Und wenn man das Angstpotential der Menschen einigermaßen kennt, dann ist es ein leichtes, Menschen gefügig zu machen und zu manipulieren.

Gerade das Alte Testament hat überwiegend dieses Angstpotential der Menschen für seine Zwecke benutzt, mit Tabus wie *Himmel* und *Hölle*, *Verdammnissen* und *Ankündigungen*. Und die Menschen glaubten das tatsächlich. Und dieses absolut unterwürfige, demütige und schuldprägende Verhalten wurde solange übertragen, daß man heute noch sehr viele Menschen findet, die sich selbst für völlig unwürdig halten.

Auch im Vaterunser wird mit der Schuld gearbeitet durch die Zeilen: *„Herr, vergib uns unsere Schuld..."* Überall wird von *Schuld* gesprochen. Dadurch sind die Menschen nicht in der Lage, ihre eigenen Machtpotentiale zu erkennen und zu leben und können somit auch nicht in ihre eigene Mitte, in ihre Aufmerksamkeit gelangen. Diese künstlich geschürte Angst macht die Menschen zu Sklaven, zu Marionetten ihrer selbst und unterdrückt den energetischen Teil des Allschöpfers, den sie in ihrer Seele tragen. Dieser latent vorhandene Aspekt im Menschen kann eigentlich jederzeit aktiviert werden, damit er ihn in die Energie der Ganzheit unseres wahren allschöpferischen Seins zurückführt. Genau diese Rückkehr in die schöpferische Freiheit, also die Sprengung sämtlicher Systeme, wurde stets durch die Fesseln der *künstlichen* Gefangenschaft in der *Matrix* verhindert. Vor allem durch die monotheistischen Religionen – einen der schlimmsten Aspekte der Matrix!

Wie kann dann also die Definition des Begriffes „Freiheit" aussehen, wenn man in der Matrix gefangen ist?

Freiheit drückt sich durch *Souveränität* beziehungsweise *Unabhängigkeit* aus. Der Terminus *Freiheit* ist leider genauso belegt und negativ konditioniert wie der Begriff *Liebe*, den man von der Freiheit nicht trennen kann. Sowohl *im Namen der Liebe* als auch *im Namen der Freiheit* wurden Kriege geführt, Menschen gefoltert und getötet. Die klassische, die Ur-Freiheit macht im Grunde genommen den eigentlichen Seins-Zustand des menschlichen Potentials aus. Wir SIND in Wahrheit freie Seelen, die niemals – und schon gar nicht durch den Allschöpfer – eingeengt wurden. Wir selbst schaffen unsere eigene Einengung durch unsere Gedanken, die wiederum in die Strukturen unserer Materie eingebettet wurden. Das führte dazu, daß der Freiheitsgrad ständig verkleinert wurde. Dieser Umstand wurde von den *Herren der künstlichen Matrix* genutzt, um die Menschen auch in dieser Un-Freiheit festzuhalten.

Im Alten Testament wird der klassische, erstmalige Sündenfall durch Adam und Eva als Ur-Menschen symbolisiert. Durch das Gebet um Vergebung der Erbsünde geht es im Grunde genau um diese Vertreibung aus dem Paradies. Die Menschen wollten damals die Erkenntnis, und sie wurde ihnen verwehrt...

Diese Gedankenstrukturen der Religion wurden als machtvolle Instrumente einer manipulativen Matrix benutzt. Und die Erdenbewohner haben es diesen manipulierenden Entitäten, die im Sinne ihres Spiels agierten, im Grunde sehr leicht gemacht. Die Menschheit könnte man tatsächlich als *verirrte Seelen* bezeichnen, die einfach mal irgendwo vergessen haben, wer sie eigentlich sind. Wirklich, die Menschen nehmen ihr eigenes Machtpotential gar nicht richtig wahr. Sie erkennen es einfach nicht, obwohl es immer vorhanden ist und nur auf ihren Zugriff wartet.

Das Spiel der Gegensätze lenkt das irdisch-kosmische Schachbrett. Lediglich hier auf der dreidimensionalen Ebene kommt durch den Faktor der Zeit-Dimension eine unterschiedliche Polaritäts-Verschiebung zustande, sozusagen ein Hin und Her des Spiels von *gut* und *böse*. Es ist das, was die Inder als die *Yugas* bezeichnen. Das sind kosmische Zyklen von unterschiedlicher Dauer, in denen sich das *Gute* mit dem *Bösen* abwechselt...

Auf der Ebene der Gesamtheit bleibt jedoch stets und unveränderlich die Menge aller Dinge gleich. Wenn sich dieses beständige Gleichgewicht auch nur um ein Quentchen verschieben würde, fiele das Universum auseinander. Aus diesem Grund ist die Dimension der Zeit ja so wichtig.

Das Spiel geht weiter, jeder agiert aus einer Überzeugung, das Bessere zu wollen und ist aus diesem Grund bereits von der anderen Spielerseite aus gesehen *der Böse*. Die Relativität der Extreme *Gut* und *Böse* ist deutlich zu durchschauen. Dieses Wechselspiel hat auf uns eine direkte Auswirkung. Und doch liegt es an uns selbst, ob wir uns verführen lassen oder nicht. Das setzt jedoch zunächst voraus, daß wir von diesem Aspekt der Verführung, der ursächlich von höchster Ebene kommt, überhaupt etwas wissen. Dieses Wissen sollte aus der Sicht der Verursacher natürlich verhindert werden.

Was bewirkt denn so ein Programm der Religion, welches uns praktisch „unten" halten will?

Es bewirkt, daß wir in diesen Strukturen des Eingeengt-Seins und der Angst ein Gedankenpotential in den Alltag bringen, das ebenfalls ein Teil einer von uns geschaffenen, neuen modifizierten Matrix ist.
Das heißt, daß wir sogar noch bestätigen, ja sogar noch wiederholen, was uns vorgegeben wurde – und das auch noch ganz individuell, weil doch nur ein grobes Muster als Programm, zum Beispiel als Religionsprogramm vorgegeben wurde. Und so sind es die Menschen selbst, die das Programm annehmen und ganz individuell dann noch das eigene ganz spezielle Programm dazuschreiben – jeder nach seiner Erfahrung, seiner Lebensweise in diesem eingeengten Bewußtseins-Raum.
Bitte versteh, daß all das, was wir tun, was wir denken, was wir als *normal* empfinden – weil man uns das ja vorschreibt –, wird im Hyper-Raum abgespeichert und ist direkt über unseren ganz direkten Datenzugangsbereich zugänglich, den Erinnerungsbereich. Wir identifizieren uns damit und umgekehrt. Damit haben wir den nächsten *Zirkulus vitiosus*, der immer mehr Eigendynamik gewinnt, wodurch zu der von oben auferlegten Matrix auch noch die eigene hinzukommt, die uns zusätzlich einengt. Und dann wird daraus eine Spirale, die abwärtsläuft und den Bewegungsraum des Freiheitsgrades immer mehr beschneidet.

Und was hat das mit der Seele zu tun?

Die Seele bleibt davon unberührt. Die Seele besitzt an dieser Stelle nur eine Art *Trauer-Grad*, der den Schmerz und die Ohnmacht im Vergessen erkennt und versucht, sich in Erinnerung zu bringen.
Der Seelenaspekt dringt bis in den Raum der Wahrnehmung vor. Dies wiederum wirkt sich dann auch auf eine ganz andere Art von Matrix aus, die eine seelen-eigene Matrix ist und sich in Form von Schicksalsschlägen zeigt. In solchen bestimmten, teilweise grausam empfundenen Situationen werden wir ganz individuell an das erinnert, was wir ur-sächlich wollten. In diesen Momenten der Erinne-

rung werden wir zurückgeführt zu unserer Ur-Sehnsucht, die uns vor Augen hält, was wir hier auf der Erde wollten, damit wir loslassen lernen.

Dieses Loslassen ist ein Vorgang, den jeder Mensch einmal durchlaufen muß, auch wenn es spätestens eine Nano-Sekunde kurz vor dem physischen Tod erfolgt. Dieses Loslassen läßt dann das ganze Spiel durchschauen und die dahinterliegenden Aspekte klar werden. Aber dann haben wir keine Freiheit mehr, dann haben wir keine Möglichkeiten mehr, diesen Aspekt, unseren eigenen Aspekt, unsere eigene individuelle Matrix zu verändern. Wir können nur in das Programm eingreifen, in dem wir wirklich hier dreidimensional beziehungsweise vierdimensional aktiv sind. Daher inkarnieren wir auch stets von neuem, um uns einige Aspekte zu vergegenwärtigen und diese korrigieren zu können.
Daraus besteht deine Herausforderung. Agiere jetzt, befreie deinen Geist jetzt, solange du kannst. Im Moment des Todes ist es zu spät!

Wir könnten uns jetzt natürlich fragen, ob denn da nicht eine Übereinstimmung zwischen der Matrixbetrachtung und dem religiösen Ansatz des Christentums besteht?

Selbst wenn es einen „Satan" geben sollte, so übernimmt dieser keine Seelen von einzelnen Entitäten. Hier spielen doch ganz andere Schöpfungs-Mechanismen eine tragende Rolle. Der Grad des Vergessens, der bei den Menschen vorhanden ist, reicht schon allein aus dem Grunde nicht aus, da sie diesen unsterblichen allschöpferischen Funken ewig und unauslöschlich in sich tragen. Dies ist ein Geschenk der Rückkehr, das durch nichts veränderbar ist, denn die reine übergeordnete All-Liebe des Allschöpfers ist durch nichts manipulierbar, auch nicht durch irgendeine *Matrix*.

Auch im Film stellte es einen wesentlichen Aspekt dar, daß Neo zu sich selbst zurückfand und losließ. Aber wie funktioniert das?

Es gibt verschiedene Wege, aber sie haben dennoch alle eine Gemeinsamkeit in Form einer Harmonie zwischen gewissen Grundschwingungsmustern unseres Gehirns. Das Gehirn bildet nun mal nicht nur auf der wissenschaftlichen Ebene den Hauptfaktor in bezug auf die Einflußprozesse unserer Seins-Formen.

Das menschliche Gehirn stellt das wertvollste und machtvollste Potential an Instrumentarium dar, für das der Körper lediglich eine Trägerrolle übernimmt. Der Körper ist ein Vehikel für das Gehirn, um seine Funktionalität zu sichern. Wir besitzen zwei Gehirnhemisphären (Hälften), die sich im Grunde opponierend gegenüberstehen. Die linke Gehirnhälfte wird von der *Ratio*, dem Verstand, gelenkt und die rechte von der *Intuition*, der Kreativität. Die eine Seite sucht den Beweis, und die andere weiß es eigentlich schon längst. Sie spielen das Spiel der Polarität in unserem Gehirn für jeden individuell und sind im Grunde nicht vereinbar.

Wie oft spüren wir das an uns selbst. Beide Hemisphären sind gleichberechtigt und dienen einander als Spiegel. Und beide haben sie einen direkten Zugang zum Unterbewußtsein *und* einen direkten Zugang zum Hyper-Raum. Dazwischen läuft über die Ratio ein Filterprogramm ab. Unser innerer Zensor, der Verstand, hat auch eine Berechtigung, denn sonst würde uns ja jedwede Information ungefiltert erreichen. Ohne Verstandeszensor würdest du ansonsten wahnsinnig werden. Insofern hat das Da-Sein des Verstandes durchaus seine Berechtigung, um gewisse Unterscheidungen zu treffen. Wenn ich beispielsweise behaupte, daß das, was wir anfassen können, real ist, so ist dies nichts als eine Interpretation. Denn für die Elektronen unserer Finger fühlen sich die Elektronen des Stuhls hart an und vermitteln uns einen Eindruck der Festigkeit. Das ist lediglich Illusion, weil wir das Gedanken-Konstrukt produzieren, daß der Stuhl hart ist.

Soweit zum Einstieg in die Materie.

Welche Möglichkeiten stehen mir denn überhaupt zur Verfügung?

Die 3-D-Bild-Techniken zum Beispiel bieten Möglichkeiten, beide Hemisphären des Gehirns zu vereinen. Erstrebtes Ziel ist es tatsächlich, beide in Einklang zu bringen und nicht die eine aktiver werden zu lassen als die andere. In diesem Falle hätte man auch einen direkten Zugang zum Unterbewußtsein. Das ist aber nicht grundsätzlich so. In Ausnahmefällen rutscht partiell etwas aus der intuitiven Seite in die Ratio hinein und wird dann durch den Verstand interpretiert. Uns wiederum wird dies als Gedankeneingebung vermittelt, und man hat dann eine Intuition, eine Eingebung, und ist dann kreativ gewesen.

Man kann Einfluß auf die Fremdbestimmung und Unbewußtheit nehmen, wenn man es schafft, beide Gehirnhälften in einen zumindest *relativen* Einklang zu bringen, wenn man aus der Sicht des intuitiven Glaubens Erklärbarkeit und Nicht-Erklärbarkeit in sich vereinen kann, sie einfach akzeptiert. Dadurch hebt sich das gegensätzliche Spiel auch kurzzeitig auf. Topographische Darstellungen des Gehirns machen dies ganz deutlich. Rot steht für *hohe Aktivität*, grün dagegen für eine *geringe Aktivität*. Wenn beide Hemisphären gleichmäßig aktiv sind, dann sind wir in der Lage, Dinge aus dem Hyper-Raum beziehungsweise unserem Unterbewußtsein in unser Tages-Bewußtsein dringen zu lassen. Das Gehirn von Kleinkindern stellt sich genau bis zu dem Zeitpunkt so dar, an dem sie beginnen, eine Sprache zu erlernen und somit die Hemisphäre der Ratio stärker in Anspruch nehmen. Die Ratio übernimmt in diesem Moment die Funktion eines Blockers gegen die intuitiven Dinge.

Damit leidet dein wichtigstes Instrumentarium, gewißermaßen dein Kompaß: das Gefühl. Und über das Gefühl wächst das Vertrauen. Der Verstand aber zerstört Vertrauen. Deswegen mußte Neo erst *„seinen Geist befreien"*, von diesem Zensor, der Ratio, die alles bezweifelt und damit behindert.

Wenn wir uns mit diesen Gegebenheiten in den moralisch-humanistischen Raum begeben, verstehen wir darunter einen Aspekt, der sehr viel mit inniger Liebe und dem Anerkennen einer Ur-

Seinsform zu tun hat, die zum Beispiel eine solche Gleichheit darstellt. Darin äußert sich das Harmoniebedürfnis und das Gerechtigkeitsempfinden, das uns inneliegt. Dazu gehört auch die *Unschuld*, ganz im Gegensatz zu der vorhin erwähnten *Schuld*, welche die Kirchen den Menschen einreden wollen, um sie zu beherrschen und zu unterdrücken. Täusche dich nicht: Die sogenannten monotheistischen Religionen sind **Teil der Matrix!**

Die Unschuld drückt sich als Reinheit, Göttlichkeit und pure Liebesenergie aus. Dieser humanistische Teilaspekt läßt sich auch ethisch darstellen. Leider sind Begriffe wie *Ethik* und *Moral* jedoch schon wieder konditioniert. Das erfordert also eine gute Differenzierung. Die Bilder, die uns in unserer Moralvorstellung bewegen, müssen nicht zwangsläufig der eigentlichen allschöpferischen Moral entsprechen. Das klare Kriterium der Bewertungslosigkeit und der Liebesaspekt stellen für uns eine reine und tugendhafte Grundlage für Ethik dar.

In der Ur-Matrix ist auch Raum dafür, denn sie grenzt ja nichts aus. Sie gibt lediglich die Strukturen vor, aber sie läßt potentiell alles zu. Wahr ist, daß sie den Schwierigkeitsgrad des Zulassens erhöht.

Wenn eine bestimmte Gedankenstruktur, die von Menschen auf der Erde trilliardenfach und mehr gedacht wird, weil ja immer mehrere Menschen täglich allein schon gleiche Gedanken wiederholen, bauen sich demzufolge gigantische Energien auf. Diese Energien ziehen ihre Struktur auf alle Ebenen derer, die ähnlich denken. Sie denken also quasi *für uns vor*, und wenn wir uns auch nur in der „Nähe" von etwas bereits so stark ausgeprägt Gedachtem „bewegen", also Ähnliches Denken, assoziieren wir praktisch die dann in uns auftauchenden Gedanken als *unsere* Gedanken. Das ist immer dann der Fall, wenn wir nicht richtig in unserer eigenen Mitte sind, denn wir folgen in der Regel den stärkeren Strukturen. Und ein jeder, der gegen diese Strukturen angeht, weil er seine zirka dreißig Prozent Freiheitsgrad im Freien Willen nutzen will, muß wissen, daß er einen schweren Weg geht, wenn er gegen den vorherrschenden Strom schwimmt. Es erfordert eine sehr bewußte

Aufmerksamkeit, eine Art eigene Gedankenkontrolle und Gedankenhygiene.

Du kannst dir *nie* sicher sein, ob der Gedanke, den du denkst, wirklich von dir selbst ist, niemals. Aber du kannst es *fühlen*. Es ist extrem wichtig, sich dessen vollkommen bewußt zu sein, daher habe ich diesen Vorgang noch einmal beschrieben.

Wenn du dich aber auf rein positive Liebesenergien besinnst und in aller Ernsthaftigkeit diesen Weg einschlägst – einen der möglichen –, dann bist du sicher auf dem Weg nach *draußen*, in die Freiheit, aus der Gefangenschaft der Matrix. Dies bedingt zunächst, daß du dir darüber im klaren bist, was *positive* Eigenschaften überhaupt sind. Denn allein objektiv sein zu wollen, holt ein entsprechendes Bild aus einem Kontingent der menschlichen Prägungen – Prägungen von Gedanken, die andere bereits vor uns für uns in Zusammenfassung mit unseren eigenen dachten. Wir meinen, ein Bild zu erschaffen und doch wissen wir nicht sicher, ob unsere Objektivität nicht bereits gefärbt ist. Das innere Loslassen, ich betone es noch einmal, ist der Garant, *Neues zu schaffen*, um dadurch zurückkehren zu können in und zu sich selbst, in die Mitte der eigenen Matrix. Alle großen Glaubensrichtungen lehren diesen Lösungsprozeß, unter anderem durch Initiationsrituale. Es geht um das, was als der *Ego-Tod* bezeichnet wird. In dem Moment, in dem wir im absoluten Liebesaspekt verweilen, der nichts weiter ist als die Verbindung unseres Herzens mit unserem Gehirn, haben wir jegliches aufgeprägte Programm (Matrix) verlassen und SIND in unserer eigenen Mitte. Jetzt können wir unsere Matrix neu in das Spiel einbringen, denn wir haben uns ja in diesem Fall bereits ausgekoppelt.

Wie kann man nun Herz und Gehirn zusammenbringen?

Es besteht durchaus die Möglichkeit, über eine bestimmte Meßanordnung unterschiedliche Emotionszustände darzustellen. Wenn man beispielsweise ein EEG (Meßgerät für Gehirnströme) gleichzeitig mit einem EKG (Meßgerät für Herzfrequenzen) bei einem Menschen anschließt, wird auf diese Weise erkennbar, in welchen bestimmten Situationen wir zum Beispiel *Freude* erfahren. Reine, ehrliche und unschuldige Freude ist im Grunde genommen ein Parameter der Liebe. Es lohnt sich, darüber nachzudenken, warum die heutige Gesellschaftsform die reine Freude des Menschen so extrem erschwert. Verstehst du das System dahinter? Es werden Strukturen der Ablenkung richtiggehender *Unter*-Haltung (sie halten die Menschen wahrhaft *unten*) unterstützt, um sie immer weiter zu degenerieren. Wahre Freude ist die Unschuld, sich in Harmonie mit etwas wiederzufinden und darin auflösen zu können. In der Regel sind es natürliche Aspekte. Wir selbst sind im Grunde ein natürlicher Aspekt. Wenn wir uns in dem Naturschauspiel des Sonnenaufgangs wiederfinden und uns von Herzen daran erfreuen, dann stellt auch dies einen Liebesaspekt ganz direkter Art dar. Sind wir in diesem Aspekt, so haben wir, zumindest in diesem Moment unschuldiger Freude, die Matrix für kurze Zeit verlassen.

Wir befinden uns dann sozusagen in einem *erleuchteten Zustand*. Auch zum Zeitpunkt unserer Geburt sind wir in diesem Zustand – das habe ich bereits erwähnt –, ausgelöst durch bestimmte Substanzen im Gehirn, die auch im Granatapfelbaum zu finden sind. Dieser erleuchtete, intuitive Zustand wird den Menschen dann im Laufe des Lebens wieder aberzogen. Selbst wenn man sich im Erwachsenenalter mit Hilfe von diversen Substanzen in eine *künstliche Erleuchtung* versetzen sollte, befindet man sich nur temporär im Ein-Klang.

Die Intuition läßt sich aber durch den wachsenden Grad der eigenen Bewußtheit fördern. Diese Bewußtheit wird in gewissen außergewöhnlichen Lebenssituationen deutlich, besonders wenn man sich an die Situationsauslöser erinnert. Etwas sagt uns an diesem Punkt, daß wir eine Chance für etwas erhalten. Man könnte es so ausdrücken, daß der Seelenaspekt sich immer eine Option sichert. Dadurch werden Situationen generiert, die von großer Klarheit durchzogen sind, und die Erinnerung an unsere eigentliche Größe blitzt auf.

Wenn eine bestimmte Erfahrungsintensität durch viele Erfahrungs- und Reifeprozesse in einem turbulenten Leben gesammelt wurde, dann vollzieht sich eine intensivere Bewußtseins-Förderung als unter umgekehrten Umständen. Wie es auch schon Goethe ausdrückte: Mit dieser ganz leisen Stimme meldet sich dann die Seele, und wenn wir den Funken auffangen können, dann steigt damit auch unser Freiheitsgrad in der Matrix. Allmählich mehren sich diese Ereignisse, eine gewisse Eigendynamik stellt sich ein, und wir werden zum Schöpfer unserer eigenen Realität.

Das, was uns scheinbar im Leben die meisten Schmerzen zufügt, ist sehr oft der effektivste Weg zurück zur Freiheit der Seele. Nur die eigene Erfahrung heilt die eigene Seele. Alles, was uns leicht und selbstverständlich vorkommt, hinterläßt beim Menschen keinen bleibenden Ein-Druck. Das, was uns in die tiefsten Tiefen reißt, löst in uns durch den Schock ein Erwachen aus und prägt unser Bewußtsein.

Gibt es Techniken, aus der Matrix auszusteigen?

Ausstieg heißt, sich wie Neo so intensiv mit dem Hyper-Raum zu verbinden, daß man dir keine fremden Konzepte und Ideen mehr einreden kann. In diesem Zustand kannst du sofort und ohne Zweifel erkennen, wo und wie man versucht, dich zu manipulieren. Das ist das Ziel, das du erreichen solltest, und – sei getrost – auch ganz sicher erreichen wirst.
Auf der neurologischen Ebene läßt sich nun gut veranschaulichen, wie man seine eigene Anbindung an den Hyper-Raum intensivieren kann.
Wenn sich unsere beiden scheinbar opponierenden Gehirnhälften (*Ratio* und *Intuition*) in einem harmonie-ähnlichen Zustand gleicher Aktivität befinden, haben sie so etwas wie eine Art Vereinbarung miteinander getroffen. Damit ist es möglich, Zugang zum Hyper-Raum,

zur Intuition, zum Instinkt und so weiter zu finden. Das ist die eine Möglichkeit. Eine andere Möglichkeit, welche diese jedoch nicht ausgrenzt, sondern leichter nachvollziehbar miteinbezieht, ist, sich zu vergegenwärtigen, daß man mit jeder Bewußtseinslage, in der man sich befindet, eine andere Gehirnfrequenz aussendet. Das setzt natürlich einen entspannten Zustand der bewußten Aufmerksamkeit voraus. Das heißt: Wenn wir in einem entspannten Zustand sind, dann senden wir eine andere Gehirnfrequenz aus, als wenn wir in einem aufgeregten Zustand sind. Darum wird versucht, dich niemals zur Ruhe kommen zu lassen.

Der Wachzustand drückt sich durch sehr lange Wellen ab etwa 8-9 Hertz (Hz) aus und erstreckt sich bis etwa 80 Hz. Der nächste Bereich, der die Durchgangsebene zwischen *Wachbewußtsein* und *Unterbewußtsein (Schlafbewußtsein)* bildet, liegt bei „kleiner gleich" 8 Hz. Alle Bereiche unter 8 Hz gleichen schlafähnlichen Zuständen. Wenn wir uns in einem bestimmten Bewußtseinszustand halten, uns also weder im Wach- noch im Schlafzustand befinden, stehen wir an einer Art Bewußtseinsschwelle, die durch diese 8 Hz markiert wird. Hier liegt offenbar auch der Zensor, der darüber entscheidet, was dem Wachzustand oder Schlafzustand zugeordnet wird. Bei jedem Übergang vom einen in den anderen Zustand passieren wir sehr schnell diesen Frequenzbereich von 8 Hz. Der Zensor kann in der Regel nicht ausgeschaltet werden. Es gibt jedoch Techniken, die einen Menschen in die Lage versetzen, diesen besonderen 8-Hz-Frequenzbereich länger aufrechtzuerhalten. Das wäre dann so etwas wie ein *bewußter Schlafzustand*. Sich zum Beispiel während des Träumens in der Schlafphase dieses Zustandes bewußt zu sein, stellt eine weitere Besonderheit dar, die *luzides Träumen* genannt wird.

In diesem *luziden Traumbereich* würden ähnliche Phänomene vorherrschend sein. Auch hier sind beide Hemisphären gleichermaßen angesprochen. Das gleiche geschieht bei sogenannten Déjà-vu-Erlebnissen. Die Möglichkeit, zu solchen Bewußtseinsebenen auf Abruf Zugang zu finden, ist nur schwer beeinflußbar, auch wenn es dafür langwierige und aufwendige Techniken gibt.

Wenn man sich jedoch mittels einer in Insiderkreisen bekannten Übung vollkommen bewußt in diesen luziden Bereich begibt und ihn sich quasi selbst erschafft, dann hat man die Matrix tatsächlich verlassen und dementsprechend seine eigene Matrix neu generiert. Dies könntest du auch als *Selbstüberlistungs-Technik* bezeichnen. Das bedeutet, daß du zum Beobachter deiner selbst wird.

Gleiches ist mit dieser Technik und etwas Übung dann auch auf den Wachzustand übertragbar. Du beginnst zunächst mit der bewußt kontrollierten Aufmerksamkeit im Tagesbewußtsein.

Alle Handlungen, selbst die trivialsten wie das morgendliche Zähneputzen, machst du dir ganz genau bewußt. Dadurch beginnst du, den mechanischen Ablauf der Matrix mit der Zeit zu unterbrechen. Für eine solche Übung benötigst du etwa vier bis acht Wochen.

Dann funktioniert dieses bewußte Beobachten auch im Traumzustand, und du befindest dich in dieser luziden Qualität, das heißt, du bist in der Lage wahrzunehmen, daß du träumst und kannst jetzt im Traum agieren und selbst Regie führen. Ganz bewußt kannst du nun aus diesem Traumzustand Programme in dein Bewußtsein überleiten und erinnerst dich am Morgen genau daran.

Es besteht auch die Möglichkeit, durch ein gewisses Training, seine Bewußtseinslage über längere Zeit in diesem Bereich zwischen Wach- (Betabereich) und Schlafzustand (der tiefer als der Alphabereich liegt) zu halten. Der Alphabereich ist der schnellen Übergangsphase zuzuordnen. Darauf folgen die Delta- und Thetabereiche, die dem reinen Schlafbereich angehören. Durch das Verweilen im Alpha-Bereich kann man beide Dimensionen überschauen, sowohl die Ebene des Bewußtseins als auch die des Unterbewußtseins. Das versetzt dich in die Lage, Informationen aus dem Unterbewußtsein abrufen zu können und sie sofort in das Bewußtsein zu transformieren und auch bewußt dort zu halten. Dies bedeutet nichts weiter, als daß du in einem schlafähnlichen

Zustand Informationen erlangst, sie ins Tagesbewußtsein überleitest und sie sogar im Langzeitgedächtnis ablegen kannst. In der Regel ist es ja so, daß man sich an seine Träume nicht oder kaum erinnert oder sie lediglich passiv erlebt.

Die verschiedenen Wellenbereiche sind:
1. die Betawellen (12-40 Schwingungen pro Sekunde, genannt *Hertz*, Hz) – während des normalen Tagesbewußtseins,
2. die Alphawellen (8-12 Hz) – wenn wir in einem entspannten Zustand sind,
3. die Thetawellen (4-8 Hz) – wird an der Grenze zwischen Wachsein und Schlafen gemessen sowie bei tiefer Entspannung – und
4. die Deltawellen (0,5-4 Hz) – während des Schlafens.

Sich etwas bewußt zu sein bedeutet, daß man sogar sein Denken hinterfragt und feststellt, *daß* man denkt. Damit erkennst du, daß hinter dem Denkenden noch eine weitere Ebene in Erscheinung tritt, die gleichzeitig existiert und jetzt gerade denkt. Auf diese Weise wird dir klar, daß du auf mehreren Ebenen agierst. Diesen spannenden Aspekt kannst du selbst noch erweitern. Denn der, der sich selbst beobachtet, auch beim Sprechen und Denken, hat nur sekundär etwas mit dem „Selbst" zu tun. Das führt letztlich zu der Erkenntnis, daß du nicht deine Gedanken *bist*, auch nicht deine Gefühle. Du bist eine Schöpfungsentität, die Gedanken und Gefühle zuläßt und nutzt.
Und damit hast du die Natur deines wahren Seins verstanden.

Das führt uns auch zu der Frage, wie es sich mit Kreativität, Genialität, Kunst und Eingebungen, die zu Erfindungen führen, verhält. Sind die Informationen bereits im Hyper-Raum abgespeichert? Existiert möglicherweise noch eine Nische des Freien Willens in der Matrix?

Der kosmische Zyklus erklärt sich allein dadurch, daß etwas Neues erfahren werden will, und zwar aus verschiedenen Aspekten, aus verschiedenen neuen Modifikationen der IST-FORM. Man könnte durchaus sagen, daß der Allschöpfer sich in allen nur möglichen Formen von neuem widerspiegeln will. Kreativität ist ein Schöpfungsakt, der aus mindestens zwei Aspekten einen weiteren erschafft. Die Verbindung von zwei Aspekten, welche einen weiteren dritten generieren, IST reine Schöpfung.

Nicht jede implizierte Idee muß zwangsläufig eine eigene sein. Unser Ego ist so konditioniert, daß wir uns im Grunde nicht vorstellen können, daß es in Wahrheit gar nicht existent ist, sondern lediglich eine Illusion, ein Konstrukt, das uns anerzogen wurde. Ein Neugeborenes weiß in den ersten drei Monaten seines Lebens nichts von einem Ego und lebt in reinster IST- und SEINSFORM. Wie bereits schon erwähnt, generiert sich das Ego mit dem Erlernen der Sprache und daraus folgenden Prägungen, Mustern und Konditionierungen. Mit dieser Entwicklung geht der Verlust der Anbindung an den Hyper-Raum einher, und ab diesem Zeitpunkt setzt die Wirkung einer künstlich neu erschaffenen, psychischen Matrix ein. Deine Versklavung hat begonnen!

Denken wir daran, daß der kosmische Auftrag uns alle hierher in diese Dimension führte, der sich in all seinen Facetten selbst erfahren wollte. Wenn dieser Auftrag nicht erfüllt wird, dann haben wir unser Ziel verfehlt und werden durch das, was diesen Auftrag kennt, unsere Seele also, wieder „zurückgeholt".

Ich berichte dir nun über ein wissenschaftliches Geheimprojekt:
In der ehemaligen Sowjetunion wurden mit Kleinkindern Experimente durchgeführt, wobei sie in einer Umgebung gehalten wurden, in der sie zwar ausreichend Nahrung erhielten, jedoch in Räumen mit grau gestrichenen Wänden ohne jegliche Dekoration (kaum vorhandene optische Sinnesreizoptionen) und ohne Erziehung. Sie hatten somit also keine Möglichkeit einer Reflektion in Form von sozialem Kontakt jeglicher Art. Alle Kinder degenerierten und verstarben, bevor sie das sechste Lebensjahr erreicht hatten.

Bei einem Kleinkind sind die neuronalen Netzwerke noch nicht richtig strukturiert und ausgeprägt. In den ersten Lebensmonaten entscheidet sich erst, wie die Struktur gebildet wird, und sie bildet später die Grundlage für den Ausdruck der Wahrnehmungsfähigkeit eines Menschen. Das bedeutet, daß nicht primär der Intelligenzgrad eines Menschen von entscheidender Bedeutung ist, sondern wie seine Wahrnehmungssensoren angelegt wurden. Wenn diese keine Förderung irgendwelcher Art erfahren, dann verkümmert ein Mensch und beginnt auf dem Niveau eines Tieres dahinzuvegetieren.

Die heute üblichen Methoden zur Ermittlung des Intelligenzquotienten eines Menschen werden überbewertet und ergeben keine klare Aussage über seine geistigen Fähigkeiten, da die Entwicklung der Wahrnehmungsgrenze dabei völlig ausgegrenzt wird.

Um schöpferisch tätig zu sein und Neues, vorher nicht Vorhandenes, zum Leben zu erwecken, braucht es keinen bestimmten IQ. Er ist kein Parameter für Kreativität oder Genialität.

Wir generieren mit unseren schöpferischen Akten eine Art Meisterschwingung, die auch eine Matrix darstellt. Diese Matrix ist nicht künstlich, sondern vom Menschen erschaffen. Durch eine Art Welt-Management-Team nimmt diese Meisterschwingung Einfluß auf das kollektive Gesamtbewußtsein der Menschen. Die Herren der künstlichen Matrix wollen durch Ausübung ihrer Macht ganz bestimmte Interessen durchsetzen und nehmen so Einfluß auf vorherrschende Tendenzen des Zeitgeistes, in dem die Menschen sich jeweils bewegen. Diese Einflüsse wirken meist unbemerkt, weltweit sowie gesellschafts- und kulturübergreifend. Medien unterschiedlichster Art erschaffen Meinungen, Trends, Moden und so weiter. Sie dienen zum Beispiel als probates und effizientes Mittel, Menschen über psychische Muster gefügig zu machen, indem die Medien sich in ihr Unterbewußtsein einloggen und das gesellschaftliche Bewußtsein damit unbemerkt manipulieren. Frage dich einmal, woher der Impuls kam, dir ein neues „Outfit" zuzulegen? Die physikalische Struktur des morphogenetischen Feldes à la Sheldrake spielt dabei eine wichtige Rolle als Instrument.

Denken wir in diesem Kontext auch an die bei den Naturvölkern zu ganz bestimmten Zeiten abgehaltenen Rituale. Ganz bestimmte Konstellationen der Sterne waren von besonderer Bedeutung. Dadurch wurden günstige Voraussetzungen genutzt, um letztlich Informationen in das morphogenetische Feld einzukoppeln, welches Teil des Hyper-Raums ist. Es existieren offenbar auch Modelle und ausgereifte Technologien, die zum Beispiel durch bestimmte Frequenzen von entsprechenden elektromagnetischen Sendern abgestrahlt werden, um manipulativ Informationen auf das Erdenbewußtsein einwirken zu lassen.

Erinnern wir uns: *Hyper* bedeutet *über* dem vierdimensionalen Raum liegend, an den sich das morphogenetische Feld direkt auf seiner Ebene anschließt. Im Grunde denken die Menschen immer noch viel zu eindimensional, wenn sie von kosmischen Grenzen sprechen. Denn die nächsten Dimensionen schließen sich übergangsartig an, und sämtliche Dimensionen sind miteinander auch verbunden. Sie haben alle untereinander ihre Entsprechungen, Kausalitäten und Wechselwirkungen.

Wir haben zwar den ersten vier Dimensionen Bezeichnungen gegeben, aber eigentlich kann man den Hyper-Raum nicht durchnumerieren. Er ist lediglich mathematisch darstellbar, wie es Burkhard Heim zuerst tat und später auch Wheeler, Hawking und so weiter. Mehrere Wissenschaftsbereiche, wie die Mathematik, die Quantenmechanik und die Astrophysik, gehen sogar bis zu einem zwanzigdimensionalen Raum.

Die Seele eines Menschen ist nach diesen Berechnungen im Hyper-Raum enthalten. Da offenbar Parallelwelten und Spiegelwelten existieren, besteht die hypothetische Möglichkeit, daß ein Mensch mehrfach parallel verlaufende Existenzen hat. Da der Raum zeit-unabhängig ist, kann es sogar passieren, daß man in einem *Loop* (Zeitschleife) hängenbleibt.

Unsere verschiedenen Selbste, die es von uns gibt, können sich miteinander verbinden, dies ist in der Tat möglich. Wir haben jedoch nur direkten bewußten Zugang zu unserem Jetzt-Selbst. Aber wir haben

Möglichkeiten, indem wir praktisch in unser Unterbewußtsein, diesen luziden Bereich hineingehen, so wie ich es vorhin beschrieben habe. Wenn es uns gelingt, diesen speziellen Frequenzbereich zu halten, dann eröffnet sich uns tatsächlich der gleichzeitige Zugang zu all unseren Selbsten, ja, es ist sogar möglich, sie miteinander zu vereinen. Solche Bewußtseinssprünge versetzen uns zumindest potentiell auch in die Lage, in die Zukunft blicken zu können.

In unserem Universum existiert eine *stehende Welle*, die das Universum von Anfang bis Ende praktisch verbindet (der Begriff *stehende Welle* wird unter Morpheus' Brain 11 genauer erklärt). Ähnlich dieser *stehenden* oder *Gravitationswelle* gibt es eine Zeitwelle, die praktisch von der Zukunft in die Vergangenheit und von der Vergangenheit in die Zukunft blickend läuft (Forschungsergebnisse von Dr. Hartmut Müller und Dr. Terence McKenna).

Das heißt: Dort gibt es Überschneidungspunkte, interessanterweise auch an den Punkten, die schon Müller entsprechend fixierte. Diese Knotenpunkte sind dann auch die Punkte, an denen sich die Aspekte aus der Zukunft mit denen der Vergangenheit in der Gegenwart treffen.

An solchen Punkten besteht die Möglichkeit, Chancen im Leben geboten zu bekommen oder Déjà-vu-Erfahrungen (Erinnerungen an die Vergangenheit) kurz einblicken zu können. Die wenigsten Menschen sind sich der Tatsache bewußt, daß das schon ein Aspekt aus der Zukunft ist.

Konsequenterweise ergibt sich dadurch potentiell auch die Chance, in der Vergangenheit etwas zu verändern, um eine andere Gegenwart zu schaffen und den Lauf der Weltgeschichte damit zu beeinflussen. In diesem Fall würde der Schleier des Vergessens verhindern, daß dieses Paradoxum auch ausgelöst werden kann. Dies gilt dann sowohl für die Vergangenheit als auch für die Zukunft.

Denn wenn du in die Zukunft blicken würdest, dann nicht aktiv in der Form, daß du in das Geschehen eingreifen könntest. Du bist eher Beobachter, wie in einem Film. Du nimmst lediglich wahr und kannst mit den gewonnenen Informationen wieder „zurückgehen".

Das bedeutet nicht unbedingt, daß du dich selbst sehen würdest, vielmehr handelt es sich dann um zukünftige Aspekte und die Summe aller Wahrscheinlichkeiten von dir selbst. Die Frage bleibt offen, ob sich in deinem Universum, in dem du dich jetzt gerade befindest, **unbeeinflußt von deiner „Zeitreise"**, anschließend etwas verändert. Wenn du hier nämlich weiterhin der Matrix folgst, dann wirst du sozusagen von ihr gesteuert. Durch einen „erwachten Geist" jedoch greifst du selbst in das Geschehen ein. Du bist diesem vorgegebenen Programm (Matrix), welches für dieses Universum am wirken ist, **entwichen.**

Dies erklärt auch eine Textstelle aus dem Bibelcode, die lautet: *„Werdet ihr es ändern?"* Damit hat der Bibelcode dann auch, zumindest für dich als „erwachten Geist", kaum oder keine Relevanz mehr. Bis zu einem bestimmten Zeitpunkt realisierten sich alle Prophezeiungen. Ab dem Zeitpunkt jedoch, an dem sich der Menschheit die Möglichkeit eröffnet, ihre Zukunft selbst zu generieren und zu verändern, werden die Prophezeiungen ungültig. Das alte Programm wird durch unser eigenes ersetzt. Wir haben hier durchaus eine Möglichkeit, unsere Realitätsbühne nach eigenen Vorstellungen zu gestalten, und damit unsere Zukunft nachhaltig zu verändern – und dies mit einem wesentlich höheren Freiheitsgrad als zuvor...

„Und wie sieht es denn mit den Naturvölkern aus?", magst du dich jetzt vielleicht fragen. Ihnen wird so etwas wie ein Sonderstatus gewährt, besonders den Schamanen und dem uralten (über 30.000 Jahre alt) Stamm der australischen Aborigines. Sie befinden sich auf einer völlig anderen Bewußtseinsebene als wir. Ihr Tagesbewußtsein, das sie als *Traum* sehen (und den Traum als Realität), ist mit unserem Traumbewußtsein vergleichbar. Diejenigen von ihnen, die nicht in die australischen Großstädte abgewandert sind und noch immer ihr altes Nomadenleben führen, befinden sich in diesem luziden oder Klartraumbereich, wenn sie träumen. Sie sind wirklich Akteure und Regisseure in ihrem eigenen Traum. Sie generieren ihren Traum und machen Spaziergänge, haben dort eine Familie, besuchen Freunde und so weiter. Für sie ist all dies pure Realität, ja, sogar unserer Tagesrealität übergeord-

net! Wenn sie am nächsten Tag weiterträumen, setzen sie einfach den Traum vom Vortag fort, setzen ihre gewünschten Veränderungen in Gang und leben all dies so real aus wie wir unsere Realität. Sie sagen: Ihr träumt und wir schlafen. Sie beherrschen die Kunst der Telepathie und verwenden unter anderem auch gewisse psychoaktive Pflanzen zur Unterstützung.

Wie soll man sich das nun alles vorstellen? Und was nützt einem die Erkenntnis über die Matrix überhaupt? Wie kann ich diese Erkenntnis umsetzen?

Gehen wir wieder ein wenig in der Zeit zurück. Eine Vielzahl von Entitäten machte hier auf unserer Erde, ja sogar in unserem Universum, ihren Einfluß geltend – ein jeder in seinem Bereich. Dieser Einfluß ist seit langer Zeit, zum Beispiel für uns Menschen, vorherrschend und überlagert und verdrängt die naturgemäßen Einflüsse der Ur-Matrix – des eigentlichen *Schöpfungsplans*. Und doch haben diese Entitäten unsere Seelen nicht erschaffen.
Verstehst du das?

Wir sind ja auch letztlich, genau wie diese Wesen, nur „Gast" in einem Kosmos, den weder *sie* noch *wir* erschaffen haben.
Zunächst einmal möchte ich mit dieser Darstellung an das erinnern, was offensichtlich vergessen wurde. Ich stelle eigentlich nichts Neues dar. Ich führe die Menschen lediglich in den Bereich der Erinnerung, und zwar dahin, wo jeder selbst für sich *erkennen* kann. Das setzt natürlich auch die Bereitschaft zu solch einer Erkenntnis voraus. Diese Bereitschaft wird dann für den einzelnen zum neuen Wegbereiter. Hierdurch entsteht eine Motivation, sich mit dieser Thematik umfassender auseinanderzusetzen. Eines Tages führt dieser Weg zum Ziel, indem man erkennt, daß eine manipulative Matrix existiert und wirkt, und zwar auf verschiedenen Ebenen. Die Gedanken, die allein durch diese Suche produziert werden, koppeln sich, wie wir bereits wissen, im

morphogenetischen Feld an und bringen somit potentiell für alle Menschen neue Inspirationen. Wir wachsen und reifen immer weiter, bis wir die Wissensfülle zur entscheidenden Erkenntnis bringen können.

Der nächste Schritt besteht dann in der Frage: Wie kann ich der Matrix entkommen? Wie schaffe ich es, meinen Freiheitsgrad zu erhöhen? Wie erkenne ich die Wirkung des Programms?

Allein indem wir all dieses Gedankengut, diese neuen Informationen zulassen, geschieht eine Bewußtseinsveränderung in uns selbst, und unsere Entwicklung macht einen Quantensprung. Unser Unterbewußtsein erhält zunächst einen Teilauftrag. Einen Teilauftrag, der abgespeichert und verankert ist und der dann irgendwo in der Latenz am Wirken ist und sich zum Beispiel in den Träumen darstellt. So artikuliert sich in der Regel das Unterbewußtsein und tritt dann in kleinen Gedankenblasen irgendwann einmal fragmentarisch (im Tagesbewußtsein) durch irgendeinen Auslöser zutage. Dieser Vorgang wird quasi automatisch ausgelöst. Alles mögliche kann für diesen Prozeß ein Auslöser sein: dieses Buch, eine Diskussion, ein Film... Dieser eine Auslöser reicht aus, um eine Erkenntnis in Gang zu setzen; auch dann, wenn keine weitere Information durch andere Auslöser hinzukommt. Denn dein Unterbewußtsein weiß, worum es geht und worum es nicht geht. Wir haben also hier im Sinne der Erinnerung dem Unterbewußtsein eigentlich nur eine erneute Bestätigung gegeben. Dadurch wird dieser Bereich des Unterbewußtseins verstärkt aufgerufen, und dieses Programm läuft immer wieder wie eine Art *Endlosschleife* ab.

Das ist also die „unterste Ebene", die damit am Wirken ist. Wenn wir uns jetzt nicht weiter mit diesen Dingen auseinandersetzen würden und stattdessen versuchen würden, einfach so weiterzuleben wie bisher (das Unterbewußtsein arbeitet automatisch weiter), dann würde es, je nach individueller Möglichkeit, relativ lange dauern, bis sich schließlich irgendwann unser eigener Freiheitsgrad und unser Ereignishorizont dahingehend im Rahmen unserer Wahrnehmung verändert. Aber erst dann beginnen wir, uns zunehmend aus dem künstlichen Bereich der Matrix auszukoppeln. Das ist *ein* Weg aus der Matrix.

Der andere Weg besteht darin, daß wir uns mit dieser Sache immer weiter auseinandersetzen, als Reaktion auf die Entscheidung, die wir selbst gefällt haben; das Ziel, das wir uns selbst gesetzt haben. Du sagst, so wie Neo: Ich möchte mehr wissen. Über die Aufmerksamkeit bringen wir unseren Fokus in die Richtung und erteilen hier auch gleichermaßen unserem Unterbewußtsein den entsprechenden Auftrag. Die Intensität wird dann von unten nach oben erhöht, und der Wirkprozeß beginnt aufsteigend von unten und bringt uns immer wieder kleine individuelle Bilder – Informationen, die sozusagen im Hauptprogramm inbegriffen sind. Und genau diese ganz individuellen Geschichten werden kleine Blasenfrequenzen beziehungsweise Gedankenfrequenzen wieder hochkommen lassen. Da erkennen wir dann: *„Aha, hier war etwas."*

Dies passiert in der Intensität, in der wir uns innerlich mit dem Thema beschäftigen.

Den sogenannten *Zensor* oder *Zweifler* sollte man nie außer Acht lassen. Ich halte ihn sogar für gleichberechtigt. Wenn er total ausgeschaltet würde, entstünde so etwas wie *Unstimmigkeit.* Denn Zweifel als Ausgleich ist durchaus naturgemäß.

Eine beständige Aufmerksamkeit für ein Thema, gleich ob es sich dabei um *Pro* oder *Contra* handelt, führt schrittweise zur Wahrheit und schließlich zur Erkenntnis. Denn das Unterbewußtsein steht dadurch und diesbezüglich im elektronischen Daueraustausch von Information.

Hier sind wir dann bei der darauffolgenden Ebene angelangt: Wir können, und das ist wesentlich, den Beschluß fassen, unser Leben zu ändern und beginnen uns zu überlegen, wie wir dabei vorgehen; wie wir uns mehr und mehr aus der Matrix auskoppeln und somit unseren eigenen Freiheitsgrad erhöhen. Unter anderem ist dies auch ein sehr effizientes Instrument, um sich dem heutigen gesellschaftlichen Umfeld und den vorherrschenden Sinnesüberreizungen zu entziehen. Diese Sinnesüberreizungen aller Art – wie etwa durch die Massenmedien verursacht – führen uns neurologisch gesehen „*von uns selbst weg*" und entfremden uns von unserer eigenen Identifikation. Wir *reagieren* eigentlich nur noch auf die Reize und können im Grunde nicht mehr *agieren*. Das *Agieren* ist der Eigenanteil, das *Reagieren* ist hingegen von außen beeinflußt. *Das ist die Matrix!*

Gedankenhygiene zu betreiben ist eine wichtige Unterstützung. Weniger Tratsch und Klatsch, weniger Werbung, weniger Fernsehen, Radio, Zeitunglesen...

Wir machen ein kleines Experiment:
Schließe jetzt bitte einmal für etwa zwanzig Sekunden deine Augen, und achte dann einmal auf deine Gedanken.

Hast du es getan? Gut, dann hast du also an irgendetwas gedacht, nicht wahr? Das Besondere daran ist nun, daß du gedacht hast und zusätzlich deine Gedanken auch beobachten konntest! Oder? Also war das, was deine Gedanken beobachten konnte, etwas Übergeordnetes.

Was meinst du, wer dieser Beobachter in dir war? Bitte denke einmal nach... Selbst jetzt, wo du darüber nachdenkst, ist dieser Beobachter vorhanden, jedoch nicht immer aktiv, stimmt's?

Ich möchte dieses wichtige Thema an dieser Stelle nicht weiter vertiefen, werde das aber später nachholen. Es ging ja zunächst darum, eine Art *Gedankenhygiene* zu betreiben, was natürlich voraussetzt, daß wir eine Beobachtung unserer Gedanken vornehmen können, was offensichtlich der Fall ist! Und dies ist der erste Schritt zur Bewußtwerdung.

Diese Selbstkontrolle führt wieder zu einer konzentrierteren Aufmerksamkeit und Selbstbesinnung. Die Klarheit, die man dadurch gewinnt, hilft dabei, die Matrix zu durchschauen und deinen Freiheitsgrad entsprechend zu erhöhen. Neurophysiologisch könnte man sagen, daß die Anteile des *Freien Willens* damit erhöht werden.

Fragen wir noch weiter:

Was ist dabei der Unterschied zu einem *Indigo-Kind*, das sich in Gedanken vorstellt, daß sich ein Löffel verbiegt oder eine Substanz aus Flasche A zu Flasche B wandert, was dann auch tatsächlich geschieht, weil es das gedanklich so will? Was ist der Unterschied zu einem australischen Aborigine, der einfach in seinem Traum selber regie-führend agiert und sich seine Realität dann dort auch kreiert?

Unter dem Begriff der *Indigo-Kinder* sammeln sich Kinder, die sich einerseits ihre Rückerinnerung an das erhalten haben, was vor der Geburt geschehen ist; Kinder, die telekinetische aber auch telepathische Fähigkeiten besitzen; aber auch solche, welche die Fähigkeit haben, die Aura eines Lebewesens zu sehen, mit Verstorbenen zu sprechen oder die Zukunft eines Menschen vorherzusagen. Darunter sind auch erstaunliche Botschaften aufgeführt, die solche Kinder von höherdimensionierten Entitäten erhalten haben und welche die Menschheit und die Entwicklung auf unserem Planeten in den nächsten Jahren betreffen. Diese Aussagen decken sich übrigens mit den neuesten wissenschaftlichen Erkenntnissen (siehe dazu *Die Kinder des neuen Jahrtausends* von Jan Udo Holey).

Kommen wir zurück zur Gedankenhygiene:

Die Gemeinsamkeit ist einfach, daß es im Grunde keinen Unterschied gibt und daß die Überzeugung jede Art von Zweifel außer Kraft setzt. Nur der Zweifler verhindert das tatsächliche Geschehnis; das innere Kind weiß gar nicht, daß das eigentlich von anderen bezweifelt wird. Es weiß, daß es passiert, wenn es daran denkt und einfach davon ausgeht, daß es passiert. Das alleine genügt bereits. Nur damit erschaffen wir wirkliche Realität *sofort*, auch in der Vierdimensionalität. Mit jedem Gedanken erschaffen wir eine Realität auf einer höherdimensionalen Ebene im Hyper-Raum, die in Form von Information abgespeichert wird. Um jedoch in der vierdimensionalen Ebene Realität zu erschaffen, bedarf es einer klaren Entscheidung über unser Bewußtsein und diesen Gedanken. Das heißt, man ist vollkommen davon überzeugt, daß dieser Gedanke *real* ist.

Die *Heisenberg'sche Unschärferelation* beschäftigt sich mit genau diesem Phänomen, das auch *Beobachter-Effekt* genannt wird. Genau in diesem Augenblick, in dem unser Blick auf etwas fällt, wird etwas überhaupt erst real. Dies ist eines der größten mystischen Experimente. Wir schaffen erst dann Realität, wenn wir denken. Erst dann ist es real, wenn wir es in unsere Wahrnehmung aufnehmen. Dadurch wird für uns etwas geschaffen, das vorher nicht vorhanden war.

In beeindruckender Weise stellt dieses Phänomen der Physiker Erwin Schrödinger mit seinem Katzen-Beispiel dar *(Schrödingers Katze)*. Der Nobelpreisträger Erwin Schrödinger schockierte 1935 seine Fachkollegen mit einer hypothetischen Geschichte:

Eine Katze wird in eine Stahlkammer gesperrt, zusammen mit folgender Höllenmaschine: In einem Geiger'schen Zählrohr befindet sich eine winzige Menge radioaktiver Substanz, so wenig, daß im Laufe einer Stunde vielleicht eines der Atome zerfällt, ebenso wahrscheinlich aber auch keines; geschieht dies, so spricht das Zählrohr an und betätigt über ein Relais ein Hämmerchen, das ein Kölbchen mit Blausäure zertrümmert. Hat man dieses System (ohne direkte oder indirekte Beobachtung oder Messung) sich selbst überlassen, so wird man sich sagen, daß die Katze noch lebt, wenn inzwischen kein Atom zerfallen ist. Der erste Atomzerfall würde sie vergiftet haben. Die Y-Funktion des gesamten Systems legt aber nahe, daß in ihr die lebende und die tote Katze zu gleichen Teilen gemischt oder verschmiert ist.[18]

Schrödinger beschreibt hier das gesamte System „Katze im Kasten" als Wahrscheinlichkeitswelle, die, bevor wir das System beobachten, gleichzeitig und am gleichen Ort in zwei widersprüchlichen Zuständen verweilt. Erst unsere Beobachtung läßt diese „Realität" zur „Wirklichkeit" des Beobachters kollabieren, wobei in keiner Weise feststeht, ob dieser mutmaßliche „Kollaps der Wellenfunktion" nur in unserem Bewußtsein oder in der äußeren Welt stattfindet. *Wie* das Ganze funktionieren soll und was sich dort eigentlich abspielt, weiß keiner genau; bekannt ist nur die Tatsache als solche. Jenseits aller physikalischen und philosophischen Diskussionen ist aber aus diesem Beispiel sicher zu folgern, daß unser Bild unserer Wirklichkeit nur sehr indirekt etwas mit der uns umgebenden Realität zu tun hat.

Ich empfehle jedem, sich mit diesen genialen Gedankenspielen näher zu beschäftigen. Ein konsequentes Ergebnis aus dieser Sichtweise wäre zum Beispiel: *„Die Menschen erschaffen durch ihre Beobachtung die entsprechenden Dinge in der Realität, wozu bereits der Wunsch oder ein Gedanke ausreicht, ähnlich, wie nach dem Prinzip ‚Schrödingers Katze'."* [3]

Vielleicht stellt sich hier die Frage, wie sich das bei geistig behinderten Menschen verhält, die ja anders denken und wahrnehmen als geistig *nicht* behinderte? Diese Menschen sind sehr oft direkt mit einer „anderen Ebene" verbunden, denn Gedanken und Sinneseindrücke werden auf verschiedenen Ebenen verarbeitet und abgespeichert, wobei Bilder auf einer höherdimensionalen Ebene angesiedelt sind als Gedanken. Gedankenbilder sind immer an Assoziationen gekoppelt. Assoziationen wiederum stehen in direkter Verbindung mit Bildern, Ereignissen und Empfindungen, die wir in bestimmten Situationen erfahren haben. Stellen wir uns als Beispiel unsere erste große Liebe vor und wie wir sie kennengelernt haben. Da tauchen in unserer Erinnerung Bilder und Gefühle automatisch zusammen auf. Dieses bildhafte Vorstellen ist von entscheidender Bedeutung, um etwas zu visualisieren und damit wiederum zu manifestieren. Dazu müssen wir uns das innere Bild vor Augen halten, es festhalten – und dann loslassen. Das innere Bild entscheidet über den Grad der eigentlichen Umwandlung in die Realität.

Nur ein Wort auszusprechen, reicht nicht aus.

In der „Princeton University" wurden solche Experimente durchgeführt. Die erste Versuchsstufe bestand darin, daß die Probanden (in diesem Fall Studenten) sich einfach auf ein bestimmtes Zahlen-Ereignis konzentrieren sollten und damit auch eine Beeinflussung dieses Ereignisses erreichten. Als einfaches Beispiel können wir uns das am besten vorstellen, wenn wir uns einen Würfelbecher mit fünf Würfeln visualisieren. Nachdem der Becher von einer Person geschüttelt wurde, bleibt er zunächst ungeöffnet. Damit ist für niemanden das Ergebnis erkennbar. Eine Woche später konzentriert sich eine Gruppe von Testpersonen auf eine bestimmte Zahl, die als Ergebnis erscheinen soll. Obwohl die Zeit von einer Woche vergangen ist und hier kein Einfluß der Telepathie stattgefunden haben kann, manifestiert sich in *dem* Moment, in dem der Becher gehoben wird, das gewünschte Ereignis.

In der nächsten Stufe wurde ein Zufallsgenerator zu Hilfe genommen. Versuche über größere Entfernungen waren Inhalt der darauffolgenden Schwierigkeitsebene.

Ein Zufallsgenerator, wie zum Beispiel ein *Geiger-Müller-Zähler*, zählt die Zerfallsrate von Elementen. Dies ist in sich bereits ein zufälliges Geschehnis. Statistisch gesehen, also nach der *Gauß'schen Verteilungsrate*, geschieht dies innerhalb irgendeiner bestimmten Zeit. Dies bezeichnet man als *Zufall*. Die Zufallsrate wird statistisch gemessen und ermittelt. **Die Statistik wiederum fiel meistens aus dem Rahmen der Wahrscheinlichkeit, wenn sehr viele Personen sich gleichzeitig auf etwas konzentrierten.**

In einem weiteren Versuch ließ man den Zufallsgenerator laufen und nahm die Ereignisse auf Tonband auf, und zwar so, daß keine einzige Person, nicht einmal der Versuchsleiter, das Ereignis erfahren konnte. Etwa drei Monate lang wurde dieses Ereignis in einem Tresor unter Verschluß gehalten. Nach Ablauf dieser Zeit wurden die Probanden gebeten, sich so zu konzentrieren, daß sie das Ereignis aufrufen konnten. Anschließend wurde der Tresor geöffnet und dieses Ereignis wurde zur Realität. Und zwar nur dadurch, daß tatsächlich niemand dieses Ereignis kannte, denn sonst wäre es bereits manifestiert gewesen, und zwar in dem Moment, in dem das Ereignis mit den Sinnen wahrgenommen wurde.

Dies ist eine Geschichte, die im Grunde genommen ein multidimensionales Ereignis darstellt. Rückwirkend und sogar zeitverschiebend fand also eine Veränderung statt.

Diese Effekte sind nicht nur unabhängig von räumlichen Distanzen, sondern sie überschreiten auch die übliche Einteilung unserer Erlebnisse in *Vergangenheit*, *Gegenwart* und *Zukunft*. Es ist möglich, die außersinnliche Wahrnehmung auf verschiedene Formen der Präkognitation (Voraussehen) zurückzuführen, in denen wir unserer eigenen Zukunft begegnen.

Ergebnisse dieser und ähnlicher Art wurden bereits zwischen 1935 und 1987 an unterschiedlichen Instituten durchgeführt. 309 Studien von 62 verschiedenen Wissenschaftlern, veröffentlicht in 113 Artikeln, sprechen mit **1025:1** gegen den Zufall!

Das bedeutet: Wir beeinflussen die Matrix und umgekehrt, also kann man hier von *Wechselwirkungen* sprechen. Dadurch wird auch nichts ausgeschlossen; *alles* ist möglich.

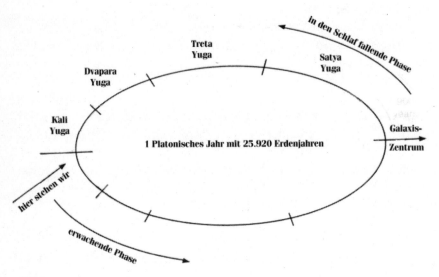

Abb.1:
Unser Sonnensystem benötigt für eine Umdrehung 25.920 Jahre – ein *platonisches Jahr* oder *Äon* genannt. Die Inder unterteilten dies in die *Yugas*, wobei als das *Kali-Yuga* (das finstere Zeitalter) der Zeitabschnitt genannt wird, zu dem sich unser Sonnensystem am weitesten vom Galaxiszentrum – der Kraft- oder Lebensquelle – entfernt befindet. Nun haben wir das *Kali-Yuga* gerade verlassen und kehren wieder zum Zentrum der Galaxis zurück. Eine Phase des „Erwachens" beginnt nun.

Wer sind wir Menschen eigentlich wirklich?

Wir sind ja nicht nur die Summe der Moleküle, die sich zu unserem Körper zusammengefunden haben. Wir sind auch nicht diese hilflosen Wesen, als die wir uns gelegentlich empfinden, wenn wir über das Wirken der Matrix aufgeklärt werden. Die Hilflosigkeit ist letztlich auch nur eine Illusion, denn wir haben ja das Potential aller Mächte dieser Welt – nur wir nutzen sie nicht. Wie ich bereits sagte, bietet sich uns als eine Möglichkeit der Traum, der im Grunde nichts als eine andere, von uns größtenteils ungenutzte Realitätsbühne ist.

Träume haben meistens eine ganz individuelle Bedeutung, besonders dann, wenn es sich um Gerüche handelt, von welchen nur sehr wenige Menschen träumen. Der Geruchssinn ist im ältesten humanoiden evolutionären Gehirnsystem angesiedelt, dem *limbischen System*, das man auch als *Reptilienhirn* bezeichnet. Die verlängerte Wirbelsäule ist noch ein Relikt davon. Was sich hier ansammelt, ist Millionen Jahre alt, und man spricht hierbei von *archetypischen Programmen, Mustern, Instinkten...* Diese Gerüche wiederum rufen dann Bilder auf den Plan und verdeutlichen so die Zusammenhänge.

Erinnern wir uns an das ursprüngliche Spiel der Polaritäten, das sich pyramidenartig mit an der Spitze angesetzten Ur-Polaritäten vollzieht. Wäre dieses Bewegen der *ersten Schöpfungsentitäten* ein gleichmäßiges, statisches Treiben, dann würde sich nichts bewegen. Die Verschiebung liegt also bedingt in der konstanten Fortführung von Entwicklung und Erfahrung, wie es vom Allschöpfer initiiert wurde. Diese Verschiebungen der *lichten* und der *dunklen* Seite drücken sich unter anderem durch die kosmischen Zyklen – im Hinduismus *Yugas* genannt – aus. In unserer Zeit bricht gerade ein neuer Zyklus an, und das *dunkle Zeitalter* des *Kali-Yuga* neigt sich seinem Ende zu. Ein neues Bewußtseinszeitalter, das *Wassermannzeitalter*, führt das kosmische Spiel in eine neue Richtung, beseelt von Entitäten, darunter auch wir Menschen.

Jeder hat dabei die Chance, dieses Spiel zu durchschauen, indem er erkennt, daß er die Polarität *hinter sich* lassen muß. Über die Liebe können wir uns neutralisieren, und wir sind frei. In der Physik wird dieses Phänomen unter anderem als die *Nullpunkt-Energie* bezeichnet, aus der sich sämtliche Materie gleich Energie erschließt.

Das, was die östliche Philosophie als den *Weg der Mitte* beschreibt, endet an dem Punkt, an welchem die Polarität keine Wirkung mehr besitzt. Potentiell kann sich jeder Mensch, im Grunde jede Entität, jederzeit für das Verlassen des „Spiels" entscheiden und für die Rückkehr zur Ur-Quelle.

Kannst du noch etwas mehr über die Anunnaki erzählen?

Die Anunnaki entstammen nach Aussage von Zecharia Sitchin dem Zwölften Planeten (Nibiru/Marduk). Dieser Nibiru tritt in einem Zyklus von 3.600 Jahren immer wieder in Erscheinung, denn diese Zeit braucht er zur Umrundung unserer Sonne. Immer wenn Nibiru eine bestimmte Erdnähe erreicht hatte, kamen die Anunnaki mit ihren Flugkörpern zur Erde, um sich erneut einen Überblick über ihr Schöpfungsprojekt zu verschaffen. Inzwischen ist aber davon auszugehen, daß sie *jederzeit* zu uns kommen können beziehungsweise permanente Stützpunkte auf der Erde haben, da ja auch ihre Technik über die Jahrtausende weiterentwickelt worden ist.

Ihr Erscheinen auf der Erde wird jedenfalls durch die alten sumerischen Tontafeln und Piktogramme recht eindrucksvoll belegt. Es werden darauf affenähnliche Wesen gezeigt, deren DNS-Stränge die Anunnaki mit ihren eigenen kreuzten und zu einer neuen Rasse formten – dem *Homo sapiens*. Sie brauchten – wie wir inzwischen wissen – eine Art Sklavenrasse zum Abbau von Gold (vor allen Dingen im heutigen Südafrika), welches sie angeblich zur Aufrechterhaltung ihrer Stratosphäre benötigen. Auch diesbezüglich wurden bei den alten Sumerern genaue Skizzen gefunden. Interessanterweise wurde in Südafrika auch der bisher älteste bekannte Menschenfund gemacht. Ebenfalls fanden Archäologen in alten Goldminen Artefakte, die in keine bekannte Zeitepoche einzuordnen sind. Vorsichtige zeitliche Datierungen dieser Artefakte liegen bei einhunderttausend bis mehrere Millionen Jahre zurück.

Tatsächlich sind unseren heutigen Genetikern einige Merkwürdigkeiten an der menschlichen DNS aufgefallen. Zum einen ist der Vorgang des Alterns genetisch betrachtet immer noch ein besonderes Phänomen. Der Zellteilungsprozeß vollzieht sich zunächst in einer Phase des Aufbaus, und „plötzlich" setzt, wie von Zauberhand, der Alterungsvorgang ein. Verantwortlich ist dafür ein spezielles Gen. Die genauen Gründe hierfür sind absolut unbekannt, geht man eigentlich eher davon aus, daß der Mensch genetisch gesehen das Potential für ein weitaus höheres Alter besitzt (bis zu mehreren hundert Jahren), ähnlich wie es im Alten Testament beschrieben ist.

Ein weiteres ungelöstes Rätsel für unsere Genetiker ist das sogenannte *C-Wert-Paradoxon*. Hierunter versteht man, daß die menschliche DNS nur zu zwei Prozent aktiv ist. Das heißt: Ein Großteil der menschlichen DNS ist inaktiv, ist also irgendwie „Müll", ist ungeordnet, als chaotisch zu betrachten, und keiner hat irgendwie eine Antwort auf dieses Phänomen. Eine Frage und ein Phänomen, für das wir ebenfalls in den Schriften der Sumerer Erklärungen finden.

Dreitausend Jahre alte Piktogramme aus Ägypten zeigen detailliert den Prozeß einer Zellteilung, einer Mitose! Das Verblüffende ist dabei, daß uns dieser Mitose-Vorgang erst seit wenigen Jahren bekannt ist; erst seit es die ersten besseren Mikroskope gibt. Des weiteren ist auf diesen Steinzeichnungen unmißverständlich der Prozeß des Klonens verewigt.

Diese alten ägyptischen Piktogramme sind mit einem Hieroglyphentext unterlegt, aus dem hervorgeht, daß die „Götter" kamen und diese Genetik verwendet haben, um je zu einer Hälfte aus dem alten Ur-Menschwesen und ihrer eigenen Rasse eine neue Rasse zu schaffen – den *Homo sapiens*.

Es scheint dabei auch offensichtlich zu sein, daß bei diesem Klonvorgang die DNS des *Homo sapiens* beschnitten wurde, wir also gezielt „*dumm*" gemacht wurden und durch diese Beschneidung auch unsere Lebensspanne erheblich kürzer ist als die unserer „Schöpfer" – der Anunnaki.

Nibiru liegt von seinem Radius her weiter von der Erde entfernt als Pluto. Astrophysikalische Beobachtungen legten immer schon die Vermutung nahe, daß es noch einen weiteren Planeten geben müsse, aber es war bislang nur möglich, *indirekte* Nachweise für seine Existenz zu liefern. Dies geschah durch ins All geschickte Sonden, zum Beispiel zum Mars oder Jupiter. Ihr Flug führte jedoch immer weiter hinein ins All, und auch ihre Funksignale zur Erde konnten weiterhin empfangen werden. Durch für uns unerklärliche Anomalien wurden sie allerdings von ihrer eigentlichen Flugroute abgelenkt. Nur durch Einbeziehen einer starken Gravitation konnte eine Erklärung gefunden werden. Das bedeutete, daß es einen massiven Körper gegeben haben mußte, der so viel Gravitationskraft ausübte, daß die Sonde dann ihre Vorzugsrichtung entscheidend veränderte, je weiter sie in eine bestimmte Richtung flog. Solche Vorkommnisse geben indirekte Hinweise auf das Vorhandensein eines weiteren Planeten.

Nach wissenschaftlichen Erkenntnissen fragt man sich nun sicher, wie auf einem solchen Planeten, auf dem mit Sicherheit tiefere Temperaturen als auf der Erde anzunehmen sind, Wesen leben können?

Den sumerischen Texten ist zu entnehmen, daß der technische Fortschritt der Anunnaki derart weit ist, daß sie diese Probleme technisch gelöst haben. Ebenso ist den Texten entnehmbar, daß ihre Lebensspanne derart hoch ist, daß sie für uns in den Bereich des Unglaublichen gedrängt wird (sumerische Texte). Davon abgesehen ist es nicht unwahrscheinlich, daß sie sich unter der Oberfläche ihres Planeten aufhalten.

Anfang 1999 veröffentlichte die NASA einen Artikel über ein merkwürdiges Phänomen. Es ging darin um ein gesichtetes Objekt, welches mit „Mystery" umschrieben wurde. Dieses Objekt stellte sich auf der einen Seite wie eine Sonne und auf der anderen Seite wie ein Planet dar. Die Größe wurde auf etwa das Dreifache unserer Erde geschätzt, und man fand offenbar auch heraus, daß dieser Körper sogar seine Flugbahn verändern konnte, was ihn natürlich noch merkwürdiger erscheinen ließ.

Es gab ein freigegebenes Photo auf der NASA-News-Seite, auf dem dieses Objekt als ein rötlich schimmernder Planet zu erkennen war. Was für die besondere Brisanz dieses Bildes spricht, ist, daß es innerhalb weniger Minuten wieder aus dem Netz entfernt wurde. Im nachhinein sind dann auch die ersten Veröffentlichungen nicht mehr abzurufen gewesen, was normalerweise bei älteren Arbeiten durchaus geht.

Man könnte, in Anbetracht solcher Ereignisse, tatsächlich davon ausgehen, daß es sich bei diesem planetenähnlich erscheinenden Objekt durchaus um den vermuteten Heimatplaneten der Anunnaki handeln könnte. Zu deutlich waren die sumerischen Beschreibungen und Piktogramme in bezug auf das Datum und den Ort dieses Planeten und die tatsächlichen Beobachtungen der NASA.

Wenn wir nun davon ausgehen, daß es sich bei diesem Objekt um Nibiru handelt, den Heimatplaneten einer Rasse, die der historischen Überlieferung nach als „Götter" bezeichnet wurde, dann wäre diese Beobachtung von sehr großer Tragweite.

Kannst Du bitte noch etwas näher auf den Sinn der Polarität eingehen?

Ohne das Vorhandensein der Polarität mit ihren Belegungen von *positiv* und *negativ*, *gut* und *böse* und so weiter, kann die ganze Materie und das gesamte physikalische Universum nicht funktionieren.

Die physikalischen Ladungsträger (zum Beispiel *Proton* und *Elektron*), die als Vertreter der Polaritäten zu verstehen sind, halten die kosmische Bewegung überhaupt erst aufrecht. Im Grunde ist alles, was wir kennen, von Gegensätzen durchzogen. Ebenso entsprechen auch alle gedachten Gedanken einer Matrix, da sie von denkenden Wesen erschaffene Strukturen sind.

Es wird oft behauptet, daß die Energie der Aufmerksamkeit folgt beziehungsweise die Aufmerksamkeit der Energie. Und die durch Aufmerksamkeit geführte Energie, also der **konzentrierte Gedanke**, ist Energie, die letztlich zur Materie wird – offenbar wurden auf diese Weise die Universen geschaffen. Dabei ist es hilfreich zu erkennen, daß ein Programm – eine Idee beispielsweise – immer auch eine Entsprechung in der Materie besitzt. Die Hardware wäre somit das erschaffene materielle Universum und die Software der Gedanke, aus dem es erdacht wurde.

Da die Ur-Matrix vom Allschöpfer selbst erschaffen wurde, ergibt sich logischerweise daraus, daß sämtliche anderen Wesenheiten (ob die ersten Schöpfungsentitäten, die Anunnaki oder andere Wesenheiten) nichts weiter als Akteure **innerhalb** der Matrix des Ur-Programms sind. (Was immerhin einigermaßen beruhigend ist...)

Diese Matrix setzt sich also immer weiter in einer Art Endlos-Entwicklung von gesammelter Erfahrung fort, wobei stets alle Programme durch bestimmte Berührungspunkte miteinander in Verbindung stehen, die wiederum von den diversen Entitäten und uns selbst durch den Austausch kreiert werden – beispielsweise auf persönlicher Ebene zwischen zwei Menschen, die kommunikativ aufeinandertreffen. Was natürlich dabei besonders zu beachten wäre, ist, daß die zahlreichen Programme unterschiedlichen Dimensionen zugeordnet sind. Das bedeutet natürlich auch, daß hier unterschiedliche Hierarchien gelten.

Dementsprechend wäre die Energie der *Ur-Matrix* so etwas wie *reine Liebe*, in der keine Polarität existiert. Mit dieser Liebes-Matrix sind alle Wesen wie durch eine Art *Nabelschnur*, zumindest potentiell, ewig verbunden. Und es gibt diese Nabelschnur tatsächlich: Sie wird von den Mystikern als die *Silberschnur* bezeichnet.

Wenn wir schlafen, schalten wir unser Bewußtsein aus, und das Denken hört auf. Deswegen sind wir aber noch lange nicht untätig. Mit Eintritt des Schlafes verläßt der Seelenkörper den physischen Körper und bewegt sich im feinstofflichen Bereich. Hat sich der Seelenkörper vom physischen Körper gelöst, ist er nur noch durch die *Silberschnur* mit diesem verbunden. Die Silberschnur, ein silbrig schimmerndes Energieband, ist sozusagen die *Nabelschnur* der beiden Körper, auch mit einem Stromkabel vom Jenseits zum Diesseits vergleichbar. Stirbt ein Mensch, löst sich die *Silberschnur* vom materiellen Leib, und die Lebensenergie zieht sich zurück. So wie das Abtrennen der Nabelschnur von der Mutter die Geburt in ein physisches Leben bedeutet, so ist das Abtrennen der *Silberschnur* vom physischen Körper die Geburt im Jenseits – also auf einer höherschwingenden Ebene –, einer anderen Dimension.

Für die Computer-Freaks möchte ich ein anderes Beispiel wählen, das vielleicht noch etwas einprägsamer ist: Stellen wir uns den Allschöpfer als den Zentralcomputer vor, von dem aus Millionen von Kabeln zu den einzelnen Terminals abzweigen beziehungsweise der PC-Benutzer über das Internet auf die Hauptdatenbank zugreifen kann.

De facto ist es so, daß die Hauptdatenbank des Zentralcomputers absolut *immer* und für *jeden* zugänglich ist. Doch wenn ein einzelner Benutzer sein Paßwort vergessen hat, so kommt er nicht an die Daten heran. Der Schuldige wäre dann also nicht der Zentralcomputer, sondern der Endbenutzer.

Übertragen wir dies nun wieder auf unser Schöpferspiel, so ist der Allschöpfer („Gott") immer über die *Silberschnur* – auch als *Seelenband* bezeichnet – mit allen seinen unzähligen Geschöpfen verbunden und ist auch jederzeit kontaktierbar. Doch die meisten Geschöpfe haben das „Paßwort" vergessen und fühlen sich – auch zurecht – von der Schöpferkraft abgeschnitten; doch die Trennung kam nicht durch den Allschöpfer, sondern durch die einzelnen Seelen, die sich durch lieb-*loses* Handeln von ihm abgewandt haben. (Davon abgesehen, daß sehr viele Menschen gar nicht an die Existenz eines Allschöpfers glauben. Das wäre im Computer-Jargon ausgedrückt so, als würde jemand behaupten, es gäbe das Internet nicht, obwohl bereits Millionen weltweit darin surfen...)

Es fehlt also den meisten Menschen das „Paßwort" für die Schöpferkraft. Doch dieses ist ziemlich einfach herauszufinden: Wir müssen nur mit der Schöpferkraft in Resonanz treten – nach dem lateinischen *resonare* = zurückschwingen –, und der Kanal ist offen. Ähnlich ist es bei den Saiten eines Klaviers. Wird eine Stimmgabel des Tones „C" angeschlagen, so beginnen alle „C"-Töne des Klaviers in Resonanz zu treten und mitzuschwingen. Alle anderen Saiten bleiben unberührt und bewegen sich nicht – klar, weil sie ja nicht in *Resonanz* sind.

Dasselbe haben wir bei einem Radio. Alle Frequenzen und Bänder sind permanent von jedem auf der Welt abrufbar, habe ich jedoch kein Radio, so höre ich nichts. Und stelle ich, falls ich eines haben sollte, UKW ein, so höre ich keine Langwelle und umgekehrt...

Kommen wir nun wieder zurück zu unserem „Allschöpfer-Paßwort": Wollen wir mit dem Allschöpfer wieder „eins-sein", so müssen wir nur in Resonanz mit ihm treten, was wiederum bedeutet, daß wir dieselbe Energie verspüren und mit uns selbst sozusagen als *Stimmgabel* anschwingen müssen, die der Allschöpfer aussendet, und das ist... die Liebe!

Und wieso gerade die Liebe? Weil der Allschöpfer diese empfunden hat und empfindet, während er schöpft. Das ergibt sich aus der logischen Konsequenz des „Gesetzes der Kausalität" heraus, das jedes Lebewesen tagtäglich erfährt.

Es ist das Gesetz von *Ursache und Wirkung*. Man kann es auch durch den Satz ausdrücken: „*Was man sät, das erntet man*" oder „*Wie man in den Wald hineinruft, so hallt es zurück*". Nach dem Gesetz des Säens und Erntens wird man, wenn man Destruktives sät, auch Destruktives ernten. Sät man Ärger und Haß, wird man auch diesen ernten. Pflanzt man Weizen in die Erde, wird man hundertprozentig auch Weizen bekommen und keinen Roggen. Und je nachdem, wie man seine Saat pflegt und ihr Aufmerksamkeit schenkt, desto besser und größer wächst sie, egal welche Saat es ist.

Man nennt dieses Gesetz auch das *Gesetz des Ausgleichs* oder auch das **Gesetz des Karmas** (sanskrit – *karma: die Tat*; wird aber auch als

Weg des Dienens übersetzt). Es beruht darauf, daß wir Menschen ein richtiges Verhalten nach den Gesetzen des Allschöpfers offenbar nur dadurch erlernen können, daß wir genau das, was wir anderen Lebewesen angetan haben, zu einem späteren Zeitpunkt selbst zu spüren bekommen. Das ist keineswegs eine Bestrafung, wie dies oft von Kritikern oder Unwissenden gesehen wird. Es dient vielmehr der seelischen Reifung durch Erkennen und Begreifen in der Erfahrung. Dieses Gesetz sorgt dafür, daß jeder Mensch so lange mit dem gleichen Problem konfrontiert wird, bis er dieses gelöst hat. Hierdurch wird jeder Gedanke, jedes Gefühl und jede Tat unsterblich und kommt wie ein Bumerang auf uns zurück. Es fordert vom Menschen die volle Verantwortung für sein Schicksal.

Und genau hieran erkennen wir das Bewußtsein und die Größe des Allschöpfers. Nur wer selbstlos liebt, kann solch ein wunderbares Gesetz wie das der Kausalität erschaffen, da es das gerechteste ist, was geschöpft werden kann. Niemand belohnt oder bestraft uns – wir selbst tun es, indem wir das ernten, was wir selbst gesät haben...

Kommen wir aber zur Aussage zurück, daß wir alle mit dieser Matrix des Allschöpfers verbunden sind:

Nehmen wir beispielsweise einen Menschen, dann sind in unterschiedlichsten Dimensionen unterschiedliche Aspekte von diesem Menschen angesiedelt. Von dort aus wirken, meistens unbewußt, diese unterschiedlichsten Dimensions-Programme auf den Menschen ein.

Je weiter sich die Aspekte von diesem Beispielmenschen innerhalb der Dimensions-Hierarchien (ähnlich einer Pyramide) ansiedeln, um so unpersönlicher werden sie auch. Mit anderen Worten: Die absolute Persönlichkeit tragen wir in der dritten Dimension im Tagesbewußtsein. Doch bereits in unseren Träumen verlieren sich diese persönlichen Anteile zunehmend. An den Träumen ist bereits gut zu erkennen, wie relativ das menschliche Ego als Vertreter der Persönlichkeit letztlich ist. In den Traum-Ebenen sind sich bereits wesentlich mehr Aspekte von ihnen bewußt, da sich hier bereits die vierte Dimension der Zeit verliert.

Gehen wir den nächsten Schritt, den wir uns als *den Tod* vorstellen können, so löst sich dieses *künstliche Ego* zunehmend weiter auf. Von hier aus setzen wieder besondere Programme ein, auf die ich im Folgeband weiter eingehen werde. Wichtig ist an dieser Stelle lediglich, daß es sehr unterschiedliche Aspekte von uns allen in unterschiedlichen Dimensionen und wahrscheinlich auch in unterschiedlichen Universen gibt. Dabei sollte immer bedacht werden, daß auf der „höchsten Ebene" alles wieder zusammen als EINS existiert. Zwar könnte man jetzt behaupten, daß sich doch nach dieser Darstellung alles *zerteilt* hat, und daß etwas, das auseinandergegangen ist, nicht gleichzeitig auch zusammensein kann. Die Lösung verbirgt sich jedoch hinter den Strukturen der höheren Dimensionen!

Betrachten wir uns hierzu nochmals die bekannten drei Dimensionen, die ja nur durch die vierte Dimension, die Zeit, lebendig werden (Bewegung ist Lebendigkeit). Jede von hier aus übergeordnete Dimension ist bereits außerhalb beziehungsweise „oberhalb" der Zeit (also höher als die vierte Dimension). Von der „obersten" Dimension aus betrachtet, also über der X12 (nach dem Schaubild von Burkhard Heim, siehe Morpheus' Brain 6), ist weder Zeit noch Raum vorhanden, und daher kann auch niemals etwas wie *Zeit* und *Raum* vergangen sein.

Jeder Mensch besitzt nun ebenfalls Aspekte, die in einem Zusammenhang mit anderen Entitäten stehen. Selbst das, was wir uns als Erzengel, die Anunnaki oder gar einen „Teufel" vorstellen, sind somit Teile und Aspekte von *uns selbst*. Im Alten Testament wird vom *Ebenbild* Gottes gesprochen – in diesem Fall von den Anunnaki –, doch auch dieses ist wieder das Ebenbild von etwas, das es erschaffen hat... und so läßt sich das bis zur höchsten Ebene der Wesenheiten hin erweitern.

Eine weitere Darstellungsform der kosmischen Ursprungsgeschichte findet sich in einem elementar-physikalischen Modell:

Ein Ur-Elektron besteht aus nichts als sich selbst. Allein sein Wunsch der Selbst-*Erkenntnis* schafft bereits ein in diesem Falle erstes Energiepotential in Form einer Art potentiellen Spiegelung und wird damit zu einer Polarität aufgebaut, die dann wiederum zu einer Reflektion führt. Diese erste Reflektion bewirkt die erste Trennung vom Ganzen. Das entspräche dann der *Ur-* oder *Erst-Trennung*, dem *Anfang von Allem*. Das wäre der Beginn der Schöpfung, der *Erst-Ur-Knall* sozusagen...

Diese Wechselwirkung setzt sich nun im folgenden immer weiter fort. Die sich explosionsartig ausbreitenden Teilchen befinden sich von nun an in einer Trennungsphase. Aus der Elementarphysik ist bekannt, daß immer, wenn einzelne Teilchen miteinander in Wechselwirkung treten, damit auch Information ausgetauscht wird. Ganz besonders trifft das auf die Elektronen zu. Diese Elektronen, die dann irgendwann genügend Informationen „angesammelt" haben, formieren sich durch ihr eigenes Wissen beispielsweise zu Atomen, diese durch ihr eigenes Wissen später zu Molekülen und schließlich zu komplexen Systemen wie Lebewesen. Diese setzen sich wiederum aus bewußten Elektronen zusammen – und so ist die Kette geschlossen.

Potentiell und tatsächlich kann jedes Elektron aus sich heraus einen eigenen Schöpfungsprozeß hervorrufen. Ein jedes Teilchen, wie beispielsweise das Elektron, ist in der Lage, quasi unendlich viele Informationen zu speichern. Doch nur durch den Prozeß der „Begegnung" mit einem Partner (einem anderen Elektron) führt das abgespeicherte Wissen auch zu so etwas wie *Bewußt-Sein*. Natürlich ist diese „Begegnung" nicht von einer direkten Art, denn es findet kein direkter Kontakt zwischen diesen Elektronen statt (beide sind *negativ* geladen). Diese „Begegnung" vollzieht sich also durch je ein Photon (Feynman). Und Photonen sind bekanntlich quantisierte Licht-Einheiten.

Wie heißt es im Alt-indischen so schön: *„In dir ist das Licht"*, wobei dieses im wahrsten Sinne des Wortes zu verstehen ist.

Mit dieser Feststellung wenden wir uns nun wieder den Religionen zu, um ihre geschichtliche Rolle zu klären. Letztlich sind Religionen nichts anderes als künstliche, von Polaritätsvertretern der höheren Dimensionen geschaffene Instrumente, wobei die *Herren der künstlichen Matrix* etliche dieser Glaubensdogmen auf der Erde verankerten, deren

Auswirkungen wir immer noch unterworfen sind. Ihre Gesinnung spiegelt sich in vielen unserer Religionen wider, die mehr oder weniger Dogmen darstellen und unser gelenktes Leben durchziehen.

Mein Freund, hat dich in der westlichen Welt irgend etwas mehr geprägt als die zehn Gebote? Woher weißt du, was Sünde ist? Seit wann fühlst du dich „schuldig"?

Du bist im Würgegriff der Matrix. Also befreie deinen Geist!

Die Naturvölker folgen beispielsweise eher den *natürlichen* Gesetzen der Erde, die ihrem eigenen, für uns unbeeinflußbaren Rhythmus folgen, wie sie es immer taten, schon bevor die Erde belebt war. Man könnte es auch so ausdrücken: nämlich daß die Erde durch die Naturgesetze ihre *eigene* Religion besitzt. Unter *Naturgesetzen* verstehen wir die naturgemäßen Strukturen, die sich außerhalb künstlicher Strukturen bewegen. Die Menschen überbewerten letztlich eine bestimme Ebene der Religion und bevorzugen jeweils in der Tradition des Landes, in dem sie gerade leben, die entsprechende. Aber sie fühlen auch in sich, daß es noch eine übergeordnete „Religion" geben muß, die über allen auf der Erde bekannten Richtungen steht (das Wort *religio* beinhaltet ja auch die *Rückkehr – religiare*).

Gott hatte schon lange die Dimensionen und auch die Erde erschaffen, lange bevor der Mensch versuchte, Gott in ein religiöses Dogmen-Kästchen einzusperren.

An dieser Stelle stellt sich dann auch die Frage, wie die Menschen zum „unbeeinflußten" Wissen gelangen könnten und welche Bedeutung damit der zwölfdimensionale Raum einnimmt.

Du gehst so selbstverständlich und locker mit den Dimensionen und dem Hyper-Raum um. Woher nimmst du diese Sicherheit, dieses Wissen? Existieren Beweise oder glaubwürdige Hinweise dafür?

Diese erklären sich im hauptsächlichsten Sinne durch die Mathematik von Burkhard Heim, die eben diesen zwölfdimensionalen Raum

fordert. Seine Arbeit ist noch wesentlich anspruchsvoller als die *Super-String-Theorie* von Stephen Hawking und Kollegen.

Burkhard Heim hat tatsächlich das geschafft, was von allen Physikern angestrebt wurde, nämlich die *große Vereinheitlichung* zu lösen. Das heißt: **alle physikalischen Grundgrößen miteinander zu vereinen.**

Bisher hörten wir etwas über die Materie im kosmischen Spiel, wobei Computer als Beispiel für „wissenstragende Teilchen" erwähnt wurden... Doch wie ist das bei etwas Lebendigem, lebendiger Intelligenz zu verstehen?

Die Dynamik innerhalb eines Programms zeigt, daß es in der Lage ist, sich selbst zu erkennen und somit eine eigene Intelligenz besitzt.

Bisher haben wir lediglich von Energie und Materie gesprochen, jedoch nicht vom Geist. Ich meine jetzt nicht den Geist im Sinne von Gedanken, die permanent wirken und das Spiel am Leben erhalten, also nicht nur Informationen.

Jeder Gedanke ist etwas Erschaffenes, eine Schöpfung, und wird im morphogenetischen Feld gespeichert, das wir uns auf unserer Ebene wie eine Art Großrechner vorstellen können. Dort werden sämtliche Informationen gespeichert, bearbeitet und liegen dort als ein abrufbares Programm vor. Jeder Mensch besitzt in diesem „Großrechner" seine eigene Festplatte mit seinen abgespeicherten Daten – in diesem Falle Gedanken. Dieses gesammelte Wissen wird oft auch als die bereits beschriebene *Akasha-Chronik* bezeichnet. Von dieser Stelle aus wird die gesamte Wissensansammlung erneut weitergeleitet an die nächsthöhere Instanz, an die höherdimensionalen Programme.

Aus dieser Sichtweise heraus existieren jedoch nicht nur die persönlichen Gedanken und Bilder, sondern zusätzlich noch so etwas wie ein *Seelen-Aspekt*. Unter *Seelen-Aspekt* verstehe ich eine Essenz der Ur-Quelle, also aus der ersten Schöpfungsebene. Es ist das, was uns alle letztlich immer mit dieser Quelle verbindet (wir erinnern uns an das

Beispiel mit der *Silberschnur*). Grotesk klingt hingegen natürlich, daß selbst diese Eigenschaft, dieser Zustand, von der strengen Mathematik des zwölfdimensionalen Raumes gefordert wird. Die Seele *rechnet sich* sozusagen.

Sämtliche Materie und alle Entitäten verfügen über diese Anbindung in irgendeiner Form. Und es ist sogar davon auszugehen, daß sich diese Seelen-Aspekte als eine Ur-Energie-Form darstellen. Das wäre dann die Energie, die überhaupt erst eine Bewegung (=Temperatur) der Materie hervorruft. Ja, sogar ein Elektron könnte sich ohne diesen Energiefunken der Ur-Energie nicht einmal um seinen eigenen Kern drehen.

Es gibt viele, sehr ernstzunehmende Physiker, die an dieser Stelle von *Liebesenergie* sprechen – gleichbedeutend mit der *Vakuum-Energie*, die von anderen auch *Null-Punkt-Energie* genannt wird.

Wenn wir am Anfang von dem *großen Vergessen* gesprochen hatten, dann handelt es sich hierbei um ein Vergessen, das sich einem direkten, abrufbaren Wissen entzieht. *Vergessen* bedeutet in diesem Fall, daß etwas latent Vorhandenes nicht im aktuellen Fokus steht. Es ist zwar vorhanden, jedoch nicht greif- und abrufbar.

Der Mensch bezieht sein Wissen lediglich aus dem Bewußtsein, was ihn zu einem funktionierenden Wesen macht. Im Rahmen seines Umfeldes und seiner Aufgaben legt er eine eigene Datenbank an, auf die er in der Regel immer zurückgreifen kann. Der jedoch wesentlich größere Wissenspool bleibt dem Alltags-Bewußtsein verborgen.

Ganz anders ist das hingegen mit dem *Unter*-Bewußtsein. Diesem steht ein nahezu unbegrenzter und direkter Zugang zu dem großen Wissenspool zur Verfügung – der *interkosmischen Datenbank*.

Die Seele wiederum ist etwas, was sich der Möglichkeit der Beschreibung entzieht, da sie außerhalb des Universums und außerhalb der physischen Seinsform steht. Der *Allschöpfer* ist mit der *Seele* gleichzusetzen, und daher entzieht sich diese Energie aller Vorstellbarkeit und ist auch nicht **aktiver** Teil des Spiels. Die Seelenenergie und ihre

Ur-Sehnsucht der Rückkehr bieten jederzeit die Möglichkeit des Ausstiegs aus der Matrix, ähnlich wie die Telefonverbindung im gleichnamigen Film.

Selbst-Erkenntnis ist der entscheidende Moment, der uns dazu befähigt, unsere eigene, uns schon immer innewohnende Macht wieder ganz zu übernehmen. Damit erheben wir uns selbst in die höchste Schöpferebene und werden zum Programmgestalter. Erleuchtung nennen wir auch das vollkommen bewußte *Ein-Gehen* in das EINE.

Hier sollten wir auch klar zwischen dem *Ego* und dem *Selbst der Seele* unterscheiden. Das *Ego* ist eigentlich ein künstlich illusionärer Selbstbezug, der den Menschen in der Form anerzogen wurde, daß sie sich als *sich selbst* wahrnehmen und auch damit identifizieren können.

Das Ego ist damit genau der Teil im Menschen, der ihn versklavt.

Wissenschaftliche Untersuchungen ergaben, daß in den ersten vier Wochen nach der Geburt entscheidende Weichen gestellt werden. Das Gehirn wird von bestimmten Wirkstoffen (Neurotransmittern, speziell Tryptamin) durchflutet. Diese Stoffe stehen auf der Drogenindexliste ganz oben. Die makabere Schlußfolgerung müßte also in einem Verbot von Babys bestehen... oder zumindest müßten sie unter Verschluß gehalten werden ☺. Dieser Zustand, in dem sich die Babys befinden, beinhaltet die vollständige Anbindung an die *interkosmische Datenbank*. Sie sind in einem Zustand der „IST-HEIT" und Egolosigkeit des Seins.

Erst mit zunehmender Konditionierung und Erziehung gestaltet sich das Ego. Genau in dem Maße, in dem die Prägung des Menschen (des Babys) einsetzt, verliert er den Zugang zu den Quell-Daten. Und, was erstaunlich ist: Mit zunehmender künstlicher Prägung verringert sich auch dieser **verbotene** Wirkstoff im Gehirn.

Von der intuitiven Gehirnhälfte wechseln die Menschen dann immer mehr zur Verstandeshälfte, bis eine Art Verkümmerung der Seelenanbindung ihnen eine Pseudo-Realität vorspiegelt – und die künstliche Matrix sie damit eingefangen hat.

Dieser sich zunehmend erweiternde Ego-Zustand und die Wahrnehmung, welche die Menschen von sich selbst mittels ihrer Gefühle haben, sind nicht mit ihrem Körper gleichzusetzen. Der Körper ist nichts weiter als ein Nebeneffekt beziehungsweise Nebenprodukt des Seins und somit ein Instrument – so wie auch die Sinnesorgane die Funktion eines Sensors haben. Aufgenommene Daten werden abgetastet und in künstlich geschaffenen „Archiven" verpackt; und diese Illusion erstellt sich nun eine Scheinwelt, die – und das ist das Problem – für *einzig real* gehalten wird!

Die Masse der Menschen hat irgendwann einmal angefangen, den natürlichen Weg zu verlassen, bis sie ihn schließlich ganz vergessen hat. Jetzt halten die Menschen das sehr schmale Spektrum ihrer Wahrnehmung, ihres Ereignishorizontes, für die einzige Realität.

Sieh genau hin, und du siehst, daß das, was wir für eine *zivilisierte Welt* halten, ein seelen- und gefühlloses Dahinleben ist und sich zunehmend zu einer immer einsameren Funktionalität reduziert.

Was wäre, wenn wir den besonderen Zustand, in dem sich die Babys und Kleinkinder befinden, beibehalten könnten? Schließt das „Angekoppelt-werden" an diese Welt eine solche Wahrnehmung wirklich aus?

Dieser besondere Wirkstoff im Gehirn der Babys steht tatsächlich in einer engen Beziehung zur Entwicklung des menschlichen Nervensystems. Dieser Wirkstoff verwandelt das Nervensystem in eine Antenne für die natürlichen Frequenzen und sorgt so dafür, daß die Menschen sich naturgemäß verhalten.

Wie der Biochemiker und Ethnologe Dr. Terence McKenna zu Rupert Sheldrake in einer Diskussion einmal sagte: *„Wenn diese Antenne im Menschen nicht vorhanden ist, dann müssen sich die Menschen ihr eigenes Programm ausdenken, und das ist für gewöhnlich machtbesessen, tödlich, kurzsichtig und gierig."*[4]

Glücklicherweise gibt es tatsächlich einen Ausweg, sogar mehrere Auswege aus dieser Sackgasse. Denn wenn der Mensch wirklich ehrlich zu sich selbst ist, stellt sich natürlich gleich die Frage, ob er das denn überhaupt kann? Eigentlich sollte er seine Unzufriedenheit spüren und erkennen, daß fast alles, was er tut, letztlich nur kompensatorisch ist. Das heißt, es wird ständig im Außen versucht, das im Unterbewußtsein verspürte Glück (Seligkeit) durch immer komplexere Wünsche zu befriedigen. Wer das erst einmal durchschaut, hat damit die **Ausgangstür** entdeckt.

Die Natur funktioniert in ihrer Natürlichkeit auf ihre wundersame Weise, was besonders deutlich wird, wenn wir uns die Pflanzen- und Tierwelt betrachten.

Doch was ist mit dem Mensch? Ist diese Zivilisiertheit, wie wir sie heute pflegen, die naturgemäße und konsequente Fortsetzung eines natürlichen Evolutionsverlaufs? Wie funktioniert der Spagat zwischen ‚Natürlichkeit' und ‚erwachtem Bewußtsein'? Muß Natürlichkeit eingebüßt werden, um eine Evolutionsstufe voranzuspringen?

Die Kraft muß *durch dich* kommen, mein Freund, das ist die einzige Möglichkeit. Wir alle müssen selbst über unsere Macht verfügen und den inneren Widerstand dagegen aufgeben, denn das ist ein übernommenes Vorurteil aus uralter Erinnerung, ein Trauma der Vergangenheit, die Gefängniszelle der Matrix. Aber jetzt werden wir von einer neuen Wahrheit erleuchtet, die das Bewußtsein befreit: Die Menschen können nicht länger von äußeren Mächten besessen oder manipuliert werden, wenn sie alle inneren Schlingen gelöst haben, die solche Mächte anziehen. Sie brauchen keinen Schutz und auch keine Hilfe von außen. Was sie brauchen, ist ein klarer und befreiter Geist.

Irgendwann gilt es zu erkennen, daß die Materie, in unserem Falle *das Fleisch*, der einzige Weg ist, das *Sein* kennenzulernen und zu erfahren.

Ich glaube, daß es das höchste Etappenziel ist zu erkennen, daß die Liebe der natürliche Zustand der Seele ist – und daraus seine Grundeinstellung zu erschaffen. Trinity konnte Neo nur durch ihre Liebe vom Tod erwecken. Die Kraft der Liebe ist stärker als jede andere Kraft im Universum. Auch wenn das für viele auf sämtliche „Knöpfe" der Unverständlichkeit und vielleicht sogar Ablehnung stoßen mag, drückt es doch genau das aus, was sämtliche Ur-Sehnsüchte erfüllen würde.

Jeder, der sich hier angesprochen fühlt, sollte sich klarmachen, daß all das, was er in seinem Verstand archiviert hat und für seine Weisheit hält, lediglich auf oberflächlichen Augenblickserfahrungen basiert, die in einer überzogenen *Künstlichkeits-Welt* gesammelt wurden. Die Matrix kontrolliert deinen Verstand – solange du es zuläßt!

Sie wird die Liebe ins Lächerliche ziehen, ins Sentimentale oder auf primitiven Sex reduzieren – denn es gibt nur eines, was die Matrix zerstört: echte, innige Liebe.

Denken wir doch bitte immer daran, daß das, was wir benennen, egal was es auch sein mag, niemals die Sache als solche ist... *Liebe* ist ein Wort, auf das sich die Menschen geeinigt haben, um einen „merkwürdigen Gefühls-Zustand" zuzuordnen. Aber ist das wirklich das, was es IST?

Wer hier erkennt, was ich meine, wird wissen, daß sich das auf alles bezieht, was uns als Mensch beigebracht wurde. Wir sind in erster Linie Gefangene unserer eigenen Künstlichkeit, die wir jedoch für eine standardisierte Normalität halten!

Machen wir uns doch größer! Ich meine, alleine das zu Erkennen, was uns als Mensch tatsächlich ausmacht; zu erkennen, welches Potential wir haben, wird uns in die Lage versetzen, daß uns nichts und niemand in irgendeiner Weise beschneiden kann... Wenn die Menschen wirklich akzeptieren und anerkennen würden, wer sie sind, oder anders ausgedrückt: welches Potential sie in sich tragen...

Oh, mein Gott...!

Wo ist denn nun der konkrete Ausweg für dich? Wie komme ich aus der Matrix heraus?

Ich denke, es ist wichtig, daß ich von dem konkreten Potential deiner Macht erzähle. Da der Schlüssel hierzu in einer absoluten inneren Überzeugung liegt, werde ich dich von deinem Machtpotential überzeugen. Schlimmer als keine *völlig überzeugte Meinung* zu vertreten ist, *keine eigene Meinung* zu haben. Damit gibst du dein gesamtes Potential an all diejenigen ab, die von ihrer Meinung überzeugt sind. Das können dann natürlich die absonderlichsten Dinge sein... Und so leben die meisten Menschen in den Wirrnissen ihrer eigenen Un-Bewußtheit.

Glaubst du an Zauber? Oder an richtige Wunder? Nein?
Schade eigentlich..., denn genau dieser Unglaube wird dafür verantwortlich sein, daß du keine Wunder und keinen Zauber erleben wirst. Ahnst du, was ich meine, auf was ich hinaus will?
Das Wunderbare ist, daß es genau so funktioniert!

Moment mal, du meinst also, daß wenn ich etwas für „nicht möglich" halte, das schon dafür ausreicht, daß ich es nicht sehen kann? Was ist, wenn ich etwas mit meinen Augen sehe, was die anderen Augenzeugen für ein Wunder halten – zum Beispiel einen schwebenden Menschen –, es aber dennoch nicht glaube?

Du würdest es wahrscheinlich für einen Trick oder für eine Sinnestäuschung halten und hättest es trotzdem gesehen.

Ich gebe dir zwei konkrete Beispiele aus der Welt der Wunder:
Das eine Beispiel demonstriert die Ungläubigkeit und ihre Konsequenzen. Als Kolumbus Amerika entdeckte, ankerten seine Schiffe wenige Meter vor der Küste, und er konnte eindeutig die an Land stehenden Einheimischen erkennen. Das Besondere daran war jedoch, daß die Eingeborenen die Schiffe vor ihrer Küste nicht wahrnahmen – sie

sahen sie einfach nicht. Die Schiffe waren etwas, was überhaupt nicht in ihr Weltbild paßte, und sie konnten diese Gebilde mit nichts aus ihrer bekannten Erfahrungswelt vergleichen. Die Psychologie kennt dieses Phänomen sehr genau und bezeichnet es als einen *blinden Fleck*.

Das andere Beispiel ist ein Karatekämpfer, der seine besonderen Fähigkeiten demonstriert. Dieser Karatekämpfer soll mit seiner bloßen Hand einen Gegenstand zerbrechen, welcher unter normalen Umständen selbst mit einem Vorschlaghammer nicht zu zerstören wäre. Tatsächlich zerbricht dieser Gegenstand durch die Hand des Karatekämpfers. Das Besondere hierbei ist, daß nicht die Schlaghand von entscheidender Bedeutung für dieses Wunder ist, sondern die Überzeugung des Meisters. Gerade dieses Beispiel wurde an der Berkeley-Universität in Kalifornien genauestens untersucht, und die Wunder mußten also objektiviert und erklärt werden.

Man konnte das wiederholbare Phänomen aufklären und stellte über Meßgeräte, die jedes Detail des Meisters aufzeichneten, schließlich fest:

Der Wille baut eine Vorstellung auf, ein inneres Bild von dem, was der Meister sich tatsächlich vornimmt, gleich in eine Handlung umzusetzen. Dann folgt eine Phase der absoluten inneren Ruhe, etwas, was wir sonst nur während einer Meditation oder in einem Halbschlafzustand erreichen. Erst dann hebt der Meister seine Hand und vollbringt das Wunder – in einem schlafähnlichen Zustand also!

Unter Fachleuten heißt es dann, er sei in der *Zone*, wobei die *Zone* die Ausgangsebene für diese und ähnliche Phänomene darstellt.

Hätte dieser Meister auch nur etwas an seinem Erfolg gezweifelt, hätte er seine eigenen Handknochen und nicht den Stein zersplittert. Das konnten die Wissenschaftler ebenfalls erfahren.

Man könnte hier auch das Beispiel des *Feuerlaufs* anführen, wobei Menschen barfuß über glühende Kohlen laufen, ohne sich die Fußsohlen zu verbrennen. Es widerspricht jeglichen Naturgesetzen – und funktioniert trotzdem...

Das Geheimnis dieses und vieler anderer „Wunder" besteht in der eigenen Überzeugung und dem zielgerichteten „Loslassen" eines entsprechenden Überzeugungs-Bildes!

Es ist das, was Neo lernen mußte, als er seine erste Karate-Lektion von Morpheus erhielt: *„Befreie deinen Geist!"*

Im Grunde genommen reicht der vorletzte Satz völlig aus, um die Welt **bewußt** zu verändern. Ich oder wer auch immer mehr dazu ausdrückt, tut dies nur, um die Ungläubigkeit der Zuhörer in einen festen Glauben an ihr Potential zu verwandeln.

Die von der Ratio geführten Menschen behaupten im allgemeinen, daß sie nur das glauben, was sie sehen und anfassen können (Wissenschaftler nennen das *beobachten* und *messen*). Wir haben zuvor gehört, daß es da noch so etwas wie den *blinden Fleck* gibt. Selbst wenn sich diesen Personen etwas augenscheinlich offenbart, werden sie es nicht sehen, da es nicht in ihr begrenztes Weltbild paßt.

Daher möchte ich nochmals betonen, daß es enorm wichtig ist, uns und unsere Vorstellungen nicht zu begrenzen – niemals. Wir sollten alles für möglich halten, auch wenn es sich unglaublich anhören mag.

Solange sich jemand in einer Welt der künstlichen Begrenzungen bewegt und diese für die *ausschließliche Realität* hält, so lange wird sich auch für denjenigen nichts Außergewöhnliches verändern.

Er ist ein Sklave seiner eigenen Vorstellungen!

Wie sagte Morpheus zu Neo? *„Du mußt deinen Geist befreien."* Das ist die eigentliche Botschaft des Films. Und hier finden wir auch die Parallele zu einer historischen Person – zu Jesus, der sagte: *„Jedem geschieht nach seinem Glauben!"*

Wie wahr...!

Diese Botschaft ist von so vielen weisen Menschen gelehrt und veröffentlicht worden, doch es glauben so wenige Menschen wirklich daran. Die meisten gehen zur Tagesordnung über und sagen vielleicht:

„Klingt irgendwie gut", und vergessen es wieder, da sie meinen, daß dieses vielleicht für besondere Menschen gelten könnte, aber für sie selbst?

Und doch gilt: Jeder Mensch kann es bewußt nutzen, wenn er es nur verinnerlicht.

Fragen wir uns doch einmal, worum es wirklich geht... Wollen wir ein erwachter Mensch sein, unser Leben *„unter Kontrolle haben"* und unser Schicksal selbst in die Hand nehmen?

Wenn wir uns dafür entscheiden würden, dann hätte mit diesen Zeilen unsere Suche bereits ein Ende, und wir müßten niemand anderen mehr fragen – auch keinen Guru...

Wir suchen uns jedoch in der Regel nur eine Ausrede, ein Alibi und sagen unserer Seele: *„Ich tue ja alles, ich suche und suche..."*

Wir lesen die Wahrheit, vernehmen sie in aller Potenz, suchen sie in weiteren und weiteren Quellen... Und so vergeht das Leben. Es gibt Momente, in denen man ab und zu einen tiefen Seufzer von sich gibt und das Gefühl verspürt, daß da etwas Wunderbares ist... Und doch gehen wir dieser Wahrnehmung nicht weiter nach.

Und wir fragen uns erneut: Was wollen wir wirklich? Wollen wir der Lenker unseres Lebens sein, oder wollen wir nur die Befriedigung im Außen, die „Kicks", die nichts als Ablenkung von der Nutzung unserer wahren Möglichkeiten sind? Diese Pseudo-Befriedigungen, die uns nur kurzfristig Hochgefühle vermitteln können und in der Sucht nach Steigerung unaufhaltsam sämtliche Energien aufzehren? Am Ende bleibt doch meistens ein sehr einsames Leben in Trauer und Schmerz.

Also noch einmal anders formuliert: *„Wollen wir **alles** oder nur ein Fragment von einem alten Rest?"*

Die Wahrheit ist, daß wir schlafen und nur träumen, daß wir erwachte Wesen sind!

Daß wir all das hier in diesem Moment überhaupt wahrnehmen, ist dieser besagten *inneren Stimme* zu verdanken. Von hier aus betrachtet, sind diese Zeilen eine Art „Alarm-Wecker". Diese *innere Stimme* (die *Intuition* oder *Ahnung*) ahnt bereits, daß ihre Erlösung naht...

Es ist dieses *„bestimmte Gefühl"*, daß uns auf die Suche gehen läßt; es ist *„die Ahnung, daß irgendetwas mit der Welt nicht stimmt"*; es ist *„die Suche nach der Wahrheit"*, die Suche nach der *Ur-Matrix*, die uns von unseren Begrenzungen befreit.

Nicht mit der Welt stimmt etwas nicht, sondern mit unserer Bewußtheit. Insofern stimmt das Zitat von Morpheus und Trinity, als sie zu Neo sagten: *„Du weißt, daß mit der Welt etwas nicht stimmt."*

Noch genauer sollte es jedoch heißen: *„Daß du spürst, daß mit der Welt etwas nicht stimmt, hat damit zu tun, daß du dein unbewußtes Leben dem Gedankenchaos anderer überläßt."* Kein Wunder, daß für die meisten mit der Welt etwas nicht stimmt!

Wacht auf ihr „Neos" und fangt endlich an zu leben...!

Es gibt Leute, die behaupten, daß man über psychoaktive Substanzen auch aus der Matrix aussteigen kann – ähnlich wie es Carlos Castaneda in seinen Büchern beschreibt. Wie stehst du zu dieser Aussage?

Psychoaktive Substanzen führen uns im Grunde in die Welt des Hyper-Raums, der mit unseren Worten nicht mehr darstellbar oder beschreibbar ist. Die Wirkung solcher Substanzen entspricht im Film der *Wahl der roten Pille*.

Bedenken wir: Jeder Mensch besitzt andere Erfahrungswerte und stellt auch dementsprechend andere Zusammenhänge mit dem Erzählten her. Worte sind im Grunde nichts als ein Versuch, Information zu transportieren und auszudrücken. Auch der bereits erwähnte Zensor spielt bei diesem Vorgang eine wichtige Rolle. All diese Faktoren in ihrer Gesamtheit bestimmen beim Zuhörer den Annäherungsgrad an die exakte Wahrnehmung des Erzählten.

Im Matrix-Film sagte Morpheus zu Neo: *„Ich kann Dir nicht sagen, was die Matrix ist. Du mußt sie selbst erleben."* Und genau diese Aussage ist von entscheidender Wichtigkeit. Neos Entscheidung zur roten Pille wurde von einer Ahnung getragen, einem Gefühl, daß *„mit der Welt etwas nicht stimmt"*.

Trotzdem lag die eigentliche „Wahrheit" außerhalb jeder Beschreibbarkeit innerhalb der Matrix.

Ein großes Mißverständnis würde aber entstehen, wenn wir daraus ableiten würden, daß ausschließlich solche Substanzen zu einer „Auskopplung" führen würden!

Unser Körper ist in der Lage, genau diese Substanzen selber zu produzieren – denke zurück an die Babys...!
Der Punkt ist, daß das menschliche Gehirn diese psychoaktiven Substanzen in dem Moment produziert, in dem man sich in einem Zustand befindet, den ich hier als „innere Ruhe" bezeichnen möchte.

Auf beiden Wegen ist es möglich, die Matrix vollkommen zu verlassen und in eine andere Realität einzutauchen, das heißt, daß unsere bekannte Welt damit völlig ausgeblendet wird. Denken wir dabei an die Fernsehserie *Raumschiff Enterprise*, so könnte man sich das auch als die Erforschung uns fremd erscheinender Welten vorstellen.

In einem solch erweiterten Zustand ist ein Mensch in der Lage, auf zwei Ebenen des Seins gleichzeitig wahrzunehmen und erhält einen transparenten Zugang zu der Hintergrundebene seines eigenen Handelns und seiner Gefühle sowie auch zu den Hintergrundebenen anderer anwesender Personen.

Für das Erleben dieses Zustands spielt es eine wichtige Rolle, mit welcher Geisteshaltung und Erfahrung man sich in dieses Abenteuer begibt. Man erlebt sich sozusagen auf der Ebene all seiner Seins-Aspekte, die man tatsächlich besitzt, und sieht sich auch als Parallel-Entität in einer absoluten Grenzenlosigkeit, die unser gesamtes Wahrnehmungsspektrum sprengt. Man ist vollkommen auf sich allein gestellt ohne irgendeine Art von uns bekanntem Leitfaden oder Orientierung.

Vor allem die nun offengelegte Verbindung mit den eigenen höheren Seins-Aspekten lehrt genauso das große Staunen, wie es aber auch Erleichterung bringen kann. Eine besondere Erfahrung besteht darin, daß man sieht und spürt, wie sich die Teil-Aspekte in einem Punkt, nämlich dem eigenen *Selbst*, zusammenfinden. Denn Elektronen besitzen keinen bevorzugten Aufenthaltsort oder gar eine Vorzugs-Entfernung im Kosmos. Und auf diese Weise werden Fragmente unseres *Selbst* wieder konzentriert und zusammengefügt.

Hier ist es möglich, Ort, Zeit und Raum nach Belieben zu verändern. Es ist so ähnlich, als würde man von Raum zu Raum schreiten und kommt dann zum Hauptportal dieser Realität, von dem aus man nun nach Belieben wählen kann, welche Türen man öffnen möchte. Jede Person erlebt diese Realität völlig anders, daher sind Vergleiche nicht möglich.

Die Intention eines Menschen ist die einzige Vorgabe, die ihn durch diese Realität führt, in der ihm alles durch seine höheren Aspekte des Seins offensteht. In diesem Zustand lebt der Mensch tatsächlich gleichzeitig in Parallelwelten der Grenzenlosigkeit. Er ist in beiden Realitäten vollkommen anwesend, ohne Schauspieler auf einer Bühne des Lebens zu sein.

Die Bilder wiederum, die in einem Zustand innerer Ruhe erscheinen, sind so wenig erklärbar wie die Matrix selbst. Wie in dem Film dargestellt, gelangt man in eine Art endlos tiefen „Kaninchenbau", den man einer anderen Person zwar zeigen, jedoch nicht erklären kann. Man spürt richtig, wie man Teil dieser noch unbekannten Welt ist. Auch die Kommunikation mit anderen Menschen, Entitäten oder Verstorbenen findet auf eine vollkommen klare und bewußt hervorgerufene Weise statt (Voraussetzung dafür ist, daß die „höheren Aspekte" beider Wesen mit diesem Austausch „einverstanden" sind).

Eine erweiterte Bewußtseins-Erfahrung in der tiefen Meditation verändert das Leben in ähnlich vorstellbarer Weise, wie es im ersten Teil des Matrix-Films zu sehen war, als Neo die *rote Kapsel* wählte. Die in unserem Leben antrainierten Strukturen verändern sich durch solch eine Erkenntnis, weil ein völlig neu strukturierter *Durch*-Blick und eine erweiterte Aufmerksamkeit gewonnen werden. Die Wahrnehmung verändert sich sequenzartig auf holographische Weise und schärft den

Geist. Man erkennt seine eigene Authentizität besser und spürt den Unterschied zwischen den dreißig Prozent *Freien Willen* und siebzig Prozent Marionetten-Funktion wesentlich deutlicher.

Der Begriff *Restselbstbild* wird einem plötzlich auf so deutliche Weise bewußt, daß man wirklich erkennt, daß das, was wir hier leben, nichts anderes als ein Restselbstbild ist.

Die Begrifflichkeit des Unterschieds zwischen den Realitäten ist letztlich Illusion, denn im Grunde kann jeder Mensch zu jeder Zeit seines Lebens zu allem Zugang haben und die Matrix verlassen, wenn er den richtigen Schlüssel besitzt. Der Seelenaspekt des Menschen ist unsterblich, und damit heben sich Polaritätsvertreter wie *gut* und *böse* auf. Jeder Mensch muß sich seinen eigenen Weg aus der Matrix suchen. Es gibt dafür kein General-Rezept. Das, was generell als Wegbereiter zum „Ausgang" (in Anlehnung an den Film) gesehen werden kann, ist die getroffene Entscheidung, einen „Ausgang" zu suchen und die Bereitschaft, sich seinen Geist befreien zu lassen. Natürlich ist es niemand anderes als man selbst, der seinen Geist tatsächlich befreien kann – wichtig ist vor allen Dingen der getroffene Entschluß hierzu!

Die Seelenbindung an die Ur-Matrix (Allschöpfer-Ebene), die, wie bereits betrachtet, von den Mystikern als *Silberschnur* bezeichnet wird, ist unser immerwährendes Bindeglied an unseren seelischen Ursprung der Existenz. Sie ist so etwas wie eine *potentielle Rückversicherung* an die Matrixlosigkeit und Freiheit des Seins.

Was uns in der hiesigen Realität als Grenze erscheint, verwischt sich in dieser Ebene. Ansichten, Eindrücke und Beurteilungen erhalten eine völlig neue Dimension, und wenn man „wieder zurückkehrt", dann nimmt man sich und seine Umwelt aus einer veränderten Perspektive wahr.

Es ist nicht festlegbar, was einen in der Welt des Hyper-Raums, also außerhalb der Matrix, erwartet. Denn jede uns nur mögliche Erwartungshaltung löst sich vollkommen auf.

Erinnern wir uns daran, daß sich alles in ständiger Bewegung befindet, so auch der Mensch selbst. Auch er verändert sich ständig.

Inwieweit ist unser ‚befreiter Geist', von dem Morpheus im Film spricht und auch du hier schon einiges gesagt hast, in der Lage, wirklich in unserer Realität hier etwas Entscheidendes zu verändern?

Der Zustand zwischen Leben und Tod, speziell was Neos Tod angeht, ist nicht nur im Film von besonderer Bedeutung. Im Augenblick seines physischen und klinischen Todes – auf dem Monitor war nur noch eine Null-Linie erkennbar – wurde Neo sich seiner Position der Gefangenschaft in der Matrix vollkommen bewußt. In diesem Moment jedoch war er auf keiner der bekannten Ebenen mehr existent. Er besaß nun weder einen funktionsfähigen Körper noch einen bewußten Geist.

Dadurch war ihm die Möglichkeit der Konzentration absolut genommen. Daß Neo jedoch vom Tod auferstand, bedeutet, daß noch eine übergeordnete Ebene, ein weiterer Aspekt von ihm existierte. Dieser Aspekt wäre sozusagen über allem, innerhalb und außerhalb der Matrix sowie der Gesamtheit der Dimensionalität.

Man kann diese Ebene dem *Liebes-Aspekt der Allschöpfereinheit* zuordnen.

Dieser Aspekt wurde durch die Liebe von Trinity ausgedrückt, die sagte: *„Ich weiß, du kannst nicht tot sein, denn ich liebe dich."* Und das, was uns wie ein Wunder des Glaubens anmutet (denn das Orakel gab ihr eine andere Botschaft), war im gleichen Augenblick Realität.

Neo erkannte zeitgleich, daß er in Wirklichkeit weder verletzt wurde noch verletzt werden konnte, sondern daß er Macht seines Geistes alles lenken und selbst beeinflussen kann; daß die Liebeskraft sämtliche physikalischen Gesetze außer Kraft setzt und ihn *seiner Selbst* bewußt macht.

„Nicht glauben, wissen...", sagte Morpheus zu Neo, und forderte ihn damit zur Manifestation seiner Realität auf. Das ist jedoch nur möglich,

wenn ein Mensch ein entsprechend völlig durchgeistigtes Gedankenpotential im energetisch-physikalischen Sinne besitzt. Dadurch wird eine hohe Sendeleistung einer Überzeugungsfrequenz seines Gehirns aktiviert, die das Gedachte wiederum manifestiert.

Wenn wir uns in der Welt, unserer gegenwärtigen „Realität", umsehen, entdecken wir etwas ganz Außergewöhnliches in Sachen „Glauben und Wissen".

Es handelt sich um eine neue Generation Mensch, die sogenannten *Indigo-Kinder*, die seit zirka fünfzehn Jahren auf dieser Erde geboren werden. Diese Kinder besitzen offensichtlich eine DNS, die sich ganz wesentlich von der unsrigen unterscheidet. Diese genetische Mutation bewirkt, daß diese Kinder solche außerordentlichen Fähigkeiten, die wir unter PSI- und ASW-Phänomenen einordnen würden, als vollkommen normal betrachten.

Kinderärzte mit langjähriger Praxis bestätigen den Quantensprung dieser Generation Kinder. Ein eher hilfloser Zuordnungsversuch schiebt diese Auffälligkeiten auf die wachsende Sinnesüberreizung in unserer Gesellschaft (Computer, Fernseher, Mobiltelefone und so weiter). Der dadurch ständig wachsende Einfluß elektromagnetischer Felder auf den Menschen ist jedoch nur eine unzureichende bis keine Erklärung für ihr Verhalten, ihre außerordentlichen Fähigkeiten und ihre Resistenz gegenüber bestimmten Krankheiten.

Wissenschaftliche Untersuchungen in den USA ergaben, daß diese Kinder ein sogenanntes *G17-Gen* besitzen. *G17* bezeichnet eine besondere genetische Sequenz, die noch nie zuvor festgestellt wurde. Zur großen Überraschung und Verunsicherung der Wissenschaftler mußten sie mitunter feststellen, daß die Indigo-Kinder selbst unter härtesten Testbedingungen diese außersinnlichen Phänomene perfekt beherrschen. Damit wurden die Forscher in eine hilflose Erklärungsnot gebracht, denn unsere begrenzte, rein auf die Ratio beschränkte Wissenschaft lehnt ja solche Möglichkeiten ab. Ich kenne etliche wissenschaftliche Veröffentlichungen, welche diese Ergebnisse belegen.

Diese Kinder lassen sich beispielsweise auch nicht in unser Schul- und Lernsystem einordnen und auch nicht dem Verhaltensmuster ihrer Eltern unterordnen. Diese Kinder stellen sich, ungeachtet ihres Alters, wie selbstverständlich mit anderen Menschen auf eine Stufe und leben ein authentisches Bewußtsein an Gleichberechtigung.

Wie selbstverständlich durchschauen sie dieses irdische Spiel der Matrix und den *Akteur Mensch* mit all seinen Facetten und stehen einfach darüber in ihrem Sein. In diesem Wissen reagieren sie auch sehr massiv und unter Umständen sogar aggressiv, wenn man versucht, sie in gewisse Zwänge einzubinden. Die Indigo-Kinder wissen offensichtlich ganz genau, daß es im Grunde keine Begrenzungen gibt. Durch ihre Gedankenüberzeugungskraft sind sie in der Lage, **bewußt** zu manifestieren und zu realisieren.

In dem Film *Matrix* werden diese Indigo-Kinder und ihre Fähigkeiten sehr „anschaulich" dargestellt. Erinnern wir uns an die Szene mit den Kindern im Wohnzimmer des Orakels, als Neo es zum erstenmal besuchte. Einige Kinder levitierten mit Gegenständen, ein anderes verbog einen Löffel – wie Uri Geller –, und später, als Neo eine Vase, die er aus Versehen berührte, zu Boden fiel und diese zerbrach, sagte das Orakel in ruhigem Ton: *„Eines meiner Kinder wird es wieder richten."*

Hier wird deutlich herausgestellt, daß diese Kinder und ihre Fähigkeiten einen Auftrag an die Menschheit beinhalten – den Auftrag, durch ihr gelebtes Vorbild und durch ihre Liebeskräfte höchster Ordnung dabei zu helfen, die Matrix aufzulösen.

Hypnotische Versuche zeigen auch, daß diese Kinder oftmals noch nie eine Inkarnation auf unserem Planeten durchlebten. Das läßt die Vermutung zu, daß diese Wesenheiten einer sehr hohen Seins-Ebene entstammen.

Im Grunde lehren uns diese bewußten „kleinen" Meister eine Grundhaltung, die sich als angestrebtes Endziel durch alle Philosophien und Religionen aller Zeitalter unseres Planeten in vielfältiger Form hindurchzieht. In immer wiederkehrender Weise ist die Kernaussage aller Lehren gleich. Sie kleidet sich nur in verschiedene Ausdrucksweisen und Begrifflichkeiten, der entsprechenden Lebenskultur gemäß. Die Grundweisheit des Lebens selbst war energetisch immer auf diesem Planeten vorhanden, genauso wie die Möglichkeit des Ausstiegs aus der Matrix durch gelebte Erkenntnis.

Und sagte nicht Jesus sehr treffend: „*Wenn ihr nicht werdet, wie die Kinder...*"?

Welche Rolle spielt die Erinnerung in bezug auf das Erdmagnetfeld und die Anbindung an den Hyper-Raum?

Ohne unser Erdmagnetfeld, das sich zur Zeit in einer Phase der Abschwächung befindet, können im Hyper-Raum keine Erinnerungen aufgerufen werden.

Fast alle Planeten in unserem Sonnensystem verfügen über ein Magnetfeld, ähnlich dem unserer Erde, das wir alle durch einen Kompaß selber feststellen können. Das, was für uns so selbstverständlich ist, ist für die Tiere zum Beispiel teilweise ein naturgemäßes und gleichzeitig lebensnotwendiges Phänomen, nach dem sie sich nämlich orientieren. Ihre Wahrnehmungsfähigkeit, ihre Orientierung und so weiter entnehmen sie praktisch unserem Erdmagnetfeld.

Nehmen wir das Beispiel der Tauben. Bei ihnen entdeckten die Wissenschaftler als erstes sehr kleine Kristalle im Gehirn, besonders in der Zirbeldrüse (Epiphyse). Genau diese Mikrokristalle vermitteln ihnen ihre Orientierung.

Später wies man diese Mikrokristalle auch im Gehirn von Menschen nach, wobei die größeren Konzentrationen von diesen magnetischen Teilchen in unserer Zirbeldrüse gefunden wurden.

Diese Teilchen, speziell die in unserer Zirbeldrüse, die von den Mystikern als *Drittes Auge* bezeichnet wird, führen zu einer direkten Ankopplung an unser Erdmagnetfeld.

Das magnetische Organ des Menschen ist also primär die Zirbeldrüse und liegt im Zentrum des Gehirns. Sie ist das Organ, welches als eine Art *Hauptrhythmusgeber* des zentralen Nervensystems fungiert. Das heißt: Hier wird der Rhythmus bestimmt – nicht nur der Tag- und Nachtrhythmus und so weiter, sondern hier kommt auch das Wirken der Neurotransmitter ins Spiel.

Jetzt wird es besonders interessant, denn genau dort spielen sich auch die besonderen Wahrnehmungs- und Bewußtseins-Vorgänge ab (erinnern wir uns an die Babys...). Hierin liegt ein wertvoller „Schlüssel" verborgen!

Und genau hier im Bereich der Zirbeldrüse entdecken wir ein Zentrum der „Moleküle der Gefühle". Hier wird unter anderem der Grundwirkstoff produziert, der für die höheren Bewußtseinszustände benötigt wird. Dieser Grundwirkstoff heißt *Melatonin*. Um diese höheren Bewußtseinsebenen zu erreichen, wandelt sich Melatonin in einem weiteren Verfahrensschritt zu einem Tryptamin um, welches wir *Pinoline* nennen. Pinoline ist einfach ausgedrückt der besagte Wirkstoff, der uns eigentlich zu diesen außersinnlichen Zuständen führt.

Diese besondere Drüse im menschlichen Gehirn fungiert also nicht nur als zentraler Hauptrhythmusgeber, eine Art Dirigent aller anderen Gehirnareale, sondern sie steht auch in einer direkten Wechselwirkung mit anderen magnetischen und elektro-magnetischen Feldern und speziell mit dem Magnetfeld der Erde.

Es ist in der Tat so, daß durch äußere Felder – elektrische sowie elektromagnetische – eine Einflußnahme auf das zentrale Nervensystem erfolgt. Das bedeutet unter anderem, daß damit auch auf **bestimmte Bewußtseinszustände** ein Einfluß ausgeübt wird.

Unsere Psyche und unser Bewußtsein sind in elementarer Weise an das Erdmagnetfeld gekoppelt. Astronauten gleichen im Weltall die fehlenden Erdfelder durch spezielle Generatoren und durch ein spezielles Bewußtseinstraining aus. Ab hier beginnt jedoch die Geheimforschung (Top-Secret).

Tatsächlich können wir das Erdmagnetfeld als eine entscheidende Komponente bezeichnen, welche einen Erinnerungsvorgang an unsere abgelegten Daten überhaupt erst ermöglicht. Unter Daten verstehe ich hierbei unser Wissen, unsere gemachten Erfahrungen und so weiter.

Alle Bewohner auf dieser Erde und besonders die Menschen sind mit ihrem Bewußtsein an dieses Erdmagnetfeld gekoppelt. Eine Veränderung dieser Felder bewirkt automatisch eine Veränderung unserer Psyche, unserer Emotionen und unserer Erinnerungen.

Wie wird ein Magnetfeld überhaupt erzeugt?

Immer dann, wenn Elektronen sich drehen, induzieren sie nach den Maxwell'schen Gesetzen ein entsprechendes magnetisches und elektrisches Feld. Natürlich findet diese kreisende Bewegung immer und überall statt, denn ohne Bewegung gibt es auch keine Polarität.

Für die Menschen ist hierbei mehr das magnetische Feld von Interesse. Wenn sich viele dieser Elektronen in eine Richtung drehen, ist das entsprechende Magnetfeld größer, als wenn sie in unterschiedliche Richtungen kreisen würden. Und da die Elektronen unseres Erdmantels offensichtlich zum großen Teil ausgerichtet sind, entsteht eine entsprechende Intensität; und diese Intensität, die wir auf der Erde vorfinden, ist meßtechnisch sehr gut erfaßbar. Unsere geeichten Meßinstrumente ermitteln dabei einen Wert von etwa 0,5 Gauß.

Dieser Wert ist gemittelt (aufgerundet), da es auf der Erde Regionen mit unterschiedlichen magnetischen Feldern gibt. Die unterschiedlichen Feld-Intensitäten in den einzelnen Regionen führen wiederum auch zu Entsprechungen in der Psyche und im Bewußtsein ihrer Bewohner. Menschen, die in einem schwächeren Magnetfeld leben, zeigen dabei eher ein labileres Verhalten als solche, die einem stärkeren Feld ausgesetzt sind.

Tatsächlich existieren direkte Korrelationen (Wechselwirkung) zwischen ganz bestimmten Feldstärken der Erde und einem Aggressionsverhalten eines Volkes beziehungsweise anderer Grundstimmungslagen.

Betrachten wir als Beispiel einmal Südamerika unter diesen Gesichtspunkten, so erkennen wir einen Zusammenhang zwischen der

bekannten Krisenherdlage und den entsprechenden Erdmagnetfeldern. Im Gegenzug sehen wir beispielsweise bei den Schweden, wie generell bei den europäischen Nordvölkern, ein deutlich höheres Magnetfeld und damit auch einen ausgeglicheneren Emotionswert.
Hier finden wir auch eine mögliche Erklärung für die unterschiedlichen Mentalitäten der einzelnen Völker.

In diesem Zusammenhang wollen wir noch einmal rekapitulieren: Der Mensch besteht aus Elektronen. Die Elektronen verstehen sich als eine Art Ansammlung von Gedächtnisinhalten. Die Elektronen sind letztlich auch für die Ankopplung an den Hyper-Raum zuständig (woraus ihr Inneres ja besteht). Für einen Informationsaustausch zwischen Person Elektron A und Person Elektron B ist es allerdings erforderlich, daß diese beiden sich sehr nah beieinander befinden. Eine Berührung darf jedoch nicht stattfinden, sonst würden sich diese beiden Elektronen gegenseitig auslöschen. Kurz vorher jedoch wird ein Photon ausgetauscht, das mit einem Briefumschlag verglichen werden kann, der einen bestimmten Informations-Inhalt hat. Alle Informationen gehen somit als „Zuwachs" an Erfahrungen auf das jeweils andere Elektron über.

Dies nennt man *kosmische Evolution*. So vollzieht sich der Informationszuwachs – im kosmischen wie auch im menschlichen Sinne – mittels der Elektronen, aus denen ja bekanntlich unsere Materie überwiegend besteht.

Das Medium zur allgemeinen Informationsübertragung sind also die *Photonen*. Sie werden zum Beispiel auch in dem Moment aufgerufen, in dem die Elektronen in einer Vorzugsrichtung geführt werden. *Vorzugsrichtung* heißt eigentlich nichts weiter, als daß sie praktisch in einer bestimmten Ausrichtung stehen.

Das Erdmagnetfeld ist hiernach auch diejenige Einflußgröße, welche die Elektronen unseres Körpers zu einem Informationsaustausch führt.

Hiermit ließen sich auch die morphogenetischen Phänomene erklären: Alles, was jemals auf der Erde gedacht oder empfunden wurde, ist über diesen Vorgang im Einflußbereich der Erdkern-Elektronen abgespeichert. Unsere gemachten Erfahrungen und sämtliche Informationen werden so in diese Datenbank eingekoppelt.

Haben nun aber unsere Elektronen mit den Elektronen dieser Erde keine Verbindung mehr, so büßen wir diesen Abbruch ein, indem wir unsere Erinnerung verlieren. Ist das einigermaßen verständlich ausgedrückt?

Je länger dieser Vorgang andauert und je mehr wir die Verbindung zu diesen anderen Elektronen verlieren, desto größer wird auch unser Problem sein, das wir erfahren. Das Problem äußert sich praktisch in einer immer größer werdenden Verlustigkeit von Erinnerungen, die uns eigentlich überhaupt zu dem machen, der wir meinen zu sein. Wir würden irgendwann nur noch *da-sein* und vor uns hinlallen, hätten jegliche Sprache eingebüßt und wüßten nicht mehr, was oben und unten ist.

Eine solche Situation entstünde, wenn das Erdmagnetfeld für längere Zeit völlig ausfallen würde. Und das geschieht grundsätzlich dann, wenn ein Polsprung erfolgt.

Die Naturwissenschaft belegt heute eindeutig, daß es in unserer Erdgeschichte bereits mehrere Polumkehrungen gegeben hat. Die Wesen, die zu dem Zeitpunkt eines Polsprungs auf der Erde lebten, hatten mit Sicherheit ein „Problem" – die einen mehr, die anderen weniger –, da solch ein Vorgang nicht innerhalb einer Sekunde geschieht. Es gibt also eine Übergangszeit.

Und es gibt einen Bereich dazwischen, wo es einmal eine Null-Linie gibt, also ein Nullmagnetfeld. Geologische Messungen der letzten Jahre lassen erkennen, daß das Erdmagnetfeld seit zweitausend Jahren deutlich abgenommen hat und inzwischen gegen Null tendiert.

Sollte es den Menschen nicht gelingen, in größerer Anzahl aus der Matrix auszusteigen und damit tatsächlich etwas auf der Erde zu verändern, so scheint die Wahrscheinlichkeit zu steigen, daß es zu einem erneuten Polsprung kommen könnte.

Käme es tatsächlich zu einem Polsprung, ist wahrscheinlich damit zu rechnen, daß das Erdmagnetfeld für die Dauer von etwa drei Tagen den Wert *Null* halten wird. Allein schon einige Stunden im Nullzustand würden ausreichen, um eine für die Menschheit sehr problematische Situation zu schaffen. Denn die meisten Menschen könnten dadurch ihr Erinnerungsvermögen und ihre Bewußtheit einbüßen. Trotzdem wird es auch solche Menschen geben, für die sich diese Veränderung kaum bis gar nicht bemerkbar macht. Das könnten eben gerade *die* Menschen sein, die ein entsprechendes eigenes Feld aufbauen, was zum Beispiel durch eine stärkere Bewußtheit erfolgt. Ausgeglichenheit führt eben zu kohärenten neuronalen Aktivitäten, die in Verbindung mit einer ausgeprägteren Bewußtheit eben solche Felder aufbauen, ähnlich wie es den Astronauten gelehrt wird.

Die Geophysiker, die sich speziell mit diesen Daten auseinandersetzen, veröffentlichen ihre Ergebnisse nur sehr bedingt, teilweise, um keine Hysterie unter den Menschen zu schüren. Andere Wissenschaftler, deren Forschung wiederum mit diesen Meßdaten zusammenhängt, erhielten früher Zugang zu den entsprechenden Archiven. In jüngster Zeit wurde diese Informationsquelle jedoch zunehmend systematisch abgeriegelt – sogar für die Fachwelt.

Es gibt topographische Darstellungen und Kartierungen der Erde, die nach Magnetfeldintensitäten geordnet sind. **Auf einer dieser Karten war deutlich zu sehen, daß es in den letzten zwei Jahren (2002 und 2003) Regionen auf der Erde gab, in denen für ein paar Stunden bereits diese Null-Situation des Erdmagnetfeldes herrschte (beispielsweise in Südamerika).**

Wichtig ist jedoch auch die Feststellung, daß das Erdmagnetfeld immer mit unserer Wahrnehmung und unserem Bewußtsein in engem Zusammenhang stand und steht. Die Zukunft wird es zeigen...

Worin liegt der Unterschied zwischen den Menschen, die durch diese physikalische Einwirkung ihre Erinnerungsfähigkeit einbüßen, und solchen, die davon praktisch nichts merken?

Es würde auch bei einem Polsprung sicherlich Menschen geben, die, ähnlich den Astronauten, unbeeinflußt von diesem Magnetfeldausfall bleiben.

Es gibt Kosmonauten, die vor ihrem Abflug in den Kosmos daraufhin trainiert werden, daß sie in der Lage sind, ein stark ausgeprägtes Bewußtsein aufzubauen. Dadurch besitzen sie die Fähigkeit, ein so starkes körpereigenes Magnetfeld zu erzeugen, daß sie vom äußeren Magnetfeld völlig unabhängig sind. So können sie sich vor den psychischen Problemen schützen, wenn zum Beispiel in der Raumstation die Elektronik versagt.

Aber Achtung: Habt keine Angst – niemals! Denn ein verängstigter Geist trägt sogar zum Gegenteiligen bei. Auf der anderen Seite ist Aufklärung eine Voraussetzung, um entsprechende Maßnahmen überhaupt erst ergreifen zu können...

Es ist also die Zeit des Aufwachens gekommen!

Wichtig ist das Anerkennen unseres Bewußtseins-Potentials und eine durch Selbstvertrauen gewonnene Souveränität. Dies ist gleichzeitig auch ein Merkmal der Authentizität. Auf der spirituellen Ebene würde das bedeuten, daß man sich *in seiner Mitte* befindet.

Allein wenn man sich einem Großteil der Sinnesüberreizungen entzieht (Großstadtleben, Fernsehen, Radio...), so daß die Sinne praktisch schwerpunktmäßig in eine bestimmte Richtung gelenkt werden, so wird auch ein höheres Potential an gleichschwingenden Neuronen aktiviert. Dieses baut dadurch ein körpereigenes Magnetfeld auf und führt zur Aufrechterhaltung der Erinnerung an die eigene Datenbank. (Wer es noch genauer und noch wissenschaftlicher vermittelt bekommen möchte, sollte sich mit J. E. Charon auseinandersetzen, der auch der Lehrer von Stephen Hawking, S. Hameroff und J. Sarfetti war.)

Viele Neuronen entsprechen einem großen Magnetfeld, das auch tatsächlich von außen magnetisch meßbar ist. Für diesen Zweck gibt es nicht nur die Möglichkeit einer EEG-Messung von elektrischen Signalen, sondern auch MEG-Apparate, welche die magnetischen Potentiale eines Gehirns messen können. Mit diesem Gerät läßt sich sehr gut darstellen, in welchem Bewußtseinszustand sich ein Mensch befindet. In einem Zustand der Meditation zum Beispiel zeigt sich ein erheblich stärkeres körpereigenes Magnetfeld sehr deutlich.

Es geht darum, bei dir selbst zu bleiben, also stark und souverän.

Eine klare und bewußte Wachheit in entspannter Lage ist nun tatsächlich die Voraussetzung für Souveränität und für die Auskopplung aus der künstlichen Matrix.

Der Wille allein reicht nicht aus, um deine Sinne zu beherrschen und einen Teil der Sinneseindrücke auszuschalten. Eine deutlich reduzierte Sinnes(über)reizung ist auch der Grund, warum die Naturvölker enorme Vorteile haben. Dadurch sind sie authentischer und haben sich auch die Fähigkeiten ihrer besonderen Wahrnehmung bewahrt. Diese Menschen senden tatsächlich intensivere Felder aus als die meisten anderen.

Frage dich doch einmal, welche Rolle die Naturvölker im Film *Matrix* einnehmen würden? Wären sie noch innerhalb oder außerhalb der Matrix? Und welcher „Architekt" hätte sie erschaffen?

Kann man sie noch fangen oder in der Matrix gefangenhalten?

Sei dir bewußt, daß jeder, der sich im Zustand der Meditation befindet, im Grunde genommen resistent ist gegen jegliche äußere Beeinflussung.

Aber haben wir im Falle eines Polsprungs nicht noch HAARP zum Schutz? Kannst du vielleicht auch erklären, was du unter HAARP wirklich vermutest?

HAARP ist die größte Sendestation elektromagnetischer Felder dieser Erde. Die HAARP-Installation befindet sich auf einem extra errichteten Militärstützpunkt in der alaskanischen Wildnis nordöstlich von Anchorage in der Nähe der Ortschaft Gakona und untersteht offiziell der US-NAVY. Es wird zwar behauptet, daß die HAARP-Anlage lediglich Wetterphänomene auf der Erde untersuchen würde, doch dürfte das nur ein Teil der Wahrheit sein.

De facto ist es so, daß HAARP Frequenzen abstrahlt, die unglücklicherweise in unseren Gehirn-Frequenz-Bereichen liegen, **und damit hat man erstmalig das Potential, die ganze Erde zu beeinflussen.**

Warum nimmt das Magnetfeld der Erde überhaupt ab?

Diese Frage stellen sich natürlich auch die entsprechenden Top-Wissenschaftler auf der Erde.

Es gibt eine ganz direkte Wechselwirkung zwischen der Sonne und dem Erdmagnetfeld. Diesem Fakt wird derzeit bei der NASA sehr viel Aufmerksamkeit beigemessen. Dazu gehört auch eine kostspielige Ausstattung, wie zum Beispiel der Satellit SOHO, der für mehrere Milliarden Dollar plaziert wurde, um spezielle Sonnendaten zur Erde zu senden. Hinzukommen noch die irdischen Ausrüstungen zur Beobachtung bestimmter Sonnenaktivitäten, die im direkten Zusammenhang mit dem Erdmagnetfeld stehen.

Jede Sonneneruption versteht sich als eine gigantische Explosion, die Partikel freisetzt. Das Produkt daraus sind die *Sonnenwinde (sunflares)*. Diese Partikel sind Ladungsträger, also Elektronen und Protonen, und erreichen mit einer Geschwindigkeit von teilweise einer Million Stundenkilometern und mehr die Erde. Diese Sonnen-Elektronen (auch als Informationsträger) verändern sehr drastisch das Erdmagnetfeld, was unter anderem bedeutet, daß zum *menschlichen* Gedankengut, zu *unserer* „Akasha-Chronik", also der all-gesamten, kollektiven Informations-Festplatte der Erde, auch die Informationen der Sonne hinzugefügt werden. Es besteht hier also ein ganz massiver Informationszufluß.

Man kann sich diesen Austausch in einer Größenordnung von Trilliarden von Ladungsträger-Teilchen (Protonen- und Elektronenpartikel) vorstellen, die mit der Erde in Wechselwirkung treten. Genau diese Teilchen sind für eine Schwächung oder Stärkung des Erdmagnetfeldes verantwortlich. Dies wiederum beeinflußt und steuert direkt die menschliche Psyche. Daraus wird nun erkennbar, daß die Menschen über das Erdmagnetfeld Informationen von der Sonne erhalten.

Welche Informationen bekommen wir von der Sonne eingespielt, und was wird uns dabei vermittelt?

Bedenke, daß sämtliches Leben auf der Erde – von den Mikroorganismen bis zum heutigen Menschen – entscheidend von der Sonne geprägt wurde und wird.

Heute gehört das kleinste bekannte Genom einem Bakterium, dessen DNS bereits aus 580.000(!) chemischen Buchstaben besteht. Das ist eine gewaltige Menge an Informationen, vergleichbar mit dem Inhalt eines Telefonbuchs. Nun sind Bakterien die kleinsten bekannten unabhängigen Lebenseinheiten.

Also stellen sich folgende Fragen:
Wie konnte sich unter den gegebenen Umständen das erste Bakterium spontan in einer leblosen chemischen Suppe bilden? Und wie konnte ein so komplexer Text wie ein Telefonbuch zufällig zustande kommen?

Doch das Ganze ist noch nicht zu Ende.

Auch unsere Sonne bekommt wiederum gerade Informationen von *ihrer* Sonne, um die sie sich dreht – die sogenannte Zentralsonne –, und das ist Sirius.

Sirius ist praktisch eine Art Hauptsonne. Eigentlich ist Sirius ein Doppelstern-System, da es Sirius A und B gibt. Doch das ist nicht von Bedeutung. Wichtig ist hier, daß dieser Sirius in direkter Verbindung zu unserer Sonne steht.

Ich erwähne das aus dem Grunde, weil es sich hier um genau das Bild handelt, das die Mayas vor vielen Jahrhunderten bereits aufgezeichnet hatten und uns heute als der *Tzolkin*, der Maya-Kalender, bekannt ist. In diesem Tzolkin wird beschrieben, wie ein „galaktischer Strahl" mehrere Sonnen verbindet und somit Informationen aus höheren Dimensionen vermittelt (siehe dazu Morpheus' Brain 9).

Die Trägersubstanz ist eine gigantische „Zeitwelle", wie man sie aus der Gravitationsforschung kennt.

Kann man die globale Zeitwelle nach dem Mayakalender kalibrieren?

Einigen Wissenschaftlern ist es gelungen, den Tzolkin und das I-Ging miteinander in Verbindung zu bringen und aufzuzeigen, daß die entsprechenden Aussagen völlig identisch sind. Im galaktischen Programm spielt die Zahl 64 dabei eine wichtige Rolle. Das bedeutet, daß durch die Kalibrierung (Abstimmung) der Zeitwelle die Möglichkeit besteht, eine hohe Ereignisdichte auf der Erde vorauszusagen und auch zu analysieren.

Wer sich mit diesem Thema genauer befaßt, wird sehr klar ein überschaubares Bild von verschiedenen Strukturen unterschiedlicher Matrix-Ebenen erhalten.

Das Magnetfeld der Erde kann man sich wie ein Konstrukt vorstellen. Um Zugang zu dem Hyper-Raum zu bekommen, benötigt man ein Medium wie das magnetische Feld, um überhaupt Informationen abrufen zu können. Es bestehen zwar noch andere Möglichkeiten, die man sogar physikalisch beschreiben könnte, aber konzentrieren wir uns jetzt auf das Verbindungs-Medium *Erdmagnetfeld*.

Wir erfahren diesen Vorgang immer dann, wenn wir uns an etwas erinnern. In der Regel erfolgt dies, indem wir nachdenken. Dadurch nähern wir uns dem gesuchten Gedanken und gelangen damit auf die Resonanzebene. Die Leistung unserer körpereigenen Magnetfelder wird erhöht, und somit koppeln wir uns in den Hyper-Raum ein, um die gesuchte Information abzurufen. Das nennen wir dann *Erinnerung*.

Was können wir erwarten? Kommt da etwas auf uns zu, was wir wissen sollten?

In den letzten zwanzig Jahren trat eine gewisse Kontinuität des geistigen Erwachens unter den Menschen immer deutlicher in den Vordergrund. Dieses *geistige Erwachen* ist in jeder Hinsicht zu sehen. Die Naturwissenschaft versteht darunter zum Beispiel neuronale Phänomene, die sich zunächst als *Anomalien* äußern, die mit den bisher verfügbaren Mitteln nicht interpretiert und zugeordnet werden konnten. Auch neue Krankheitsbilder entstehen. Sie werden als *Zivilisationskrankheiten* bezeichnet, was einer ursächlichen Erklärung natürlich nicht näherkommt.

Ich möchte jedoch weniger auf die Krankheiten hinweisen, sondern vielmehr auf ein besonders verbreitetes Phänomen – das *hyperaktive Syndrom*. Dieses Syndrom ist sehr häufig auch ein Erkennungsmerkmal der eben beschriebenen *Indigo-Kinder*.

Erinnern wir uns: Die Indigo-Kinder, die überdies auch noch eine Resistenz gegenüber verschiedenen Umweltkrankheiten aufweisen, besitzen offenbar auch eine andere genetische Struktur (*G17*). Hier läßt sich eine gewisse Kontinuität erkennen. In den Jahren 1983/84 wurden die ersten Kinder mit super-medialen Fähigkeiten registriert; zuerst waren es einzelne, dann hunderte und dann sogar tausende weltweit, wobei China den Schwerpunkt bildete.

Hier geschieht im Moment etwas Gigantisches, Ungeheuerliches auf der Erde: **Es entsteht eine neue Rasse, die sich nicht mehr von der Matrix unterdrücken läßt!**

Parallel dazu zeigt sich eine ständig zunehmende Sonnenfleckenaktivität. Du weißt nun, daß die Elektronen als Informationsträger Informationen von der Sonne mit unseren hier auf der Erde austauschen können – sich also offenbar eine Wechselwirkung vollzieht. Der Weg führt offensichtlich über die Ur-Zentralsonne – das Zentrum unserer Galaxis – zur Zentralsonne *unserer* Sonne, also dem Sirius. Und von dort aus kommen Energieströme, die dann wiederum auf *unsere* Sonne treffen.

Man weiß heute genau, daß unsere Sonne in ein übergeordnetes System integriert ist und dieses wiederum in ein übergeordnetes und so weiter... Und so, wie in unserem Sonnensystem die Planeten um die Sonne kreisen, so kreist wiederum unsere Sonne um eine weitere...

Diese Entsprechung zwischen Sonnenaktivitäten und Geschehnissen auf der Erde ist im sogenannten *Tzolkin* oder auch in dem Buch *„Der Maya-Faktor"* des Autors José Arguelles sehr schön erkennbar.

Darin befindet sich eine Grafik über die Sonnenaktivitäten der letzten viertausend Jahre in Analogie der auf- und untergehenden großen Kulturen dieser Welt. Auf dieser Grafik ist erkennbar, daß zum Zeitpunkt der großen Reiche der Babylonier und Sumerer dieselbe Sonnenkonstellation herrschte wie heute. Die höchste Aktivität der Sonnenflecken ging offenbar mit der Blütezeit dieser Kulturen einher, und das Sonnenflecken-Minimum führte zum Untergang. Dieser Zyklus ist beim Auf- und Niedergang jeder großen Kultur zu beobachten (siehe dazu die Abbildung in Morpheus' Brain 9).

Demnach befinden wir uns gerade in einer Konstellation und einem Zustand, in dem sich Unter- und Aufgang eines Weltreichs abwechseln.

Die babylonisch-sumerische Epoche wurde von der ägyptischen Blütezeit abgelöst. Beim Untergang der ägyptischen Kultur erlebte das Hellenistische Reich seinen Höhepunkt. Dessen Untergang wiederum erhöhte die Epoche des Römischen Reiches und so weiter bis zur Gegenwart. Die Offensichtlichkeit dieser Zusammenhänge läßt sich bei solch einer Häufigkeit nicht mehr als *Zufall* werten.

Tatsächlich befinden wir uns gerade jetzt in einem kontinuierlichen Zyklus der Sonnenaktivitäten, und zwar von einem solchen Ausmaß an Aktivität, wie es in den letzten viertausend Jahren noch nie beobachtet wurde! Allein die von der NASA offengelegten Daten belegen dies sehr beeindruckend.

Weißt du, was das heißt?

Es ringt hier auf der Erde die natürliche Matrix gegen die künstliche Matrix! Wer wird gewinnen? Das entscheidest du!

Morpheus, kannst du diese unfaßbaren Analysen belegen?

Ein Kritiker könnte natürlich die Frage stellen, ob man denn überhaupt auf ein entsprechendes Datenmaterial von vor viertausend Jahren zurückgreifen kann? Die Antwort lautet: *„Ja"*.

Es gibt tatsächlich große Mengen an *Referenzmessungen*, die hierzu herangezogen wurden und werden. Zum Beispiel konnten durch die Entnahme von Gesteinsproben, geologische Messungen, Eisbohrungen und Messungen an uralten Bäumen (es gibt tatsächlich mehrere tausend Jahre alte Bäume) interessante Erkenntnisse gewonnen werden. Anhand dieser Referenzmessungen kann man den Stand der damaligen Sonnenaktivität genau nachvollziehen. Und tatsächlich konnten in den Untersuchungen Analogien zu den Sonnenfleckenaktivitäten festgestellt werden.

Diese Ereignisse und die so gewonnenen wissenschaftlichen Daten sind deckungsgleich unstrittig. Aus diesen faktischen Ergebnissen läßt sich eine Art Indizienverlauf, ein gewisser *Zyklus* ganz klar ableiten, auf den wir uns heute wieder zubewegen. Damit entspricht das Jahr 2012 exakt dem Kalibrierungsbereich und dem errechneten Zyklus des Werdens und Vergehens der Mayas und deutet auf ein erneutes Maximum der Sonnenaktivität im Jahr 2012 hin. Etwas Altes stirbt und etwas Neues entsteht – und dieses Mal auf einer bisher noch nie dagewesenen Intensitäts- und Dimensionsebene.

Der Kampf der Matrix gegen die Menschen wird den Höhepunkt erreicht haben – doch der Mensch hat beste Chancen!

Zurück zu den großen Zyklen:
Dieser kontinuierliche und parallele Verlauf von Sonnenaktivitäten und dem Auf- beziehungsweise Niedergang der Kulturen sowie die spirituellen Entwicklungen unserer Zeit weisen auf eine direkte Synchronizität mit der Befreiung aus der Matrix hin. Eine ständig wachsende Anzahl von Menschen erwacht aus ihrer geistigen Lethargie und ihrem marionettenhaften Dasein.

Genau wie der Hacker *Neo* bemerken sie, daß etwas nicht stimmt, und begeben sich auf die Suche. Sie wollen wissen, was wirklich vorgeht!

Die Analogie zur jüngsten Entwicklung auf der Erde läßt in diesem Zusammenhang auf einen Dimensionssprung der Menschheit schließen. Der Begriff *Dimension* sollte hier jedoch nicht mit dem zwölfdimensionalen Raum verwechselt werden. Dieser Aufstieg der Menschheit in die fünfte Dimension ist vielmehr den Bewußtseinsaspekten zuzuordnen. Das bedeutet, daß die Menschen wesentlich bewußter leben und agieren und damit die Stofflichkeit auch eine völlig andere Qualität bekommt.

Befreie deinen Geist – dann wirst du alles verstehen und positiv mitgestalten können.

Wie soll man sich das vorstellen?

Dieser Dimensionswechsel ist derzeit vor allem noch auf einer intuitiven, inneren Ebene wahrnehmbar und gar nicht so sehr im äußeren Bereich. Die äußere Wahrnehmung verändert sich entsprechend einer

neuen, inneren bewußten Einstellung und Wahrnehmung. Wir haben dann eine Qualität des Seins erreicht, die uns von der Matrix befreit. Ja, wir sind dann zu unserer *eigenen Matrix* geworden, prägen unser *eigenes Programm* und sind wieder Schöpfer unserer *eigenen Realität*!
Du wirst souverän und damit frei!

Alles, was wir denken, wird sehr rasch erschaffen, und wir können auch sofort mit Gedanken anderer in Aktion treten. Wir sehen und hören sozusagen, was andere denken. Aus dieser Wirklichkeit heraus ist es dann nicht mehr möglich, andere zu betrügen, denn das, was wir heute als *geheim* behandeln, kann dann nicht mehr sein.

Kann man den Stichtag 31.12.2012 auch als das Ende des Programms sehen? Funktionieren diese siebzig Prozent Marionettenhaftigkeit vielleicht nur bis zu diesem Datum?

Halte dir dies vor Augen: Anerkannte spirituelle Menschen und Gemeinschaften aller Kontinente und aller Kulturepochen der Erdgeschichte sprechen bis heute von diesem Aufstieg der Menschen in die fünfte Dimension unter den oben genannten Voraussetzungen.

Beziehen wir uns noch einmal auf die Perspektive des *Heim'schen Raumes* und die zwölf Dimensionen. Die Dreidimensionalität ist von der vierten Dimension getragen, der sogenannten Zeitdimension, ohne die eine Bewegung überhaupt nicht möglich wäre. Die fünfte Dimension führt den Menschen immer mehr in die Zeitlosigkeit.
Wenn man nun also davon ausgeht, daß die Zeit als solche im Jahr 2012 von der *Zeitlosigkeit* der fünften Dimension erfaßt wird, dann läßt sich daraus folgern, daß dies der Grundstein für den Austritt aus dem Programm der *Matrix* ist – zumindest für die Menschen, die sich auf die Suche begeben haben.
Diese *globale Welle*, die *stehende Kalibriationswelle*, oder der *galaktische Synchronisationsstrahl* (*Hunab-Ku*), wie die Mayas ihn bezeichnen,

der noch durch sämtliche Galaxien führt und diese miteinander verbindet, findet dann ein Ende.
Die Zeitrechnung als solche hört somit auf zu existieren.

Es gibt physikalische Versuche, die *Raum-Zeit* in ihren extremsten Formen darzustellen, wie zum Beispiel das Modell von Stephen Hawking. Dieses Modell mag zwar mathematisch zum Tragen kommen, aber ein Mensch würde diesen Dimensionswechsel sicherlich nicht in der von Hawking und anderen beschriebenen Art wahrnehmen. Die Zeit, die verstreicht, bleibt in der Wahrnehmung der Menschen sicherlich gleich.

Laß mir dir ein kleines Beispiel zur „Zeit" geben:
Nehmen wir als Beispiel *Zwillingsbrüder*. Der eine besteigt eine Rakete und fliegt mit Lichtgeschwindigkeit ins All, während der andere auf der Erde bleibt. Sie nehmen einen Uhrenvergleich vor. Für den einen im All vergeht vielleicht nur eine Minute, für den auf der Erde zurückgebliebenen Bruder vergehen jedoch zehn Jahre. So ähnlich kann man sich die Relation vorstellen. Was die Zeit angeht, verändert sich in der menschlichen Wahrnehmungsebene fast nichts.

Werden nun die Prophezeiungen definitiv eintreffen oder besteht die Möglichkeit einer Abänderung?

Alle Prophezeiungen, alle Wahrscheinlichkeiten, die jemals auch in der Vergangenheit ihre Richtigkeit hatten, sind in Erscheinung getreten, und die Prophezeiungen haben sich erfüllt.
Aber im Moment erfahren wir gerade eine neue Zeitqualität, in der offensichtlich ein Großteil der bisher zuverlässigen Prophezeiungen einfach nicht mehr in Erscheinung tritt. Genau das ist möglicherweise auch das Phänomen des *Bibelcodes*.

In Israel entdeckte man vor zirka acht Jahren, daß im jahrtausendealten hebräischen Ur-Text der Thora (die fünf Bücher Mose) eine Art *Code* verborgen ist. Durch ein komplexes mathematisches Computer-Programm, das vom jüdischen Professor Eli entwickelt wurde, konnte dieser sogenannte *Bibelcode* geknackt werden. Verschiedene Wortketten und Buchstaben aus diversen Textzeilen wurden hier miteinander verknüpft, unter Einhaltung bestimmter, abgezählter Abstände zwischen den Zeilen.

Man stellte nun fest, daß eine Vielzahl verschiedenster, geschichtlich bereits dokumentierter Ereignisse aus Vergangenheit und Gegenwart im Text ziemlich genau wiedergegeben wird. Die Umstände der Ermordung John F. Kennedys finden sich beispielsweise in diesem Text, zusammen mit vielen anderen Details, sogar der Namensangabe seines Mörders! Auch die Ermordung des israelischen Ministerpräsidenten Rabin wurde unter Angabe von Einzelheiten übrigens im Bibelcode gefunden.

Aus dieser und weiteren solchen Entdeckungen folgerte man, daß auch zukünftige Ereignisse in diesem Text enthalten sein müßten, und all das in einem Text, der bereits Jahrtausende zuvor verfaßt wurde.

Von der wissenschaftlichen Fachwelt wurde diese Tatsache mit erstaunter Ungläubigkeit aufgenommen, und viele Wissenschaftler versuchten, den Bibelcode mathematisch zu widerlegen. Über sechzig Millionen US-Dollar wurden investiert, um den Code zu widerlegen – völlig erfolglos übrigens.

Die Tatsache, daß du nichts darüber weißt, zeigt dir, wie effizient die Matrix funktioniert!

Hier nun aber etwas Besonderes:
Seit kurzem ist ein Kuriosum in Erscheinung getreten – auch im Rahmen des Bibelcodes: Durch den Bibelcode – der selbst ein Programm ist – wurde auch so etwas wie eine *verborgene Matrix* wiedergefunden. Bis jetzt wurde nur der erste Teil, die Oberfläche dieses Programms entdeckt, da man die Matrix bisher nur bis zu einem bestimmten Punkt abspulte.

Im Jahr 1998 geschah dann etwas Besonderes. Ein im Bibelcode erwähntes Ereignis passierte erstmals nicht wie vorausgesagt: In Jerusalem hätte eine Atombombe explodieren sollen.

Die Forschungsinsider waren natürlich erstaunt und nun wurde alles bisher Gefundene ebenso in Frage gestellt. Stimmte dieser Code nun wirklich oder nicht? Namhafte Mathematik-Professoren verschiedener Universitäten, allesamt Koryphäen auf ihrem Gebiet, hatten sich damit auseinandergesetzt. Sogar die Dechiffrierabteilungen der britischen Elite-Universitäten Oxford, Stanton und Eton hatten sich mit diesem Thema befaßt. Mit Millionenaufwand sollte hier ein Beweis erbracht werden, daß der ganze Bibelcode nichts als eine Einbildung ist und doch fanden sie absolut nichts, um diese Theorie zu widerlegen – und dann dies.

Daraufhin wurde die Matrix-Suche erweitert, und die Wissenschaftler prüften neue Wort- und Buchstaben-Kombinationen aus. Und tatsächlich, sie fanden weitere Informationen. Unter anderem den überraschenden Satz: *„Werdet ihr es ändern?"*

Das erste Mal war nun ein Hinweis aufgetaucht, daß es nichts Unveränderliches gibt und der Bibelcode nicht einfach „Schicksal" ist, sondern umgewandelt werden kann.

Dies entspricht einer Auskopplung aus der *künstlich geschaffenen Matrix*, der Matrix, welche die Menschen in ihrem Programm gefangenhält und sie nicht erkennen läßt, wer sie wirklich sind!

Es ist also davon auszugehen – und darin sind sich die Forscher, Skeptiker und Wissenschaftler einig –, daß unser Freiheitsgrad erhöht wird. Unser *Freier Wille*, unsere Entscheidungen und unsere Gedankenkonzentration gewinnen zunehmend wieder Verbindung mit unserer Herzqualität, was bedeuten soll, daß sich die Kopflastigkeit auf die harmonisierenden Emotionen unserer Intuition verlagert.

Somit könnte der 31.12.2012 auch so etwas wie ein Datum für den absoluten Zugang zum *Freien Willen* und der nie gekannten wirklichen Freiheit der Menschen sein.

Wie gesagt: Es hängt auch von dir ab!

Von apokalyptischen Szenarien kann also nicht die Rede sein, aber vom Ende der Einflußebenen der künstlichen Matrix.
Und: Am Ende beginnt ein neuer Anfang!

Wenn das alles festgeschrieben ist, auch dieses Datum, gibt es dann nicht trotzdem noch diese Kurve, diese feste Richtung? Wenn zu diesem Datum die jetzige Matrix, die uns umgibt, aufhört zu existieren, entsteht dann für uns eine neue Matrix? Oder ist die Matrix, die jetzt parallel dazu existent ist, nur die einzige, die wir noch erkennen? Wird dann nur ‚eine' Matrix rausgenommen aus der Summe der Matrizen?

Es ist so, daß alles, was jetzt gerade geschieht, alle Szenarien, die sich im persönlichen Leben der Menschen zu dieser Zeit abspielen, im Grunde genommen genau die größten Problem-Themen eines Individuums darstellen. An den Stellen, wo es am meisten schmerzt, ist der Mensch dem Ausgang am nächsten. All diese ganzen Stressoren sind einfach nur Alarmsirenen, **um die Menschen daran zu erinnern, wer sie wirklich sind!**

Die Menschen werden derzeit an ihre psychischen Grenzen geführt, um aufzuwachen, denn es ist nicht mehr weit bis zu dem Punkt, an dem die Zeit des alten Programms abgelaufen sein wird – nämlich im Jahre 2012.

Diese neue Ära wird sich in zwei Ebenen aufteilen. Es wird Menschen geben, die tatsächlich erwacht sind; und die anderen Menschen werden weiterträumen, weiterschlafen und praktisch im Traum eines anderen aufwachen. Damit folgen sie weiter einer neuen, fremdbestimmten Matrix.

Wenn wir uns bewußter umschauen und uns die Menschen genauer betrachten, werden wir feststellen, daß sich diese tatsächlich in diese zwei Lager aufteilen lassen. Die einen wollen und können sich eine Alternative zu ihrem Leben nicht vorstellen, die anderen hingegen sehr wohl...

Und das, obwohl Neurophysiologen behaupten, die Menschen hätten lediglich zwei Prozent *Freien Willen*, was im Umkehrschluß bedeutet, daß 98 Prozent dem Programm der Matrix zugeordnet werden müssen.
Sie – steuert – noch – dein – Leben!

Du sprichst ja davon, daß wir uns auf die fünfte Dimension zubewegen, und von den verschiedenen Veränderungen, auch in unserer Wahrnehmung. Bedingt das nicht, daß wir dann ebenfalls andere genetische Informationen in uns tragen und unsere Wahrnehmungsorgane insofern erweitert werden, daß wir vielleicht, wie manche behaupten, in Richtung einer Zwölf-Strang-DNS gehen? Ist es überhaupt möglich, in diesem kurzen Zeitraum unsere DNS so zu verändern?

Wir haben uns bereits damit beschäftigt, in welchem Zusammenhang die Leitfähigkeit der psychoaktiven Substanzen (Tryptamin/Pinoline) innerhalb des eigenen Körpers mit der DNS und ihren Wahrnehmungsqualitäten steht. Die Menschen sind, so haben wir festgestellt, durch ihre DNS und Mikrotubuli direkt und optimal mit dem Hyper-Raum verbunden (genauer natürlich die Elektronen der DNS) – und zwar immer entsprechend unserer Bewußtseinslage. Der *innere* Weg dazu führt über die Bewußtheit, Meditation und so weiter; der *äußere* über sehr spezifische, psychoaktive Substanzen, die jedoch gefährlich sind.

Wir sollten bedenken, daß der menschliche Körper diese Substanzen selber produziert, immer genau im Verhältnis zur individuellen Bewußtseinslage!

Kehren wir nun zurück zur gestellten Frage. Es gibt eine sogenannte *Junk-DNS*, nämlich den inaktiven Teil der DNS. Wie gesagt, spricht man von etwa zwei Prozent aktiver DNS und beim Rest, also den 98 Prozent, von „Müll" (engl.: *junk*), was in Wahrheit nur darlegt, daß die heutige Wissenschaft nicht in der Lage ist, den übrigen 98 Prozent eine

Funktion zuzuordnen. Eine Erklärung für die Frage nach dem „*Warum*" wurde bis heute nicht gefunden, und dieser Erkenntnisstand ist weiterhin ein rätselhaftes Phänomen in der Genforschung. (Ähnlich verlief die Zuordnung der Funktion der Zirbeldrüse. Tatsächlich ist die Zirbeldrüse eines der wichtigsten und interessantesten Gehirnorgane überhaupt.)

Speziell was die *Indigo-Kinder* angeht, hat sich in der menschlichen DNS tatsächlich etwas verändert. Den Bio-Physikern ist bekannt, daß die menschliche DNS klassische Eigenschaften einer elektromagnetischen Antenne besitzt. Wenn ich dir nun in Erinnerung rufe, daß ihr Empfangs- und Sendepotential exakt auf unsere Sonne ausgerichtet ist, kannst du dir die sich daraus ableitenden Möglichkeiten selber ausmalen…!

Es gibt wissenschaftliche Analysen, die zeigen, daß sich aus dieser *Junk-DNS* eine neue Formation bildet. Es geht in Richtung einer Ausbildungstendenz zu einer DNS mit zwölf Strängen. Diese wissenschaftlichen Schlußfolgerungen korrespondieren mit den Aussagen und Prophezeiungen von Naturvölkern und ihren seherischen Kräften. Daraus geht hervor, daß die Entitäten, die das Menschengeschlecht erschufen, damit gleichzeitig auch das genetische Programm veränderten – sie vermischten einen Teil ihrer DNS mit dem Material, das sie hier vorfanden. Ihre DNS wiederum, so wird angenommen, entspricht wohl der Zwölf-Strang-DNS – die Menschen hatten damals bereits eine Zwei-Strang-DNS – und marschieren sozusagen im *Sparmodus* durch ihr Leben.

Wenn wir nun unsere Antennen-DNS-Darstellung von eben betrachten, besteht durchaus eine Kommunikation zwischen menschlicher DNS und der Sonne. Damit ist auch klar, daß alle Sonnenaktivitäten einen Einfluß auf den Menschen und sein Umfeld haben müssen. Durch diese Wechselwirkung können demnach Informationen abgerufen werden.

Unsere Sonne wiederum steht bekanntlich in Verbindung mit dem Sirius – der Zentralsonne –, der seinerseits eine Verbindung zur Ur-Zentralsonne besitzt, also dem galaktischen Zentrum, von dem man heute weiß, daß es sich um ein gigantisches *Schwarzes Loch* handelt. Bekanntlich sind nun wiederum *Schwarze Löcher* Dimensionstore. Somit sind auf einer speziellen Ebene Verbindungen zu anderen Universen oder Dimensionen möglich.

Aus diesen Fakten leiten sich auch die Entsprechungen des Tzolkin und seines Kalibrierungsschlüssels ab. Und in der Tat: Auch der Tzolkin geht von einer Urquelle aus und beschreibt in klarer Weise die Verbindungsetappen, die erst heute von der Wissenschaft entdeckt werden konnten.

Wie ist es möglich, diesen Prozeß der Veränderung der genetischen Struktur, der lange Zeit im Stillstand verharrte, jetzt wieder in Gang zu setzen? Wo liegt der automatische Auslöser, um den Prozeß bis 2012 abzuschließen? Oder hat hier „jemand" nachgeholfen?

Diese Fragen lassen sich nicht ausschließlich nach naturwissenschaftlichen Kriterien beantworten.

Zunächst wird durch die Kalibrierung eine Art *Feinabstimmung* mit dem galaktischen Zentrum vorgenommen. Dort besteht auf höchster kosmischer Ebene ein naturgemäßer Einfluß, der ungeachtet aller anderen Matrix-Programme in übergeordneter Weise das Ur-Programm wieder aufrufen kann. *Übergeordnet* bedeutet in diesem Fall: völlig unbeeinflußt von den manipulierten Ebenen unserer Matrix und aller anderen Matrizen. Das Ur-Programm, die Ur-Matrix, wir erinnern uns, wurde vom Allschöpfer selbst erschaffen. Sie entspricht dem naturgemäßen *Sein* und beinhaltet den hundertprozentigen *Freien Willen*. Zu irgendeiner Zeit wurde von Entitäten in diese Gegebenheit eingegriffen und etwas verändert. Wir erinnern uns an die erste Garde der *ersten Schöpfungsentitäten*, die sich in unterschiedliche Fragmente aufteilte und durch die Polarität die Dynamik des Wirkens aufrechterhält. Um sich das noch besser vorstellen zu können, mag es hilfreich sein, diese Seiten in eine *Weiße Bruderschaft der Erinnerung* und eine *Schwarze Bruderschaft des Vergessens* aufzuteilen. Letztere schufen die *künstliche* Matrix.

Dennoch wirkt immer noch die Allschöpfer-Matrix oder Quelle als kalibrierender und allerhöchster Lenker der Geschicke. Wie eine Art über allem stehender *Reset*-Knopf ist die große Schaltzentrale der Allschöpfer-Ordnung und der All-Liebe für keine einzige Ebene anfechtbar – also auch nicht für die *Schwarze Bruderschaft*!

Es ist aber ganz offensichtlich so, daß in dem Maße, in dem sich unsere DNS jetzt im Sinne des galaktischen Synchronisationsstrahls durch die Kalibrierung verändert, sie auch einem Veränderungsprozeß unterliegt. Damit verringert sich ebenfalls unser Resonanzboden für die Matrix und ihren Einfluß auf unser Leben.

Die Sonne wirkt maßgeblich auf die Erde ein und leitet eine Entwicklung ein, welche die Menschen wieder zu einer Zwölf-Strang-DNS führt und damit zum Verlassen der Matrix.

Mein Freund, ich möchte noch einmal betonen, wie wichtig es ist, in deine Mitte zurückzukehren und in die Authentizität deiner eigenen Herzens- und Liebesenergie. Denn im Schutzmantel dieser Energie ist ein Mensch all solchen Angriffen und Manipulationen gegenüber absolut resistent und kann unbeeinflußt und frei bei sich selbst bleiben. Das ist in der über allem stehenden All-Liebe bedingt, und man könnte dies als die *vollkommene Seelenfreiheit* jedes Menschen betrachten, zu welcher er jederzeit Zugang hat. Erinnere dich an die *Silberschnur* der Seele, diese ewige, unzerstörbare Verbindung zur Allschöpfer-Ebene.

Kommen wir nun zurück zur Grundstruktur des Programms:
Der *Stanley-Miller-Versuch* beschreibt, wie Aminosäuren als Grundlage des Lebens entstehen beziehungsweise künstlich geschaffen werden können. Dieser klassische Versuch demonstriert die entscheidende Phase des Übergangs von der Chemie zur Biologie, von starrer Materie zum Leben auf der Erde.

Dieser Versuch demonstriert, daß das Programm der biologischen Evolution, welches vor Milliarden von Jahren auf unserer Erde begann, durch elektromagnetische und gravitative Einflüsse gesteuert wird! Die Evolution, bekannt als *Selektion* und *Anpassung*, ist zusätzlich noch ein guter Beweis für die Existenz eines Plans – einer natürlichen Matrix.

Aber wichtig ist eigentlich nur, daß wir uns klarmachen, daß es im Rahmen eines vorgegebenen Programms eine gewisse Grundstruktur gibt. Diese Grundstruktur wirkt sich allerdings unterschiedlich aus und läßt eigene Einflußoptionen noch bedingt zu. Darüber hinaus existieren jedoch offenbar noch „übergeordnete Entitäten", die auf die Erde kamen, um mit der naturgegebenen DNS zu experimentieren. Durch diesen Einfluß entwickelte sich der Mensch, so wie wir ihn heute kennen. Auch wenn die menschliche DNS durch künstliche und manipulative Einflüsse verändert wurde, so handelt es sich doch „*nur*" um den menschlichen Körper.

Wir bestehen jedoch nicht nur aus unserem Körpern. Möglicherweise sind wir alle gefangene Seelen, die in einem Körper eingeschlossen sind?

Und doch wäre diese Gefangenschaft bloße Illusion. Es fehlt im Grunde nichts als die *Erinnerung* und der *Zugriff* auf unser eigentliches Potential. Dann wissen wir, wer wir wirklich sind, können unser eigenes Dilemma erkennen und die *künstliche Matrix* „verlassen".

Muß man sich den Allschöpfer eigentlich als eine Art „Ur-Elektron" vorstellen? Hat er sich, als er seine sogenannten „Erzengel" erschuf, dabei geteilt, oder hat er einfach nur Energie hinzugewonnen? Und wie sieht das mit den verschiedenen Ebenen aus? Löst sich aus der darüberliegenden Ebene jeweils ein Teil auf, so daß in der darunterliegenden Ebene auch wieder die Summe der darüberliegenden vorhanden ist?

Die Wahrnehmung der Allschöpfer-Ebene und seine eigene Reflektion leitet den Prozeß der Polarität ein. Und das ist im Grunde genommen der entscheidende Punkt, der ja erst Materie, also die physischen Universen, entstehen ließ. Dies war der Schöpfungsbeginn im physikalischen, galaktischen und interkosmischen Sinn. Außer unserem Universum existieren ja auch noch – davon gehe ich aus – Vater-Universen, Tochter-Universen, Parallel-Universen und so weiter. Alten Überlieferungen nach *„dachte der Allschöpfer über sich selber nach"*, und in dem Moment, in dem sich ein Gedanke vollzieht, existiert ja bereits die Zeit, denn ohne das Vorhandensein der Zeit ist „Denken" gar nicht möglich. In dem Moment, als Er anfing *nachzudenken*, entstand also die Polarität.

Gab es zu der Zeit der bloßen Existenz des Allschöpfers bereits die zwölf Dimensionen, oder erschuf er diese zwölf Dimensionen selbst?

Sie wurden genau in dem Moment seines Nachdenkens erschaffen. Seit Burkhard Heim ist deutlich zu erkennen (zum Beispiel mathematisch), daß der Allschöpfer „über" der *X12-Ebene* steht.

Wie wirkt sich dieses Wissen jetzt auf unseren Alltag in der Matrix aus? Wie können wir sinnvoll damit umgehen?

Jeder zieht seinen ganz individuellen Schluß daraus, und jeder kann für sich seinen *Freien Willen* in Anspruch nehmen. Jeder Mensch besitzt seine ganz individuelle Wahrnehmungsebene und seine eigenen Wünsche.

Feststeht, daß es etwas Übergeordnetes und Naturgemäßes gibt, das man im weitesten Sinne als den *Sinn des Lebens* bezeichnen kann. Dieser *Sinn des Lebens* bezieht sich auf den ganzheitlichen Kosmos. Der Schöpfungszyklus selbst kann wiederum als *Sinn-Beispiel* für unser eigenes Potential, unser Erbe, angesehen werden.

In Wirklichkeit sind wir alle Teile des Ganzen. Letztlich finden sich in nahezu allen Glaubensrichtungen, inklusive der Natur- und Weltreligionen, immer wieder Darstellungen, die ein ähnliches Bild skizzieren.

Oberflächlich ist es wichtig, von welcher Perspektive aus etwas beurteilt wird. Soll man es als Philosoph betrachten, als Geisteswissenschaftler, als Theologe oder als Naturwissenschaftler? Jede Richtung legt ihre Hauptgewichtung in der Argumentation anders. Ich versuche, all diese Aspekte bei meiner Antwort zusammenzufassen, weil ich alles in mir vereinen kann: Der Allschöpfer hat das Universum und die Universen erschaffen und somit die Materie. Der *Geist* ist die direkteste Form, über die man mit dem Allschöpfer in Verbindung treten kann. Dabei wird es irgendwann mal zu einem Punkt kommen, an dem sich alles wieder in sich vereinigt.

Denn es stellt sich die Frage, ob wir nun ein ewig *expandierendes* (sich ausdehnendes) Universum oder ein *oszillierendes* Universum haben, das sich irgendwann in einer Art Kontraktion wieder zusammenzieht?

Für unsere „größere Betrachtungsweise" ist es unerheblich, ob wir uns nun weiter entfernen oder uns irgendwann wieder materiell miteinander vereinigen. Es geht hauptsächlich um das, was als Geist- und Seelenaspekt übrigbleibt. Es geht um genau das, was irgendwann die gesamte kosmisch-galaktische Reise des Universums mitgemacht und mit all diesen Erfahrungen angereichert hat – und dorthin wieder zurückkehrt, wo es einst herkam. Es geht dort hin, wo jeder auf seiner eigenen Wahrnehmungsebene eine Bereicherung erfahren hat, und nun seinen Seelengeschwistern zur Verfügung steht. Dort erkennt man sich in der Freude und Euphorie des Seins wieder, in dem Wissen, daß man immer ein Teil davon war.

Man erkennt, daß das Gefühl der Trennung einfach nur eine Illusion war und kann die *kosmische Hochzeit* in der geistigen Vereinigung seiner Seele feiern. In ganzer Klarheit sieht man, daß wir alle zusammen den Allschöpfer als solches ausmachen.

Das ist die Zusammenfassung *meiner* Wahrnehmungsebene. Es geht im Grunde darum, daß jede Seele anstrebt, wieder in die Allschöpfer-Einheit zurückzukehren. Denn das ist ihr erklärtes Ziel.

Die Absicht, die eigentlich dahintersteht, ist, daß der Allschöpfer sich erfahren möchte. Voller Liebe, Freude und Hingabe sollten wir eigentlich unser gesamtes kosmisches Potential ausnutzen, und das bedeutet, auf den Vollbesitz unserer Schöpferqualitäten, also auf unsere hundert Prozent Freiheitsgrad hinzuarbeiten. Was wir in Freude wünschen, geschieht auf der Stelle. Und dieses Szenarium ist unvorstellbar und quasi in den Konstellationen und Variablen seines Facettenreichtums durch keine Zahl, die wir definieren können, darstellbar.

Ich kann mir durchaus vorstellen, daß der Schleier des Vergessens und des Erinnerungsverlustes bezüglich vorangegangener Inkarnationen den tieferen Sinn hat, die Erfahrungskette einer Seele zu wahren. Mit einer totalen Erinnerung würden sicherlich keine neuen Erfahrungen mehr gemacht werden wollen. Es fehlt sozusagen die Motivation.

Erst dann, wenn die ganze Kette der gesammelten Erfahrungen durchlaufen wurde, kann sich die absolute Reinheit der Liebe und Freude durch einen vollkommenen Austausch mit *ALLEM-WAS-IST* vereinen.

Wenn eine Seele auf irgendeiner Ebene zu früh aus diesem Spiel aussteigt (und zur All-Schöpfungs-Ebene zurückkehren möchte), wird die Erfahrungsschleife durchbrochen und die Weiterentwicklung unterbunden. Nicht etwa nur für diese Seele, sondern auch für alles andere, was durch den Erfahrungsaustausch mit ihr verbunden ist – also das ALLES des gesamten Seins im Kosmos. Damit könnte der Ursprung der Reflektion des Allschöpfers dann nicht das kosmische Ganze berühren.

Aus dieser Perspektive heraus betrachtet, erscheinen selbst die *Reiseerfahrungen* einer manipulierten Etappe, die ich bisher die *künstliche Matrix* nannte, als Reiseerfahrungen mit besonderen *Schwierigkeitsgraden*.

Jeder Mensch hat durch seine innersten Gefühle und seine ungetrübte Wahrnehmung immer die Möglichkeit, sich aus dem manipulativen System selbst herauszunehmen (ganz gleich wie „dick die Mauern dieses Gefängnisses" auch sein mögen). Jeder trägt tief in sich das Wissen, in Wirklichkeit immer und ewig ein Teil des Allschöpfers zu sein und daß nichts und niemand wirklich Macht über ihn haben kann.

Letztlich ist auch der symbolische „Widersacher" („Satan") nur eine Figur im kosmischen Spiel (offenbar die mit der *undankbarsten Rolle*), die ihren Beitrag zu dessen Fortführung leistet, genauso wie es der faustische Dialog mit dem Teufel darstellt.

Wenn alles am Ende eins ist, dann ist der satanische Aspekt im Grunde als Liebesdienst für den Allschöpfer zu werten. Einer muß der sogenannte *Böse* sein, da das *Gute* und das *Böse* die subjektiven Vertreter der Polarität darstellen. Sie sind, wie es das Yin-und-Yang-Symbol darstellt, beide Bestandteil eines Ganzen.

Um sich den Regeln einer „zivilisierten" Umgebung anzupassen, lernt ein Hund innerhalb seiner Ausbildung die Lektion von *gut* und *böse*, indem ein Mann mit einem großen Handschuh in Erscheinung tritt und den *bösen* Angreifer spielt, denn sonst kann der Hund nicht unterscheiden lernen. Für diesen Hund verkörpert der böse Mann all das, was er später einmal bekämpfen wird. Die Konditionierung von *gut* und *böse* ist eigentlich rein subjektiv zu verstehen.

Worauf ich hinaus will ist, daß der „böse Mann" natürlich in Wirklichkeit nicht böse ist. Nur hätte der Hund seine Lektion nicht gelernt, wenn er selbst dieses Spiel durchschaut hätte...

Heißt das im Endeffekt auch, daß wir zur Bewußtseinserweiterung und Energiegewinnung des All-Einen beitragen?

Wenn Energie *Information* und *Erfahrung* beinhaltet, dann lautet die Antwort: „*Ja!*"

Energie kann bekanntlich immer nur umgewandelt, also ausgetauscht werden, aber nie verlorengehen. Die Gesamtmenge der Energie, die von Beginn an – durch den Schöpfungsakt – in Erscheinung trat, ist auch nach dem Austausch weiterhin vollständig vorhanden. Keine Energie, nicht einmal ein Quentchen davon, kann hinzugewonnen werden oder verlorengehen. Energie kann lediglich verschoben werden, da Energie eine Form von Information ist.

Der Allschöpfer lebt natürlich nicht von unserer Energie. Aber wenn man so will, könnte man sagen, daß er *mit* unserer Erfahrung und unserer Liebesenergie lebt. Diese *Liebesenergie* darf man sich nicht wie das Verhältnis aus Spannung und Strom vorstellen (U x I=W). *Liebesenergie* ist eher eine Energie, die bereits alles in sich selbst beinhaltet. In dieser reinen Energie endet jedwede Spiegelung; sie ist völlig frei und ungebunden in jeglicher Hinsicht. Diese Energie speist sich nur aus sich selbst und ist das, was den großen Denkern und Weisen als das ALL-EINS-SEIN bekannt ist. Der Allschöpfer erfährt sich nur in allen hinzugewonnenen Aspekten seiner Reflektions-Einheiten innerhalb der kosmischen Schöpfung; aber nicht in ihrer freigesetzten Energie.

Das Entscheidende des Lebens in der Matrix auf diesem Planeten ist, was wir hier verwirklichen. Hier entscheidet sich, ob eine „Etappe" nochmals wiederholt wird oder nicht. Die Chance hierzu bietet sich jedem Menschen; nur zeigt sie sich oftmals in einer unbequemen „Verkleidung". Im Außen stellt sich so etwas eher wie ein Hindernis, etwas Unbequemes und Ungewöhnliches dar. Da es sich hierbei um die Ausgangs-Ebene der Ur-Matrix handelt, sind im Spielfeld unserer *künstlichen Matrix* natürlich auch Widerstände zu erwarten. Durchschauen wir jedoch dieses Spiel, so reduzieren sich die Hindernisse im Verhältnis zu unserer inneren Überzeugung.

Es geht letztendlich darum, die wahre Essenz unseres Allschöpfer-Seins in uns selbst zu entdecken, zu akzeptieren und wahrhaftig zu leben.

Jeder von uns, der sich wirklich ehrlich in all das hier Erfahrene hineinversetzt hat, erfährt eine Sensibilisierung in seinem Leben und wird feststellen, daß etwas Tiefes mit ihm geschehen ist, ob er sich dies bewußt eingesteht oder auch nicht.

Die Perspektive unserer Wahrnehmung hat sich verändert. Diese neugewonnene Aufmerksamkeit läßt uns alle spüren, daß tatsächlich etwas anders ist als vorher. Mit jeder neuen Erfahrung macht sich allmählich eine neue Gewißheit breit. Die Gewißheit wächst, und wir haben irgendwann den Punkt erreicht, an dem wir uns auf eine neue Ebene begeben. Mit zunehmender Wachheit koppeln wir uns aus dem künstlichen Einflußbereich aus. Im gleichen Verhältnis erstellen wir dann unsere eigene Realität und werden somit zum Schöpfer unserer eigenen Wirklichkeit.

Die wahre innere Freude gewinnt wieder ihren Platz, und das Bewertungsspiel der Manipulation hat seine Bedeutung einfach verloren.

Wir treten mit unserer Umwelt in Interaktion, wahrscheinlich in einer ähnlichen Form wie hier, und richten unsere Sinnesorgane sicherlich anders aus als bisher. Durch unser eigenes Erkennen entziehen wir uns zunehmend der weitreichenden Sinnesüberreizung der Außenwelt – durch Mode, TV, Radio, Computer, Werbung und so weiter. Im selben Maße erfahren wir eine neue Emotion, die ein wunderbarer Ersatz für die zuvor angestrebten äußeren, oberflächlichen „Kicks" ist. Diese Emotion erfahren wir in einer Form und Intensität von Freude, die wir uns im Moment einfach noch nicht vorstellen können. Wir erfahren die wahre Bedeutung von Freiheit und erkennen, daß alle unsere bisherigen Handlungen lediglich Ersatzbefriedigungen hierfür waren. Und wir werden zum eigenen Beobachter unseres Denkens und Handelns.

Wenn wir uns sicher sind, daß wir mehr sind als unsere Gedanken, können wir damit beginnen, sie umzuformen und darauf zu achten, daß wir möglichst liebevolle Gedanken in unsere Welt setzen.

Eine wahre Selbst-Erkenntnis führt uns zu innerer und äußerer Harmonie, und wir sind wieder ein souveräner Regisseur und Schöpfer unseres eigenen Lebens.

Wir sollten auch bedenken, daß all diese Prozesse nicht auf Knopfdruck geschehen – dieses bedarf einer gewissen Entwicklung. Doch bereits jetzt verändert sich unsere Wahrnehmung der Dinge um uns. Wir erkennen die Dinge mehr und mehr als das, was sie wirklich sind.

Im Grunde genommen haben wir bereits die *rote Pille* geschluckt, indem wir bis zum Ende dieser Darstellung der Botschaften gefolgt sind.

Zum Schluß noch ein ganz besonderer Rat: Achte immer auf deine Gewohnheiten und deine Routine, denn sie sind die Verhinderer deiner Freiheit.

Überall dort, wo sich Gewohnheit und Routine breitmachen, dort herrscht das Programm der *künstlichen Matrix* in Perfektion.

Und dort, wo die Spontaneität lebt, regiert auch der *Freie Wille*...

Ist dies nicht der Glaube an das Unmögliche?

Als Neo innerhalb der Matrix von Agent Smith getötet wurde und im „angeschlossenen Sessel" innerhalb der „realen Welt" gleichzeitig verstarb, hielt Trinity seinen Kopf und sagte: *„Unmöglich!"* In Trinitys Vorstellung dominierte der Glaube an etwas, was sich mit dem Tod Neos nicht vereinbaren ließ. Offenbar war dieser Glaube stärker als dieser scheinbar unumstößliche Tatbestand.

Trinity glaubte an das Unmögliche!

Clemens von Alexandria sagte einst: *„Wenn das Unerwartete nicht erwartet wird, wird man es nicht entdecken, da es dann unaufspürbar ist und unzugänglich bleibt."*

Ehe wir uns gleich weiter mit diesen Hintergründen beschäftigen, bleibt festzuhalten, daß dieser Glaube offensichtlich seine entsprechende Bestätigung fand. Neo erwachte einen Augenblick später zu „neuem" Leben...

Naturwissenschaftlich betrachtet ist der *Glaube* eine Einheit aus Gefühl und Wille. Gefühle gehören dem Unterbewußtsein an und der Wille dem Bewußtsein. Der *Glaube* verwendet zu seiner Realisierung deshalb Unterbewußtsein und Bewußtsein zusammen. Die in den positiven Glauben investierten Gefühle sind Hoffnung, Zuversicht und Vertrauen.

In unserem Bewußtsein drückt sich dieser Glaube als Gewißheit aus. Körpereigenes *wahres* Wissen wird zum *Gewahr*-Sein. Der Glaube ist deshalb eine so starke Kraft in uns, weil beide, das Bewußtsein (über den Willen individuell) und das Unterbewußtsein (über das Gefühl archetypisch) zum Einsatz kommen.

Körpereigenes Wissen ist daher eher der Intuition und dem Unterbewußtsein zuzuordnen, im Gegensatz zum *intellektuellen* Wissen, das vom Bewußtsein aufgebaut wird.

Nach den Gesetzen der Quantenphysik fungiert der Glaube als eine Art *Realitätsschalter* und *Quantenlöscher* (Prof. U. Warnke).

Elementar materielle Ereignisse (Quantenereignisse) entstehen aus einem breiten Spektrum von Möglichkeiten. Solange man den Elementarteilchen (Quanten) nicht erlaubt, sich wie Teilchen zu verhalten, also das, was man eigentlich von ihnen erwarten sollte, kommt ihnen keine bestimmte Position zu (*Unschärferelation* von Heisenberg).

Im physikalischen Vakuum entstehen Teilchen und Antiteilchen aus dem Nichts und verschwinden auch wieder dahin. Letztlich „verankern" wir durch unsere Vorstellung einen Teil dieser Teilchen (und Antiteilchen) in unserem vierdimensionalen Raum.

Prof. Wheeler erklärt bestätigend: *„Quantenphänomene sind undefiniert bis zu dem Moment, in dem sie gemessen beziehungsweise beobachtet werden."*

Bereits das **potentielle** Wissen (Ahnung, Intuition) oder aber auch der **Glaube** eines Menschen (Beobachter-Effekt) reicht aus, um ein Quant hervorzuzaubern. Die bloße Möglichkeit, daß es aufgrund einer **erdachten** Methode nun eine Aussage über einen genauen Weg (Quantenweg) geben könnte, zwingt das Quant, sich zu erkennen zu geben (Prof. Mandel, University Rochester).

Ganz offenbar beweisen sauber durchgeführte, rein physikalische Versuche, daß allein durch die Kraft der Gedanken Realitäten und Kräfte erzeugt werden.

So bewirkte der Glaube Trinitys die „Auferstehung" von Neo. Sie erschuf sozusagen dieses Wunder durch ihren Glauben.
Erinnere dich auch an die Aussage von Morpheus im Dialog mit Neo, als dieser fragte: *„Was passiert mit meinem Körper, wenn ich in der Matrix sterbe?"* und er die Antwort erhielt: *„Der Körper kann ohne Geist nicht leben..."* (2)

Hiermit soll zum Ausdruck gebracht werden, daß ein Tod innerhalb der Matrix, also in der computergenerierten Welt (Scheinwelt, Illusion), automatisch den Tod in der „realen Welt" bewirkt. Hierbei stellt sich die Frage, welcher weiteren Ebene die Menschen entsprungen sind?
Daß die Matrix und ihre zahlreichen Zusatzprogramme von dem „Architekten" erschaffen wurden, geht aus dem zweiten Film hervor. Nur, wer oder was „erschuf" nun die Menschen **und** den Architekten?

Verbirgt sich möglicherweise hinter dem, was im Matrix-Film das „Restselbstbild" genannt wird, etwas, was auf einer „höheren Ebene" agiert und etwa mit dem zu vergleichen ist, was wir als *Seele* bezeichnen? Nur aus dieser Sicht heraus erscheint ein „Neustart" einen Sinn zu ergeben, was die „Auferstehung" von Neo betrifft.

Wo siehst du die Analogie zwischen dem Leben in der „realen Welt" und der Matrix?

Das, was als „reale Welt" bezeichnet wird, kann man in etwa der Ebene zuordnen, auf der sich das sogenannte *Höhere Selbst* ansiedelt. Dementsprechend wären die beiden einzigen nicht mit einer implantierten Schnittstelle ausgestatteten Bordmitglieder (Dowser und sein Bruder) auf der Erde auch nicht inkarniert; dahingegen der Rest der

Mannschaft sehr wohl. Dowser und sein Bruder sind auch die einzigen, die nicht innerhalb der Matrix agieren konnten, sie blieben bekanntlich an Bord der „Nebukadnezar" zurück.

Gefangen im *Schleier des Vergessens* lebt beziehungsweise träumt die Menschheit ihr Leben einfach so dahin, was unter anderem bedeutet, daß sie sich ihrer tatsächlichen Fähigkeiten nicht bewußt ist und auch ihre Gefangenschaft nicht bemerkt... Ganz offensichtlich trifft dieses auf eine sehr ähnliche Weise für die Besucher dieser Filme ebenfalls zu.

Ein plötzliches Auskoppeln aus der Matrix würde für die Menschen ähnlich dramatisch verlaufen wie im Film dargestellt. Zu tief sitzen die Prägungen im Sinne der menschlichen Glaubensvorstellungen von dem, was als *unsere Realität* bezeichnet wird.

In der Regel können eher jüngere Personen aus der Matrix ausgekoppelt werden, weil diese besser „loslassen" können.

So werden die Menschen mit einem Gehirn geboren, welches mit einer Substanz (DMT) durchflutet wird, die in etwa dem Wirkstoff der *roten Pille* entspricht. Messungen ergeben eindeutig, daß sich die körpereigene Produktion dieses psychoaktiven Wirkstoffes mit jeder Konditionierung (zum Beispiel die Sprache) **verringert** und somit genau das verlorengeht, was die Menschen mit den „höheren Ebenen" verbindet.

Tatsächlich produziert das Gehirn jedoch diesen gleichen Wirkstoff auch in den Momenten der Erleuchtung (Nahtoderfahrungen, Satori...). Genau in solchen Situationen werden Bewußtseinsebenen erreicht, die einer „Auskopplung aus der Matrix" gleichkommen.

Die Unbewußtheit des Lebens soll im folgenden Beispiel gezeigt werden. Es ist davon auszugehen, daß sich viele in dieser gestellten Situation wiederfinden:

Du befindest dich auf einer Straße, auf der sich viele materielle Dinge befinden – Autos, Häuser, Bäume, Menschen und so weiter. Da du in dieser Beispielsituation nicht direkt in den Verkehr eingebunden bist, brauchst du dich auch nicht vorzugsweise mit dem Straßenverkehr abzugeben. Du sitzt auf einer Bank und beobachtest die Dinge...

Ungeachtet der verborgenen und aktuellen Probleme sowie möglicherweise hoffnungsvollen Erwartungen an zukünftige Ereignisse, beobachtest du das aktuelle Geschehen. Tatsächlich befinden sich in deinem aktuellen, visuellen Wahrnehmungsbereich 48 Menschen, 23 Kraftfahrzeuge, zwei Fahrräder, vier Hunde und etliches mehr.

Dein Blick richtet sich auf einen der 48 Menschen, auf einen Bettler. Du beobachtest ihn und beginnst dabei, deine assoziierenden, inneren Bilder aufzurufen. Deine aktuelle Aufmerksamkeit ist zwar bei diesem Bettler, deine Gedankenspiele beschäftigen jedoch deine inneren Welten.

Die entscheidende Frage, die sich hier stellt, ist: Warum hast du gerade diesen Bettler als erstes in deine Aufmerksamkeit gezogen? Wer oder was führte diese Selektion durch? Eigentlich *du*, oder?

Natürlich versucht uns die Psychologie hierauf Antworten zu geben, die zum Beispiel etwas mit unserem Unterbewußtsein zu tun haben, persönliche Erfahrungswerte und so weiter. Der Punkt ist hierbei jedoch nicht das *Wie*, sondern der Tatbestand, daß wir in diesem Falle sicherlich unbewußt gehandelt haben.

Hättest du dich beispielsweise mit einer zielorientierten Suche dieser Situation überlassen, wären deine Auswahl und deine Assoziation hierzu entsprechend anders verlaufen.

Auf der anderen Seite lenkt unser Unterbewußtsein unsere Wahrnehmung nicht selten auf die Situationen, die durchaus von wesentlicher Bedeutung für uns sein können. Wie ist es mir nun also möglich, eine übersichtlichere Position zu gewinnen?

Der Verstand ist mit einem Aufnahmegerät vergleichbar. Alles, was dem Verstand einen Eindruck aufprägt, und vieles, was überhaupt keinen Eindruck zu hinterlassen scheint, sinkt *unter* die Ebene des Bewußtseins und wird für den zukünftigen Gebrauch aufgezeichnet und abgespeichert. Es wird so zu einer Gesamtheit der Erfahrung.

Des weiteren versucht der Verstand, eine Assoziation von Vorstellungen seiner selbst zu etablieren, was wiederum ein Erinnerungs-

Reaktionsmuster anregt. Dies ist ein sehr komplex fortlaufender Prozeß, der mit der Aktivität deines Sinnes-Nervensystems verbunden ist.

Es gilt also, den Verstand von seiner Last zu befreien und sich ständig aller Trivialitäten bewußt zu sein, die man während des täglichen Ablaufes wahrnimmt. Es handelt sich meistens um automatische oder Reflexhandlungen, die wir auch dringend benötigen, um zum Beispiel durch unsere Erinnerung an bereits Erfahrenes heranzukommen.

Wenn der größte Teil der unterbewußten Prozesse des Menschen nicht automatisch wäre, wenn Dinge nicht zur Gewohnheit werden würden, wäre die einfachste Handlung ein äußerst komplizierter Prozeß, der intensive Konzentration erfordern würde – beispielsweise ein bewußtes Aufspüren der verwickelten motorischen Bewegung, wie etwa beim Gehen.

Eine unausgeglichene Person schwelgt gewöhnlich in Phantasievorstellungen oder lebt sogar spontan diese Vorstellungen aus, von denen einige meistens sexueller Natur sind. Geheime Erinnerungen und unterdrückte Wünsche treten zutage. Dieser Mensch hat vielleicht starke Schuld- oder Schamgefühle oder fühlt sich aufgrund seiner subjektiven Enthüllungen in hohem Maße haßerfüllt.

Die Fähigkeit, sich selbst zu erheben und somit zum Herr seiner eigenen Realität zu werden, ist eine Fähigkeit, die man erlernen kann, wenn man die Prinzipien versteht, auf denen sie begründet ist.

Das erste Gesetz ist hierbei das *Gesetz der Suggestion*. Die Menschen variieren in ihrer Empfänglichkeit für Suggestion. Die Haltung des Menschen ist hauptsächlich Auto-Suggestion, aber es ist die Art, wie er sie anwendet, die ihre *gute* oder *schlechte* Wirkung bestimmt.

Wie es aussieht, ist den Menschen eher eine negative Grundhaltung zuzusprechen, die fortwährend schädliche Vorstellungen in das subjektive Selbst ergießt. Eine negative Einstellung ist heimtückisch und destruktiv.

Menschen, die über die schwere Krankheit eines anderen sprechen, beeinflussen damit ihren eigenen Körper so sehr, daß sie häufig feststellen, sich selbst nicht sehr wohl zu fühlen.

Die Vorstellungskraft spielt eine entscheidende Rolle hinsichtlich einer Wirkung zum *Guten* oder zum *Schlechten*! Die negative Einstellung erzeugt innere negative Suggestionen, womit der Teufelskreis beginnt, indem der Zustand der Besorgnis Symptome hervorruft und mehrere Symptome gewöhnlich einen erhöhten Zustand der Besorgnis erzeugen. Man erzeugt Zyklen der Zuversicht und der Freude ebenso wie gegenteilige Zyklen.

Die Willenskraft trägt, entgegen einer weitverbreiteten Meinung, keinen entscheidenden Einfluß auf unseren Erfolg oder Miß-Erfolg bei einer zugewiesenen Aufgabe bei. Lediglich die Emotionen sind von entscheidender Bedeutung. Negative Suggestionen sind emotionale Reaktionen auf Streß.

In der Regel hat der Mensch größere Angst vor dem Versagen als vor dem Erfolg. Und aufgrund negativer Suggestionen verstärkt (bis zu einer bestimmten Entwicklungsstufe) jeder spirituelle Erfolg die Angst vor dem Versagen, denn je mehr ein Mensch fortschreitet, desto mehr hat er in seiner Vorstellung zu verlieren, wenn er scheitert. Seine Vorstellungskraft hält ihm das klar und deutlich vor Augen.

Daher, Respekt, mein Freund, daß zumindest du dich für die rote Pille entschieden hast. Der Preis deiner Anstrengung ist alles wert, denn du bist alles wert!

Es geht also um die „Befreiung des Geistes"...

Genau! Die *Befreiung deines Geistes* bedeutet die Loslösung von Strukturen wie *gut* und *böse*. Die Falle, die den Menschen in seiner Sklaverei gefangenhält, ist seine Überzeugung, daß außer der Polarität keine weitere Ebene existiert.

Im zweiten Teil der Matrix-Trilogie, *Matrix Reloaded*, sprach der Merowinger: *„Es gibt nur eine Konstante, eine Universalität. Es ist die einzige **echte**(!) Wahrheit... Kausalität... Aktion, Re-Aktion."*[2]

Der Merowinger symbolisiert nach Angabe des **Orakels** *„eines der ältesten Programme überhaupt"*. *„Die Kausalität ist Teil des Ur-Programms, welches alles erschuf"*, war ebenfalls eine Aussage des Merowingers. Genau dieses Programm spiegelt die Eigenschaften dieser Falle und dieses Irrtums wider. Denn so sagt der Merowinger weiterhin: *„...Kausalität, wir sind ihre Sklaven."*[2]

Wenn sich die Menschen aus dieser Sklaverei befreien wollen, so ist es eine unabdingbare Voraussetzung, daß sie sich als Wesen akzeptieren, die sehr wohl in der Lage sind, sich über diese künstlichen Programme hinwegzusetzen. Und sie sollten dabei gewiß sein, daß dieser geistige Kampf der Titanen dann keine Besiegten hinterläßt...

Das Geheimnis, das durch Trinitys Liebe zu Neo im ersten Film vermittelt wurde, stellt genau diese übergeordnete Ebene dar. **Hierbei handelt es sich um den alles entscheidenden Faktor, der Maschinen von Menschen unterscheidet.**

Aus der Sicht des „Architekten", des „Erschaffers der Matrix", ist exakt dieser Faktor die Ursache seiner Probleme. Den *„monumentalen Fehler"* im Programm ordnet der Chef-Programmierer zwar einer *„unausgeglichenen Gleichung"* zu; es ist jedoch eher davon auszugehen, daß der für ihn unbekannte Faktor *„LIEBE"* unbe-*rechenbar* ist.

Zur Behebung des Fehlers, erstellte die *„Mutter der Matrix"* – also das „Orakel" – ein zusätzliches Programm zur Auflösung der Probleme, welches aber nicht zum gewünschten Erfolg führte. Wohl führte das neue Programm des Orakels einen latent vorhandenen *Freien Willen (Entscheidungsmöglichkeit)* ein, doch wurde das Grundproblem damit nicht wunschgemäß gelöst. Somit ist es nicht verwunderlich, daß der „Architekt" irritiert auf Neos neue Eigenschaft reagiert.

Erinnerst du dich? „*Interessant, deine Reaktion zu beobachten. Deine fünf Vorgänger wurden mit einer gemeinsamen Veranlagung programmiert, einer bedingt positiven Eigenschaft, die dazu gedacht war, eine tiefe Zuneigung ihrer Spezies zu entnehmen, was die Funktion des Auserwählten erleichterte. Während die anderen es auf eine sehr diffuse Weise erlebten, ist deine Erfahrung diesbezüglich sehr viel präziser... in Anbetracht... der* **Liebe***.*"[2]

Aus der synthetischen Perspektive der Programmwelt bleibt ein solcher unbekannter und undefinierbarer Faktor wie die *Liebe* etwas Unvermittelbares und Unerreichtes. Aus diesem Grunde ist die potentielle Gefahr der Existenzbedrohung für die Matrix offensichtlich – auch für den Architekten, der sagt: „*Ergo würden diejenigen, die das Programm ablehnten, auch wenn sie eine Minderheit sind, die zunehmende Wahrscheinlichkeit einer Katastrophe bedeuten, sofern man sie nicht kontrollierte.*"[2]

Die Basis eines jeden Programms, gleichgültig, wie „perfekt" es auch sein mag, ist die Mathematik. Die Mathematik, mein Freund, ist die Grenze der Matrix und ihres Problems. Kurt Gödel, der als bedeutendster Logiker des 20. Jahrhunderts gilt, sagt beispielsweise: „*Du kannst deine eigene Sprache in deiner eigenen Sprache beschreiben, aber nicht ganz. Du kannst dein eigenes Gehirn mit deinem eigenen Gehirn erforschen, aber nicht ganz und so weiter.*"[5]

Um sich zu rechtfertigen, muß sich jedes denkbare System transzendieren, das heißt zerstören. Das ist eine Erklärung für die „Unvollkommenheit", wie sie auch der „Architekt" beschreibt. Sein genauer Wortlaut hierzu: „*Die erste Matrix, die ich kreiert habe, war natürlich perfekt. Ein absolutes Kunstwerk. Makellos, überragend, ein Triumph, dem nur sein monumentales Scheitern gleichkam... Die Unvermeidlichkeit ihres Untergangs leuchtet mir als Konsequenz der* **Unvollkommenheit** *ein, die jedem Menschen anhaftet.*"[2]

Folgen die Menschen nun dem Auftrag des *Vaters der Matrix*, und gehen einen weiteren Evolutionsschritt in eine noch „perfektere" Sklavenwelt, oder machen wir uns alle gemeinsam auf den Weg zur „Auskopplung"?

Unmißverständlich und klar ist hier die Aufforderung des *Architekten*: *„Die Aufgabe des Auserwählten ist es nun, zur Quelle zurückzukehren, eine temporäre Weitergabe des Codes zu ermöglichen und dann das Betriebssystem neu zu starten."* (2)

Willst du das? Hast du verstanden, worum es geht?

Die Alternative zur erneuten Sklaverei, zum erneuten Abtauchen in die Welt der *künstlichen Matrix* ist das Erwachen aus dem komatösen Zustand der Unbewußtheit, woraus sich dann eine ganz bewußt gestaltete Welt in Freiheit ergibt.

Aus dieser erwachten Position heraus ist eines gewiß: Ein befreiter Geist, der in der Erkenntnis seines eigenen Potentials steht, kann nicht in irgendeine Fremdbestimmtheit eingebunden werden – außer er entscheidet sich ganz bewußt dafür.

Erst als Neo seinen Kampf gegen die Agenten einstellte und er sich ohne jegliche Aggression seiner eigentlichen Aufgabe und Macht bewußt wurde, wurde er für seine Widersacher unzerstörbar. Neos Bewußtsein hatte in diesem Augenblick eine Ebene erreicht, die der Matrix übergeordnet ist...

Um es klar auf den Punkt zu bringen:
Aus der Bewertungshaltung von *gut* und *böse* heraus verschließt sich ein jeder Ausgang zur freien Selbständigkeit. *Gut* und *böse* sind die Ur-Vertreter der geistigen Polarität und als solche Hauptbestandteil der *künstlichen Matrix*. Innerhalb ihres Wechselspiels bleibt ein jeder Freiheitsgrad zur wahren Unabhängigkeit verwehrt.

Willst du aussteigen?
Willst du aufsteigen?

Dann bilde dir deine eigene Meinung!

Kannst du noch etwas zur Macht der Liebe erklären?

Um die Macht unserer Gefühle einmal in unseren Zusammenhang zu stellen, möchte ich dich nun erneut um deine Vorstellungskraft bitten.
Zunächst einmal hinterfrage einmal für dich selbst, was du für die größten, schönsten und intensivsten Gefühle hältst. Bist du mit mir einer Meinung, daß es sich hierbei um diejenigen Empfindungen handelt, die etwas mit deinem Herzen zu tun haben?
Ich meine natürlich die Herzensdinge, die mit einer Person zu tun haben, für die wir so etwas wie Liebe empfinden; und zwar das, was im allgemeinen mit *verliebt sein* oder sogar mit *Liebe* zu tun hat. Habe ich Recht?
Kannst du dir vorstellen, daß sich alles andere diesen Gefühlen nur unterordnen kann? Daß kein Auto, keine Harley, keine noch so „abgefahrene Party" (egal, wer da „auflegt") dieses Gefühl letztlich erreichen kann?
Es ist meiner Meinung nach sehr wesentlich, daß wir uns das selbst richtig klarmachen. Nicht, weil ich das sogar wissenschaftlich beweisen könnte, sondern weil wir selbst zu diesem Ergebnis kommen sollten.
Tatsächlich ist es genau so, daß kein anderes Gefühl dem der Liebe gleichkommt. Ist es nicht merkwürdig, daß du in diesem Zusammenhang nichts *„un-cooles"* an der Bezeichnung „Liebe" empfunden hast? Frage dich doch einmal, warum das so ist...

Kann es möglicherweise sein, daß ein sehr großer Aufwand innerhalb der *künstlichen Matrix* betrieben wurde, um genau hier eine „Des-Information" zu kreieren?

Genaugenommen ist die Liebe der sicherste Weg, um aus jeder *künstlich* erschaffenen Matrix zu entkommen, was wiederum bedeutet, daß ein Motiv existiert.

Wir sind fast alle zu diesen Liebesempfindungen fähig, obwohl wir dieses Phänomen überwiegend auf einen geschlechtlichen Partner reduzieren. Natürlich kommt hierbei die Sexualität ins Spiel, doch vergessen wir nicht, daß niemand von uns ein Mensch wäre, wenn es genau diese Sexualität nicht geben würde. Die Verbindung zwischen Sexualität und Liebe ist innerhalb der *künstlichen Matrix* in eine andere Richtung geführt worden, und ich denke, du ahnst nun weshalb...

Warum spielte in den ersten beiden Matrix-Filmen die *Liebe* die entscheidende Rolle? Neo stand durch den Glauben an die Liebe von den Toten auf..., ohne die unser Held die Welt nun nicht mehr hätte befreien können. Unsere Emotionen sind die eigentliche Motivation für unsere Handlungen, und sie machen **den entscheidenden Unterschied** zwischen Leben und Maschine aus.

Gefühle bestimmen unser Leben durch Motivation und Stagnation. Liebe und Angst sind die Vertreter von Freiheit und Knechtschaft.

Das Besondere an der Liebe ist nun wiederum, daß ihr kein Gegenpol gegenübersteht. So ist Haß nicht das Gegenteil von Liebe; es existiert nur die Liebe und die unterschiedlichen Grade ihrer Vergessenheit. Wenn wir dieses Gefühl in uns verleugnen, verleugnen wir unsere eigentliche Macht.

Es ist sicherlich kein Zufall, daß die Welt um uns diesen Stand ihrer Entartung erreichen konnte. In der Anerkennung unserer Fähigkeit zu lieben, würde diese Welt nicht so sein, wie sie jetzt ist. Und ich bin davon überzeugt, daß du dieses Gespräch gar nicht bis hierher verfolgt hättest, wenn ich zu Beginn bereits von der *Liebe* gesprochen hätte.

Könnte es sein, daß wir heute bereits so konditioniert und geprägt sind, daß wir selbst gar nicht mehr bemerken, was wir uns einerseits damit antun und was uns andererseits dadurch auch entgeht.

Warum ist es „*out*" und „*un-cool*", über die Romantik zu sprechen? Weil Romantik auf dem Gefühl der Ur-Sehnsucht, dem Weg zur Quelle basiert und wir in einer Welt leben, die ihre Künstlichkeit durch Fehlinformationen und Angst aufrechterhält.

Die Akzeptanz dieser Art von „*coolness*" im Sprachgebrauch ist innerhalb der *künstlichen Matrix* sicherlich ein guter Vertreter der Lieblosigkeit. Sie ist auch eine Schranke, die uns den Weg zur wahren Unabhängigkeit verwehrt.

Traue dich, deine großen Gefühle zu empfinden, und die Party findet dort statt, wo du bist...!

In Liebe,

Morpheus

DER AUSGANG!

Durch die Darstellung des bisher offengelegten Materials dürfte bei den Meisten, die hierdurch zu *Eingeweihten der Matrix* wurden, ein Zustand der *inneren Unruhe* entstanden sein. Geändert hat sich mit Sicherheit die Perspektive der Wahrnehmung, was wiederum zu einer bewußteren Aufmerksamkeit führt. Von dieser Position aus erschließt sich diese Welt auch aus einer neuen Sichtweise: Einer unbewußten und damit marionettenhaften Lebensweise folgt zunehmend eine von einem selbst bestimmte Realitätsebene.

Das kann jedoch nur in einem Zustand der *inneren Ruhe* erfolgen. Tatsächlich ist die *Ruhe* der Zugang zu unserem tiefsten Inneren. Es ist die einzige Art, sich mit seinem Unterbewußtsein zu verbinden, was wiederum bedeutet, daß von einer höheren Ebene aus eine ganzheitliche Sicht erfahren wird. Diese Sichtweise läßt uns erkennen, *was* und *wer* wir tatsächlich sind.

Eine solche Selbst-Erkenntnis beinhaltet sowohl absolute Souveränität als auch das wesentliche Potential, das in uns ruht. Natürlich ist ein Mensch mit dieser gewonnenen Erkenntnis kaum noch für fremddienende Zwecke zu gewinnen. Er wird sich kaum in eine Gesellschaft integrieren lassen, in der es nahezu ausschließlich um ausbeuterische und menschenverachtende Strukturen geht.

In dem Moment, in dem uns dieser Tatbestand gänzlich bewußt wird, haben wir möglicherweise bereits die elementarste Entscheidung getroffen, nämlich: nicht weiter in bisheriger Art in diesem System mitzuwirken. Die Gefahr hierbei ist, daß eine aggressive Haltung entstehen kann – zum Beispiel durch eine Schuldzuweisung. Abgesehen von einer völlig unerheblichen Rechtfertigung dieser Emotionen sind *Aggressionen* jedoch wiederum diejenigen Stimmungslagen, die uns ebenfalls nicht zu dem führen, was wir doch insgeheim erhoffen.

Mehr noch: die künstliche Matrix erzeugt – und lebt davon – Aggressionen, Wut und Haß. Dessen sei dir gewiß!

Eine unterdrückte oder verdrängte Emotion dieser Art würde ebenfalls das Erreichen unserer angestrebten Ziele in bezug auf die eigene Souveränität erschweren oder vereiteln. Es wäre das altbekannte Muster, welches unter dem *Mantel der Heiligkeit* alles verbannt, was als *nicht-heilig* zugeordnet wurde, anstatt es zu transformieren. Einfacher wäre es, wenn wir erkennen würden, daß all das *Üble* lediglich der Erlösung dient. Das ist es, was Goethe meinte, als er Faust sagen ließ: „*Ich bin der, der Schlechtes will und Gutes schafft.*"

Betrachten wir das *Üble* als den Erlöser, der uns wie ein Alarmsignal weckt, so entgehen wir der Bewertung und verbleiben neutral zwischen den Polaritäten. Wie sollten wir denn auch der ersehnten, erlösenden Freiheit begegnen, wenn wir selbst gegen ihre elementarsten Regeln verstoßen?

Als weiteres Instrument zur Erlangung unserer persönlichen Freiheit dient ein nachvollziehbares Fundament der wesentlichsten Grundlagen unseres eigentlichen Machtpotentials. Denken wir daran, daß **sämtliche Materie durch den Geist entstanden ist.** Eine den Menschen bekannte Variante dieses Geistes stellen unsere Gedanken dar. Innere Bilder und Gefühle sind hieran gekoppelt. Somit versteht sich dieser Geist als ein Aspekt des verursachenden Schöpfungsaktes.

Die Intensität der Emotionen und die Dauer beziehungsweise Häufigkeit des Gedachten bestimmen unter anderem die Geschwindigkeit der Realisierung. Es existieren keinerlei Begrenzungen der zu manifestierenden Möglichkeiten. Lediglich die eigene Vorstellungskraft und das entsprechende Spektrum der Gedanken entscheiden über die Realisierung. Zweifel sind in diesem Sinne die Abschwächer oder gar Verhinderer dieser Vorgänge.

Das Phänomen der Parkplatz-Suche kann hier als Beispiel angeführt werden:

Wir fahren mit unserem PKW in die Stadt und benötigen einen Parkplatz. Die innere Vorstellungs- und Überzeugungskraft entscheidet über den Erfolg unseres Wunsches. Wir stellen uns dabei bildlich eine Parklücke in der entsprechenden Straße vor. Gelingt es uns, nicht an dem Erfolg zu zweifeln, so werden wir den Parkplatz auch tatsächlich bekommen.

Dieses Beispiel kann auf sämtliche Wünsche – sowohl materielle als auch immaterielle –, übertragen werden (neuer Arbeitsplatz, Gesundheit...).

Lediglich die innere Überzeugung entscheidet hierbei über den Erfolg.

Indem man den vorgegebenen Mustern einer Gesellschaft folgt, trägt man in dem Maße zu ihrer Verstärkung bei, in dem man diese Gedankenmuster selbst reflektiert. Somit wären wir, ähnlich einer Wiederholungsschleife, in den Strukturen einer Realität gefangen, die nicht unbedingt das darstellt, was wir wirklich wollen...

Natürlich ist dieses Wissen über die Erschaffung „unserer Realität" auch mit einem hohen Maße an Verantwortung verbunden. Wenn es uns möglich ist, alles zu realisieren und zu erschaffen, besteht damit auch ein Potential für Mißbrauch.

Mißbrauch im Sinne von Manipulation und Unterdrückung unserer Mitmenschen entspringt in der Regel einem nicht voll-erwachten Geist. Erkennt dieser Geist, daß auch er Teil eines großen Ganzen ist, wird seine Einstellung zu sich – und damit auch seine Gedanken zu sich – gleichermaßen in diesem Sinne auf „seine" Realität einwirken.

Aus dieser Perspektive heraus wird es nachvollziehbar, daß ein solches Wissen bisher lediglich wenigen Menschen nach einer langen Vorbereitungszeit anvertraut worden ist. Die Selektion in der gegenwärtigen Zeit erfolgt jedoch unter anderem über eine quasi perfekt angelegte Ablenkungs- und Unterdrückungs-Struktur der Matrix-Gesellschaft. Eine gigantische Unterhaltungsgesellschaft erfüllt diesen Zweck sehr wirkungsvoll, wobei sich das Motto der *Unterhaltung* eher in einer Art des *Unten*-Haltens versteht.

Verwundert es daher noch, daß selbst im Fundament der Naturwissenschaft die Grundstruktur der Erschaffungsebene, der Geist, vollständig ausgegrenzt wird? Die „Königsklasse" innerhalb der Wissenschaft, die Physik, verdammt seit etwa einhundert Jahren einen *Äther*, obwohl dieser von den größten Wissenschaftlern immer wieder in beeindruckender Weise bestätigt wird. Dieser *Äther* versteht sich als die „Ur-Substanz" der Materie und kommt damit dem gleich, was sich als die *erste Erschaffungsebene unseres Geistes* darstellt. Diese *Geist-Teilchen* sind als die Träger des Geistes zu verstehen.

Die Quantenmechanik belegt dieses, indem sie sagt:
„Es existiert keine feste Materie, sondern lediglich Wahrscheinlichkeitsfelder, die wir durch unsere Beobachtung zu Teilchen, also Materie, verfestigen."

Kehren wir zum Anfang dieses Buches zurück und wiederholen das Zitat von John Wheeler:
„Kein elementares Phänomen ist ein reales Phänomen, bis es ein beobachtetes Phänomen geworden ist."

Im Allgemeinen bedeutet dies, daß wir eine Realität erst durch unser Bewußtsein beziehungsweise durch unsere Beobachtung erschaffen.

Worauf auch immer unser Fokus oder unsere Aufmerksamkeit sich richtet, dort beginnt Realität lebendig zu werden...
Unser Denken, unsere Denkgewohnheiten beeinflussen unsere Realität in dem Maße, wie es sich viele noch nicht vorstellen können. Wenn wir nun jedoch den Wirkungsmechanismus von Bewußtsein und Materie/Energie verinnerlichen, dann werden wir erkennen, daß sich unser Leben allein wegen unserer Vorstellungskraft nicht ändert.
Wir benutzen unsere Energie dazu, das Alltägliche in unserem Leben zu akzeptieren. Wir akzeptieren unsere Probleme, und wir akzeptieren unsere Begrenzungen.

Von wesentlicher Bedeutung ist aber dabei, daß wir einen kontinuierlichen Fokus auf das richten, **was wir erwarten**, und nicht auf das, was wir sehen!

Es wird sich wenig in unserem Leben ändern, wenn wir am Erreichen unserer Ziele zweifeln. Erst wenn wir eine absolute Akzeptanz erreicht haben und von unseren Fähigkeiten wirklich überzeugt sind, wird sich auch das manifestieren, was wir erdacht haben.

Was *Wahrheit* und *Unwahrheit* auch immer sein mögen, der Sinn meiner Aussagen ist letztlich, daß wir verstehen, daß in dem Maße, in dem wir selbst erkennen, was Bewußtsein, unsere Gedanken und unsere Realität gemeinsam haben, sich auch unsere Welt verändern wird.

Den „Schlüssel" zum „Ausgang" habe ich dir vermittelt, alles **Weitere liegt jetzt bei dir...**

Morpheus' Brain 1
DER BEGINN DER SCHÖPFUNG

Bewußtsein und Energie waren einst mit dem allgegenwärtigen Ganzen verschmolzen. Dieses Ganze war sich seiner Aspekte bewußt, jedoch auf andere Art als das individuelle Bewußtsein.

In der gegenwärtigen Entwicklung der Erde wird zuerst das *Selbst* erkannt, dann die *Gesellschaft* und dann erst das *Ganze* als *Allschöpfer*. Trennung findet noch immer statt, diese Abspaltung vom Ursprung ist jedoch lediglich Illusion. Diese Illusion ist das Werkzeug, welches das Ganze mit all den notwendigen Erfahrungen und Herausforderungen versorgt, die es benötigt, um sich im Ursprung zu re-integrieren.

Vor dieser Abspaltung vom Ursprung existierte das *Ganze* auf einer ganz anderen dimensionalen Ebene der Realität. In jener Ebene der Einheit, in welcher nichts außer dem *Allschöpfer* existierte, wollte dieser seine eigene Reflektion erfahren, sich selbst als das, was er IST. Auf dieser Ebene, auf der lediglich der Allschöpfer als eine Ganzheit existierte, existierte noch kein Raum in welchem er sich Selbst „erkennen" konnte (als Aspekt der Reflektion).

Sehr vereinfacht dargestellt: In einem absolut dunklen Raum, in dem nichts außer uns selbst existiert und keinerlei inneren Bilder erschaffen werden können, weil in einem dunklen Raum aus Nichts außer uns selbst nichts existiert und jemals existierte, entstand irgendwann einmal der Wunsch, in Form eines Gedankens, uns selber, in allen unseren Aspekten zu erfahren.

Die geballte Kraft dieses ersten Gedankens erschuf das gesamte kosmische Geschehen, den Ur-Ur-Knall, die Polarität, Materie und Anti-Materie... Wenn *etwas* über *etwas* nachdenkt, ist damit der Grundaspekt der Polarität in Form einer inneren Reflektion geschaffen. Dieser Ur-Gedanke des Allschöpfers war der Beginn des Schöpfungsaktes. Der Ur-Gedanke des Allschöpfers, sich *selbst* zu erfahren, kann als der kosmische Anfang betrachtet werden. Versehen mit dem „Auftrag", sich *selbst* in all seinen Aspekten zu erfahren, durchwandeln seine Fragmente die kosmische Reise.

Hier vollzog sich die scheinbare Trennung vom Ganzen, und hier wurde der Erinnerungsverlust seiner einzelnen Teile künstlich herbeigeführt.

Die bei der Fragmentierung (Teilung) erzeugte Illusion wurde zur Herausforderung der Bewußtheit, diesen Zustand des Erinnerungsverlustes zu überwinden und die Rückerinnerung an die Einheit hervorzurufen. Was als *Schöpfung* bezeichnet wird, ist in Wirklichkeit diese *Fragmentierung*, oder der *Schöpfungsprozeß*.

Die anfängliche „Neugier" des Ganzen, sich als bruchstückhafte Existenz zu erfahren, erschuf die Realität. Als Bruchstücke des Ganzen waren **einige Teile der galaktischen Familie** teilweise dafür verantwortlich, die erste Matrix zu erstellen, die ihre Entwicklung bestimmen würde.

Dieses erste Programm, die erste Matrix, die erstellt wurde, enthielt viele verschiedene Vorstellungen.

Polarität und Fragmentierung einschließlich der Option des *Freien Willens* für jedes Fragment oder jede Seele war die erste naturgemäße Matrix-Ebene, das Ur-Programm des Allschöpfers sozusagen.

Je größer der Ausdruck des *Freien Willens* ist, desto stärker ist auch die Beschwörung der göttlichen Erinnerung. Konfrontiert der *Freie Wille* die polarisierte Realität, dann wird er zum Befreier. Vergißt jedoch eine Seele, daß sie einen *Freien Willen* besitzt, wird die Erfahrungsreise zu einer größeren und sich lohnenderen Herausforderung.

Eine andere Idee in der gewählten Matrix enthielt das Konzept, daß die Fragmente des Ganzen trotz Erinnerungsverlust völlig für ihre Taten verantwortlich sind. Erinnert oder vergessen – jeder Weg würde eine Reaktion des Universums hervorrufen. Einige nannten dieses Prinzip *Karma* (Sanskrit: *die Tat*), das allerdings viel umfassender ist als die Vergeltung *„Auge um Auge, Zahn um Zahn"*. Anstelle von Vergeltung besteht die Möglichkeit, das Bewußtsein zu erweitern. Man könnte daher durchaus sagen, daß Wissen *Karma* neutralisiert.

Diese Dinge klingen zunächst wie die Regeln eines grausamen kosmischen Spiels, dessen Ausgang bereits festgelegt worden ist. Behält man diesen Gedanken jedoch im Gedächtnis, dann spielt nicht das Ziel eine Rolle, sondern die gesamte Reise dorthin und wie das Spiel gespielt wird.
Der Weg ist das Ziel!

Doch es gab noch eine *weitere Matrix*, und zwar das Programm, den universellen Fragmenten eine feinstofflich erzeugte Kodierung hinzuzufügen. Durch diese Kodierung würden zweibeinige, aus Kohlenstoff bestehende humanoide Formen das normale, natürlich entwickelte Gefäß für die Inkarnationen von menschen-ähnlichem Bewußtsein in planetaren Strukturen sein. Diese Kodierung existiert auf meta-atomaren Ebenen, welche die Naturwissenschaft gerade zu messen und zu erforschen lernt.
Die Symbolik der Polarität spiegelt sich in der menschlichen Körperform wider. Der Erdmensch ist symmetrisch, mit zwei Armen, zwei Beinen, zwei Ohren und so weiter. Der Körper wird durch einen Rumpf und einen Kopf gebildet.

In diesem Programm wirkte unter anderem eine Kodierung, daß während der evolutionären Entwicklung der humanoiden Formen (innerhalb der galaktischen Familie der Erde) die männlichen und weiblichen Polaritäten sich in getrennten, aber sich ergänzenden Körpertypen manifestieren würden. Dieses diente als eine Art Gedächtnisstütze dafür, daß die Polaritäten immer zusammengefügt und integriert werden müssen, um erschaffen zu werden. Die Wahrnehmung der ganzheitlichen Vereinigung geschieht, wenn du mit einem anderen *in Liebe* verbunden bist.

Der Schöpfungsprozeß neuer Galaxien

Abb.2:
Aktive Galaxie als Wandler der Materie: Es kommt zu einem Auswurf von Materie für neue Galaxien aus einem aktiven Galaxienkern.

Schwarzes und Weißes Loch:
Tor zu anderen Dimensionen – anderen Universen

Wie dieser zweite Schöpfungsprozeß genauer vor sich ging, betrachten wir nun etwas eingehender anhand der sogenannten *Leier*-Konstellation, welche dem uns bekannten *Sternbild der Leier* entspricht. Dort existiert etwas, was man als *Weißes Loch* bezeichnen kann (unter einem *Weißen Loch* versteht man einen *Fokus an Energie und Licht*, in diesem Fall einen *Geburtsort*).

Ein *Schwarzes Loch* ist ein Objekt, aus dem nichts mehr entweichen kann. Einige Astro-Physiker gehen aber auch davon aus, daß irgendwo im Universum ein Ort existiert, an dem die *umgekehrte Version* zutage tritt, in die nichts hineingeraten und auch nichts eindringen kann. Es wäre somit das Gegenteil eines Schwarzen Loches: es müßte Materie und Energie emittieren (aussenden). Daher könnte man das als ein *Weißes Loch* bezeichnen.

Ein sehr großes *Weißes Loch* war unser Kosmos zum Zeitpunkt des Urknalls. Manche Astrophysiker glauben, daß die Materie und die Energien, die ein *Schwarzes Loch* aufsaugt, an einem ganz anderen Ort des Kosmos, möglicherweise sogar in einem anderen Parallel-Universum oder in einer unbekannten Dimension, wieder „ausgespuckt" werden.

Schwarze Löcher verbinden möglicherweise – nach einer Theorie Einsteins und Rosens – Teile des Universums miteinander.

Die Gegensätze *Schwarzes* und *Weißes Loch* könnte man daher auch mit den Gegensätzen *Universum* und *Gegenuniversum* vergleichen: Das Weiße Loch bringt die verdichtete Materie ins Universum und ist das Gegenteil des **Schwarzen Lochs**.

Diese *Schwarzen Löcher* entstehen im Endstadium massenreicher Sterne, die ausgebrannt sind, so daß sie zusammenfallen und unvorstellbar verdichtet werden. In der Fachsprache bezeichnet man dies als einen *Gravitationskollaps*. Ihre Schwerkraft ist so gigantisch, daß selbst Licht nicht mehr entweichen kann. Es kommt nur bis zu einer gewissen Grenze, die als *Ereignishorizont* bezeichnet wird. Ein *Schwarzes Loch* besteht somit aus einem superdichten Kern (dem *Sternüberrest*) und einem diesen umgebenden Hohlraum, aus dem weder Licht noch Materie hinausströmen kann.

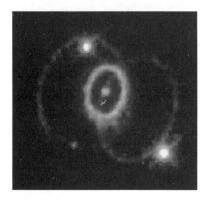

Abb.3:
Die Geburt einer neuen Galaxis: eine Supernova!

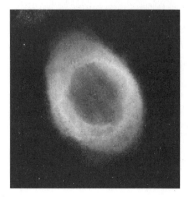

Abb.4:
Die Ringnebel im Sternbild Leier.

Der kosmische Quell des Lebens

Das Leben, wie wir es heute kennen, basiert auf organischen Molekülen. Zum Erstaunen der Wissenschaftler wurden in einer sehr materiearmen Umgebung der Sonne komplexe Moleküle entdeckt, die dort „*wie von selbst*" entstehen.
Sun Kwok und Kevin Wolk von der Universität in Calgary, Kanada, machten diese Entdeckung mittels Infrarotspektren von Sonnen. Ihr Kollege Bruce Hrivnak von der Valparaiso Universität bestätigte diese Angaben mit dem Zusatz: „*Es bestehen tatsächlich eindeutige Hinweise auf organisches Material.*"[6]

Sun Kwok äußert sich zu der Entdeckung selbst überrascht: „*Obwohl wir nicht verstehen, wie chemische Reaktionen derart effizient in einer Umgebung mit so niedriger Dichte ablaufen können, besteht kein Zweifel, daß diese komplexen Moleküle existieren und daß die Sterne sie erzeugen.*"[6]

Ganz zweifellos rücken die Forschungs-Ergebnisse der Naturwissenschaft in Erkenntnis-Ebenen vor, welche noch vor wenigen Jahren für „*absolut unglaublich*" gehalten wurden. Tatsächlich zeigt uns das aktuelle astrophysikalische Bild ein Szenarium biblischen Ausmaßes.

Schwarze und *Weiße Löcher* als *Aus-* beziehungsweise *Eingänge* zu anderen Dimensionen und Universen sind Darstellungen, die selbst in den eher konservativen Reihen der Wissenschaftler als Erklärung für die gemachten Beobachtungen gelten. Im Zentrum dieser bizarr erscheinenden „Löcher", stehen dabei immer Sonnen, also Sterne, wie wir sie alle am nächtlichen Himmel betrachten können. Es handelt sich hierbei um sehr massenreiche und alte Sterne, die zu einem bestimmten Zeitpunkt in diesen Verwandlungsprozeß eintreten.
Um so entscheidender sind die Meßergebnisse, die belegen, daß von alten Sternen Informationen ausgehen, die zur Entstehung der Grundbausteine biologischen Lebens führen.

"Alte Sterne als die Quelle des Lebens" lautete die Überschrift zu dieser Veröffentlichung im „Spektrum der Wissenschaft".[11]

Alte Sterne sind auch unsere Kandidaten für *Schwarze* und *Weiße* Löcher. Es ist somit als sehr wahrscheinlich anzusehen, daß sich die *„kosmische Quelle des Lebens"* hinter diesen „Löchern" (Türen) befindet. Diese Dimensions-Tore spielen offenbar zielgerichtet Informationen in entsprechende Galaxien ein und erfüllen damit einen kosmischen Evolutions-Plan.

In diesem Sinne ist schon eher nachzuvollziehen, was im ganzheitlichen Kontext der hier beschriebenen Ur-Genesis ausgedrückt werden soll.

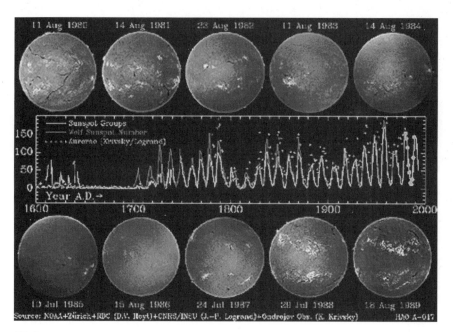

Abb.5:
Aktivität der Sonnenflecken der letzten 400 Jahre. Besonders zu beachten ist die kontinuierliche Steigerung der Aktivitäten (zur Erinnerung: Sonnenflecken als Indiz für starke magnetische Felder und Verursacher für Sonnenstürme).

Morpheus' Brain 2
BURKHARD HEIM UND DIE BESCHREIBUNG DES ZWÖLFDIMENSIONALEN RAUMES

Die *Heim'sche Mathematik* stellt eine Darstellungsform eines den Geist und die Materie vereinenden Universums dar und verdeutlicht hiermit sämtliche Interaktionen (Wechselwirkungen). Neben prozentgenauen Berechnungen der Elementarteilchen (R. Mecke, J. E. Charon, K. Meyl) wurde 2002 die Arbeit an einer einheitlichen Quantenfeldtheorie des Heisenberg-Schülers Burkhard Heim abgeschlossen, die nicht nur hundertprozentig genaue Rechenwerte in Übereinstimmung mit Meßdaten liefert, sondern auch in der Lage ist, die *Sommerfeld'sche Feinstrukturkonstante* exakt als reine Zahl zu berechnen (wie es P. A. M. Dirac für eine einwandfreie Theorie bereits 1964 gefordert hatte).

Lebende Strukturen sind Schemata von Ideen, die sich als Organismen (Tiere, Menschen...) in unserem dreidimensionalen Raum manifestieren können. Der Zustand des Lebens wird durch eine Dynamik von Einflüssen aus der fünften und sechsten Dimension erreicht. Bewußte Lebewesen empfangen und senden ständig Aktivitätsströme von Informationen, die zwischen diesen Dimensionen ausgetauscht werden.

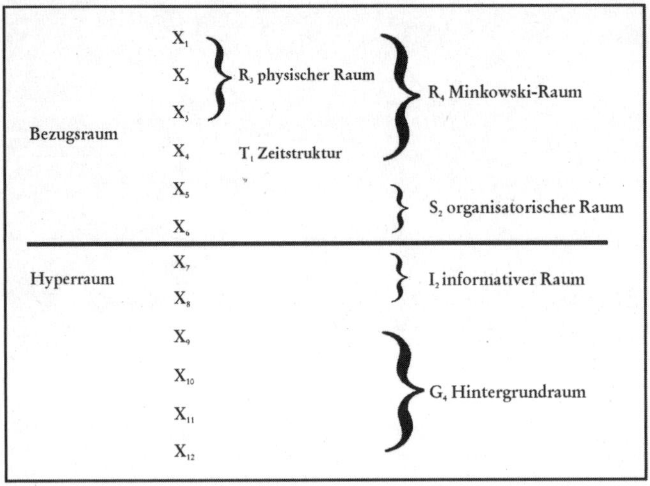

Bezugsraum	X_1 X_2 X_3	} R_3 physischer Raum	} R_4 Minkowski-Raum
	X_4	T_1 Zeitstruktur	
	X_5 X_6		} S_2 organisatorischer Raum
Hyperraum	X_7 X_8		} I_2 informativer Raum
	X_9 X_{10} X_{11} X_{12}		} G_4 Hintergrundraum

Abb.6: Bioinformation im R_4

Nur wenige Lebewesen sind jedoch in der Lage, die Verbindungen zur fünften und sechsten Dimension auszubilden, so daß gleich mehrere Parallelräume, ähnlich wie Filmstreifen, von ihnen durchdrungen werden können. Solche Lebewesen sind in der Lage, autonom in der fünften und sechsten Dimension zu existieren, ohne jedoch in den uns bekannten drei Dimensionen in Erscheinung zu treten beziehungsweise zu existieren.

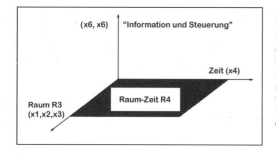

Abb.7:
Diese quantenphysikalischen Ableitungen entsprechen der Heim'schen Quanten-Geometrodynamik und begründen sich auf ein klares Konzept. Aus mathematischer Notwendigkeit rechnet B. Heim mit zwölf interpretierbaren Welt-Dimensionen (X1–12), wovon die ersten sechs physikalisch definierbar sind.

Bewußtsein und Materie:
Materie ist die **Projektion** von regelmäßigen periodischen Schwingungsvorgängen im sechsdimensionalen Raum, die im vierdimensionalen Raum ihre **Wirkung** finden.

Materie versteht sich als ein Nebenprodukt von Informationsfeldern (des Geistigen) aus höheren Dimensionen (siehe Abbildung 7).

Das Bewußtsein wird nicht durch die Materie aufgebaut und erhalten, sondern umgekehrt. Eine mit technischen, also materiellen Mitteln erstellte künstliche Intelligenz (KI) wird daher immer an unüberwindbare Grenzen stoßen. Ein ausgeprägtes Bewußtsein wirkt dahingegen bis in die „höheren" Dimensionen hinein (X5 und X6). Die Ebenen des Unterbewußten sind sogar in noch „höheren" Dimensionsebenen angesiedelt (>X6) und üben von dort einen Einfluß auf das Bewußtsein aus.

Das Vakuum der Quantenphysik ist als ein Zustand niedrigster Energie zu verstehen, die aber um einen Mittelwert schwankt (fluktuiert). Diese Art von Vakuum ist von virtuellen „Teilchen" erfüllt, die sich ständig spontan bilden und ebenso wieder zerfallen. Tatsächlich handelt es sich hierbei um Gravitationsfelder, die ihren Sitz in der fünften und sechsten Dimensionen haben (nach B. Heim). Dieses für Quantenphysiker zwar sehr wichtige Detail soll jedoch in unserem Zusammenhang im folgenden vernachlässigt werden.

Ist die Energie der „Teilchen" groß, so haben sie eine extrem kurze Lebensdauer. „Teilchen" mit geringerer Energie können dahingegen länger existieren. In einem solchen Quanten-Vakuum existiert kein Zeitablauf! Erst mit der Umwandlung von virtuellen zu realen Teilchen beginnt die kosmische Uhr zu ticken, und plötzlich gibt es ein *Vorher* und ein *Nachher*. Das, was wir als die *absolute Leere* bezeichnen, wird in der Physik auch *Nullpunkt-Strahlung* genannt, für deren Existenz es sogar experimentelle Beweise gibt. Sie ist zum Beispiel der Grund für die Anziehungskraft zwischen den Atomen (*Van-der-Waals-Kräfte*).

Ein zweiter Beweis ist, daß die elektromagnetische Nullpunktstrahlung die Existenz von geladenen „Teilchen" im Vakuum belegt, den Teilchen- Anti-Teilchen-Paaren (Materie/Anti-Materie.

Im Leeren Raum findet tatsächlich ein ständiges Kommen und Gehen statt. Aus der „**Leere**" entfaltet sich die Realität, was bedeutet, daß der **leere Raum die Voraussetzung für alles Sein ist.**

Von großer Bedeutung ist auch, daß sich das Quanten-Vakuum normalerweise in einem symmetrischen Zustand befindet. Die Quanten-Physik lehrt nun aber, daß solche „Störungen" der ursprünglich perfekten Symmetrie eines Quanten-Vakuums beliebig oft vorkommen können. Und jede Störung ergibt ein neues Universum!

Die Vielzahl der Universen ist keineswegs ein absurder Gedanke. Tatsächlich legt die moderne Physik sie sogar nahe. Demnach soll sich unser Universum ständig in verschiedene Universen aufspalten. Alle denkbaren Quantenzustände sollen real sein. Jedes neue Universum spaltet sich rechtwinklig vom anderen ab. Dadurch entstehen neue Universen, die keinerlei Verbindung untereinander aufweisen.

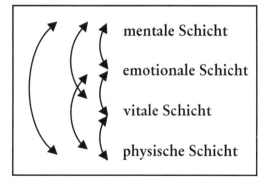

Abb.8:
Bioinformation zwischen den Seinsschichten

So phantastisch das auch klingen mag, uns sollte an dieser Stelle etwas noch Großartigeres interessieren: wir selbst erschaffen nämlich permanent aus diesem Vakuum neue Dinge.

Einen klassischen Beweis für das Erschaffen eines Quant als kleinstes Materie-Teilchen bietet uns die Arbeitsgruppe von Professor Mendel von der Universität Rochester.

Durch Experimente abgesicherte Ergebnisse ließen Prof. Mendel zu dem Schluß kommen: „*Bereits das potentielle Wissen eines Beobachters reicht aus, ein Quant hervorzuzaubern. Die bloße Möglichkeit, daß es aufgrund einer erdachten Methode nun eine Information über einen genauen Quantenweg geben könnte, zwingt das Quant, sich zu outen (manifestieren).*"[7]

Burkhard Heim konnte zeigen – was in der Quantenphysik schon bekannt, jedoch nicht bewiesen war –, daß die zweiwertige *Ja-Nein-Logik* (Aristoteles) zu einer polyvalenten Logik erweitert werden muß, um den Kosmos richtig zu beschreiben. Daraus folgt, daß es mehrere Seinsschichten mit eigener Logikstruktur und hierarchischem Aufbau gibt, in Übereinstimmung mit der Ontologie von N. Hartmann:

Die Pfeile links (beziehungsweise Klammern) bedeuten, daß die Seinsschichten miteinander in Wechselwirkungen stehen (und außerdem Unter-Schichten haben, die ihrerseits untereinander wechselwirken).

Eine biologische Information ist daher auf drei Arten möglich:
1. Innerhalb der physischen Seinsschicht,
2. zwischen den Seinsschichten und
3. zwischen den Transdimensionen X_5 bis X_{12} und R_4.

Hier sind vier Leiterbahnen im Organismus zu unterscheiden:
1. Zentralnervensystem: Transport von Information mittels Solitonen,
2. Gleichstromsystem/vegetatives Nervensystem: Transport von Ladungen,
3. Meridiansystem: Transport von Lichtenergien – und
4. Kreislaufsystem: Transport von Stoffen (Materie).

Heim nennt die Kopplungsgrößen zwischen den Schichten *Syntroklinen* (zwischen den Unterschichten nennt er sie *Syntropoden*).

Eine Information geht in der Regel von der mentalen, obersten Schicht aus, da sie allen anderen übergeordnet ist. So kann zum Beispiel ein positiver Gedanke die Psyche positiv stimmen, die vegetativen Vorgänge anregen und die Gehirnwellen ändern. Analoges gilt für Signale aus der emotionalen Schicht und so weiter.

Eine weitere Einflußebene auf die menschliche Psyche:
Neben diesen bisher aufgeführten Einflußmechanismen über die DNS, der Mikrotubuli und der Zellmembran, existiert noch eine weitere Ebene – das Gehirn.

Anatomisch-makroskopisch läßt sich ein Gehirn als eine Anhäufung von Nervenzellen mit einer Vielzahl von 10^{10} Neuronen darstellen. Das Gehirn wiederum setzt sich aus verschiedenen einzelnen Drüsensystemen zusammen, die ihren Aufgaben entsprechend zugeordnet sind. Von besonderer Bedeutung zeigt sich im Sinne der Matrix die *Epiphyse*, auch *Zirbeldrüse* genannt.

Die Zirbeldrüse ist ein kleines, kiefernzapfenförmiges Gebilde, das genau im geometrischen Zentrum des Kopfes sitzt. Descartes hielt diese Drüse für den „*Sitz der Seele*".

Erst in den späten neunziger Jahren des zwanzigsten Jahrhunderts hat die Wissenschaft entdeckt, wie wichtig die Zirbeldrüse ist. Sie produziert eine ganze Apotheke von aktiven chemischen Substanzen. Einige davon regulieren die Operationen sämtlicher übrigen Drüsen des Körpers (einschließlich der Hypophyse, die man früher für die „Hauptdrüse" hielt; andere sind wichtige Nervenhormone (wie Melatonin, Serotonin und Dopamin), die das Aktivitätsniveau des Gehirns regulieren.

Die Zirbeldrüse ist die „Uhr", welche die Alchimisten für die Quelle der biologischen Zyklen hielten. Das zyklische Muster des Schlaf-Wach-Rhythmus hängt vom Grad der Melatoninausschüttung der Zirbeldrüse ab.
Man entdeckte zunächst, daß ein Teil der von der Netzhaut ausgehenden Impulse für die Zirbeldrüse abgezweigt wurde, wo er als Tag-Nacht-Zyklus wahrgenommen wird, so daß die Melatoninausschüttung entsprechend angepaßt wird. Später wurde nachgewiesen, daß die Zirbeldrüse auch auf das tägliche zyklische Muster des Magnetfeldes der Erde reagiert. Die Melatoninausschüttung des Menschen kann harmonisiert werden, indem man ihn einem stabilen magnetischen Feld von der Stärke des geo-magnetischen Feldes der Erde aussetzt.

Heute sind direkte Zusammenhänge zwischen Erdmagnetfeldern und der Hormonproduktion dieses Organs bekannt. So weiß man heute, daß die Aufnahmequote in psychiatrischen Kliniken mit entsprechenden magnetischen Veränderungen eindeutig korreliert.

Auf der Suche nach einem entsprechenden Rezeptor für diese Magnetfeldreaktion, entdeckten die Neurowissenschaftler in der Zirbeldrüse winzig kleine Magnetitkristalle. Innerhalb dieses Kontextes erklärt sich somit auch die auffällige Melatoninproduktion dieser Drüse, welche in direktem Bezug zu Magnetfeldern steht.

Diese Zusammenhänge verdeutlichen eindrucksvoll die physikalischen Einflüsse der Matrix auf unsere Psyche! Obwohl die Sonne mit ihren physikalischen Einflußgrößen zur *natürlichen Matrix* zählt, ist nicht auszuschließen, daß in Sonderfällen auch die *künstliche Matrix* in den Sonnen-Aktivitäts-Prozeß einwirkt...

Abb.9:
Burkhard Heim

Morpheus' Brain 3
DER HYPER-RAUM

Unter dem *Hyper-Raum* versteht man eine den uns bekannten vier Dimensionen übergeordnete Ebene. Diese Ebene beinhaltet zunächst sämtliche über der vierten Dimension liegenden Dimensionen.

Mit den ersten vier Dimensionen ist die uns umgebende, geometrische Dreidimensionalität gemeint (Länge, Breite, Höhe), die sich in einer zeitlichen, vierten Dimension darstellt.

Somit sind die ersten drei Dimensionen geometrisch, also räumlicher Art, und die vierte ist der Zeit zugeordnet. Zur Beschreibung der Interaktion der zwölf Dimensionen im Sinne der Matrix ist das Modell von Burkhard Heim ideal geeignet. Unter den direkten Schnittstellen in bezug auf materielle Systeme wird im folgenden Text von bestimmten Strukturen ausgegangen, die in der DNS, der Mikrotubuli und der Zellmembran gefunden wurden. Diese drei Bestandteile einer biologischen Zelle bilden die Vorraussetzung dafür, um mit dem, was wir als *Hyper-Raum* bezeichnen, in Verbindung zu treten.

Ein erklärtes Verfahren, Verbindungen zu diesem Hyper-Raum herzustellen, ist das nach seinem Entdecker bekannte *Kosyrev-System* (Kosyrev-Raum = Hyper-Raum). Prof. Kosyrev ist es durch eine entsprechende Anordnung gelungen, strukturgebende Programme aus dem Hyper-Raum in die vierdimensionale Ebene zu transformieren. So zählen die genetisch verändernden Tierexperimente der CIBA-Geigy-Wissenschaftler zu diesen Kosyrev-Experimenten.

Morpheus' Brain 4
DIE VERBINDUNG HYPER-RAUM – MENSCH

Um die Interaktion zwischen dem Hyper-Raum und dem Menschen besser nachvollziehen zu können, analysieren wir einige Zitate des russischen Physikers Prof. A. Trofimov an.

Bei seinen Aussagen ist zu beachten, daß er weltweit zu den absoluten Top-Spezialisten auf dem Gebiet der *Helio-Biologie* zählt. Dieser Forschungsbereich beschäftigt sich mit der Interaktion zwischen der Sonne und den biologischen Systemen und ist als eine Disziplin bekannt, die dem ehemaligen sowjetischen Raumfahrtprogramm angegliedert war.

Hieraus erklärt sich der Tatbestand, daß die Forschungsergebnisse nicht veröffentlicht wurden, wobei gleiches für die NASA zutrifft.

Von besonderer Bedeutung hierbei sind die Erkenntnisse über die menschlichen Verhaltensformen, die im Bezug zu einer Sonnenaktivität – als dem zentralen Lebensenergie-Stern unseres Systems – stehen. Es versteht sich von selbst, daß für diese Art der Forschung nur die kompetentesten Wissenschaftler auserwählt wurden, womit zum Ausdruck gebracht werden soll, daß die im folgenden aufgeführten Ergebnisse zu den abgesichertsten („seriösesten") wissenschaftlichen Erkenntnissen zählen.

Beginnen wir mit der Grundaussage von Prof. Trofimov:

„Der Mensch als ein Abkömmling des Universums ist in Wahrheit das Gebilde eines Planeten-Sterns (Sonne), in dem sich eine Feldform von Energie und von Geist vereinigt und, in Verbindung mit dem kosmischen Raum, in körperlicher Form existiert."[(8)]

Trofimov erklärt weiter:

„Wenn wir von ‚helio-geophysikalischen Feldern' sprechen, verstehen wir darunter Felder des solaren Systems und der festen Formationen der Erde, die mit den Feldstrukturen lebender Substanz in Wechselwirkung stehen...Wir arbeiten mit Hilfe hypo-magnetischer Anlagen (Räumemit

einer Eisen-Nickellegierung, in denen Magnetfelder abgeschirmt werden; A.d.V.), die das Feld der Erde um das 600fache und mehr schwächen, und mit verschiedenen spiegelartigen Konstruktionen, die in spezieller Weise reflektierend wirken. Der Zeitpunkt des Eintritts von Herzinfarkten ist vom Einfluß der Sonne auf die Erde abhängig. Die Magnetstürme der Sonne führen zu verstärkter Teilchenstrahlung, die ein bis zwei Tage später die Erde erreicht. Bei einer Vervierfachung der Teilchenmenge (Elektronen und Protonen) im Vergleich zur ruhigen Sonne kommt es zu einer Erhöhung der Infarktfälle auf das 13fache der Werte, die bei ruhiger Sonne eintreten. Sie können so raum-zeitliche Energieströme verdichten und raum-zeitliche Zellen modulieren, die lebende Objekte hervorbringen können, aber in der Evolution der irdischen Formen lebender Materie unbekannt sind."[8]

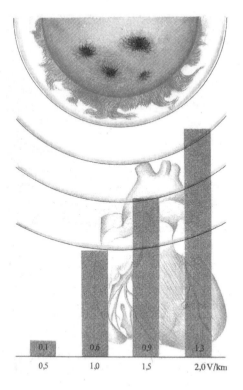

Abb.10:
Der Zeitpunkt des Eintritts von Herzinfarkten ist vom Einfluß der Sonne auf die Erde abhängig. Magnetstürme führen zu verstärkter Teilchenstrahlung, die ein bis zwei Tage nach ihrem Ausbruch die Erde erreicht.
Bei einer Vervierfachung der Teilchenmenge im Vergleich zu ruhiger Sonne kommt es zu einer Erhöhung der Infarktfälle auf das Dreizehnfache der Werte, die bei ruhiger Sonne eintreten.

Der Raum wird senkrecht zu den Kraftlinien des irdischen Magnetfeldes ausgerichtet. Die spiegelartigen Konstruktionen – sogenannte Kosyrev-Spiegel – sind Zellen unterschiedlicher Maße aus Aluminium, das morphogenetische Felder stark reflektiert.

Prof. N. Kosyrev zeigte in Experimenten, daß raum-zeitliche Energieströme, die ihren Ursprung sowohl in Sternen als auch in Lebewesen – einschließlich des Menschen – haben können, ihre eigenen, charakteristischen Dichten und Richtungen in und gegen den Uhrzeigersinn haben. Diese Faktoren sind in verschiedenen Regionen der Erde unterschiedlich. N. Kosyrev gelangte zu der Erkenntnis, daß Richtung und Dichte der Zeit vom Breitengrad abhängen würden und ist der Ansicht, daß es mit Hilfe verschiedener, reflektierender Anlagen möglich sein müßte, diese Ströme in der Umgebung ihrer eigenen Quelle zu halten und sie auf diese Weise zu verdichten (kondensieren). **Aus diesen Zonen verdichteter Zeit öffnet sich (nach Kosyrev) der Informationszugang zu jedem Punkt im Universum.**

Diese Hypothese wurde als Grundlage für die Untersuchungen von Informations-Wechselwirkungen zwischen Menschen über Entfernungen genommen. Zu diesem Zweck wurde speziell eine zylinderförmige, metallische *Kosyrev-Kamera* konstruiert. Der sogenannte „Operator" (eine physische Person) wird in das Innere dieser Kamera gesetzt – in absolute Dunkelheit –, wo er sich vorbereitet, seine mentale Botschaft telepathisch zu übertragen. Wenn er in einen speziellen Bewußtseinszustand gelangt, leuchtet ein Raum auf, der seiner Kopfform entspricht, und wird auf einer Fotoplatte festgehalten, die in einiger Entfernung von ihm angebracht ist.

Dieser Effekt wurde viele Male reproduziert und hing sowohl von örtlichen als auch von globalen geophysikalischen Bedingungen ab. Diese Kosyrev-Spiegel entwerfen das „Raster" für die Zeit-Energie; das heißt: eine erste Form von individueller Mental-Matrix. Die Quelle dafür ist der Mensch und *keine* Felder von außen. Die Übertragung der

Information geschieht augenblicklich durch ein Zeitkontinuum, eine Zone „kondensierter Zeit" innerhalb der Anlage. Der Effekt des leuchtenden Balles begleitete die Operatoren auch, wenn sie sich bei der Fernübertragung mentaler Informationen an Orten magnetischer Anomalien einer heiligen Stätte befanden (*Trakiens* in Bulgarien oder im Bereich des *Permski Dreiecks* bei dem Ort *Molebca* im Ural).

Diese leuchtenden Effekte, die nichts anderes als durch Gedankenkraft manifestierte Feldstrukturen sind, erreichten ihre höchste Kraft während der experimentellen Forschungen im hohen Norden während der Polarnacht.

Mit Hilfe der Kosyrev-Spiegel konnte nachgewiesen werden, daß eine bestimmte Feldsubstanz (ein geistiger Faktor) Menschen in der Weise verbindet, daß eine Information, die von einem Operator ausgesandt wird, von vielen Hunderten von Menschen gezielt aufgefangen werden kann.

Über zweitausend Personen nahmen an solchen Experimenten teil, und diese Menschen befanden sich vor Beginn der Übertragung einige hundert und sogar tausende Kilometern voneinander und von dem Operator entfernt.

Außer der telepathischen Verbindung bestand zwischen diesen Menschen kein physischer Kontakt.

Morpheus' Brain 5
DAS SPIEL DER GÖTTER

Das „Spielbrett" der *ersten Schöpfungsentitäten* besteht aus 32 schwarzen und 32 weißen Polaritäten. Zwischen diesem „Spielbrett" und unserer DNS besteht eine direkte Verbindung. Von hier aus läuft das Programm, das, was wir die *Matrix* nennen, in magnetischer Form ab, was bedeutet, daß eine bestimmte Form elektromagnetischer Felder aufgebaut wird.

Unsere Sonne ist unter anderem für unsere Fruchtbarkeit und für unsere Psyche verantwortlich. Ein Zyklus von sieben Tagen durchwandert vier Arten von entsprechenden sonnenmagnetischen Feldern, so daß ein ganzer Zyklus insgesamt 28 Tage dauert. In diesem Zyklus ändern sich unsere Progesteron-, Testosteron- und Östrogen-Hormone, die bekanntlichermaßen für den Menstruationszyklus der Frau verantwortlich sind.

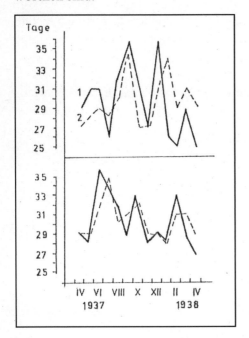

Abb.11:
Der Zusammenhang zwischen der Dauer der Menstruationsperiode (Kurve 2) und dem Erdmagnetfeld; K-Index (Kurve 1).
Oben für Maximumtyp, unten für Minimumtyp (nach Prof. Birzele, 1966).

Sonnenmagnetfelder beeinflussen ebenfalls die Zirbeldrüse; insbesondere die Produktion von Melatonin. Dieses Melatonin wandelt sich auf natürliche Art zu Pinoline um. Pinoline erhöht sich bei den westlichen Menschen zur Zeit drastisch. Bereits in den dreißiger Jahren wurde dieses Pinoline auch als Telepathie-Transmitter bezeichnet.

In der bemannten Raumfahrt wird seit jeher mit einer sogenannten Substanz „P" gearbeitet. Es spricht vieles dafür, daß diese Substanz, welche den Kosmonauten vor dem Start verabreicht wird, ein Pinoline analoger Wirkstoff ist. Vermehrt wurden telepathische Versuche zwischen den Kosmonauten und auf der Erde befindlichen Personen durchgeführt. Der eigentliche telepathische Effekt erklärt sich aber durch die bewußte Anbindung an den Hyper-Raum, über den auf der Ebene der Resonanz entsprechende Verbindungen hergestellt werden.

Pinoline ist der sich am schnellsten drehende Neurotransmitter. Er ist ein Kristall, der genau in die synaptische DNS paßt. Dies führt unter anderem zu einer Veränderung der *elektrischen Leitfähigkeit* (Supraleiter). Hierdurch erfolgt die direkte Anbindung an den Hyper-Raum. Somit gibt es im Inneren unserer DNS eine Wurmlochwirkung, was bedeutet, daß der *elektrische Widerstand* aufgehoben und dadurch mit dem „Nullpunkt" verbunden ist.

Diese *Supraleitfähigkeit* wird hervorgerufen, indem die Elektronen eine besondere geometrische Form annehmen, die eine Geometrie darstellt, bei der in einer kreisförmigen Anordnung *sechs* und in der Mitte *ein* Elektron plaziert sind (siehe nachfolgende Abbildungen).

Dieser Wirbel verursacht eine Implosion von sechs Gravitationswellen, wobei durch eine siebte (durch den Prozeß einer Implosion) die Verbindung zum Hyper-Raum hergestellt wird.

Abb.12:
Vortex-Form als Verbindungstor zum Hyper-Raum (Supraleiter)

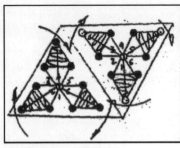

Abb.13: Elektronen-Spin   Abb.14: Supergitteranordnung der Elektronen

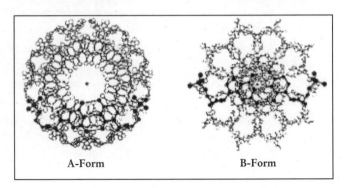

A-Form   B-Form

Abb.15:
Perspektive: Draufsicht DNS
    A-Form: Normalzustand
    B-Form: Replikation – der Winkel zwischen den Basenpaaren und der Helixachse beträgt 90 Grad. Der Schnitt durch die B-Form senkrecht zur Achse zeigt ein Zehneck, das man sich aus zwei übereinandergelegten Fünf-Ecken gebildet vorstellen kann.

Durch diese Vortex-Formation findet die eigentliche Übertragung beziehungsweise Verbindung zum Hyper-Raum (auch *Nullpunktenergie* genannt) statt. In diesem geordneten Muster polarisieren sich die Elektronen gegenseitig, stabilisieren ihren Spin, verlangsamen sich und erstarren in ihrer Anordnung, so daß sie „nicht frei" sind. Diese Kontrolle und Verlangsamung des Elektronen-Spins ist der Schlüssel zur Supraleitfähigkeit und wird in der heutigen Physik durch Tieftemperatur-Physik (Kernforschungszentrum Jülich) erreicht.

Grundsätzlich ergeben sich zwei Möglichkeiten, um einen solchen Zustand hervorzurufen:
1. durch die Ebene der Stofflichkeit über die Nahrungsaufnahme (psychoaktive Grundsubstanzen) und/oder
2. die elektromagnetische (gravitative) Ebene.

Betrachten wir im folgenden die Einflußebene der Nahrungsaufnahme (die *chemische Seele*). Diese *chemische Seele* ist der große Traumhalluzinator des Menschen. Alles ist letztlich nur eine Reihe von Schwingungen, und diese Schwingungen werden durch die menschlichen Sinne aufgenommen, in Hologramme umgesetzt und führen zu Träumen oder Halluzinationen. So wird zum Beispiel *Tryptophan* (Aminosäure), wenn es ins Gehirn gelangt, für weitere Produktionsschritte bereitgestellt.

Der nächste Verfahrensprozeß, der sich hieraus entwickelt, ist die Produktion von Serotonin.

Serotonin wiederum bewirkt die Illusion der Zeit. Wenn das äußere Licht erlischt und der Mensch sich schlafen legt, wird Serotonin zu *Melatonin* umgewandelt.

In früheren Zeiten, als die Menschen noch super-bewußte Wesen waren, schliefen sie nicht ein, wenn Melatonin ausgeschüttet wurde, sondern besaßen bewußten Zugang zu den Chakren, den Energiezentren des Menschen.

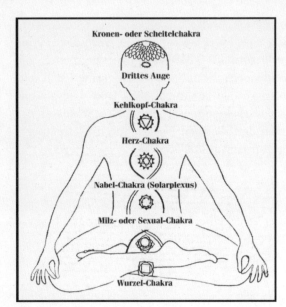

Abb.16:
In der modernen Geisteswissenschaft werden die Chakren als Schwingungskörper aufgefaßt, die Energie jeglicher Art empfangen, transformieren und verteilen. Man betrachtet diese Schwingungskörper in ihrem wörtlichen Sinne als „Räder", durch die die Energie hindurchfließt. Je schneller die Energie fließt, desto schneller drehen sich die Räder. Man unterscheidet dabei eine linke und eine rechte Drehrichtung. Wenn sich die Chakren-Energien im Uhrzeigersinn drehen, dann wird kosmische Energie aufgenommen, um sie dem Körper zuzuführen. Bei einer Bewegung gegen den Uhrzeigersinn werden feinste Energien dem Bewußtsein zugeführt.

Der Begriff Chakra (Mehrzahl: Chakren) ist einer der ältesten der Menschheit:

„In der Aura sehen hellsichtige Menschen neben den Farben der Aura, ihrer Strukturierung (am äußeren Rand weich oder gezackt) und Konsistenz (dünn, vernebelt, klare Farben oder dunkle Flecken darin) auch heller leuchtende Energiewirbel. Diese nennt man ‚Chakras' (sanskrit: Räder).

Um leben zu können, benötigt der menschliche Körper kosmische Energie, die auf subatomarer Ebene durch diese Chakren eintritt. Jedes Chakra ist sozusagen ein feinstoffliches Energiezentrum, wobei man von sieben Haupt- und fünf Nebenchakren spricht.

In der modernen Geisteswissenschaft werden die Chakren als Schwingungskörper aufgefaßt, die Energie jeglicher Art – also außer der kosmischen Energie auch die von Tieren, Pflanzen und Mineralien – empfangen, transformieren und verteilen. Man betrachtet diese Schwingungskörper in ihrem wörtlichen Sinne als „Räder", durch die die Energie hindurchfließt. Je schneller die Energie fließt, desto schneller drehen sich die Räder. Man unterscheidet dabei eine linke und eine rechte Drehrichtung. Wenn sich die Chakren-Energien im Uhrzeigersinn drehen, dann wird kosmische Energie aufgenom-

men, um sie dem Körper zuzuführen. Bei einer Bewegung gegen den Uhrzeigersinn werden feinste Energien dem Bewußtsein zugeführt. Jeder dieser Energiekörper hat aufgrund der unterschiedlichen Schwingungszahlen verschiedene Farben. Da dem Körper ständig neue Energie zugeführt und überflüssige Energie in die Aura abgestrahlt wird, kann anhand der verschiedenen oder veränderten Farben der Aura der Zustand der einzelnen Chakren überprüft werden. Wenn eines der Chakren stärker oder schwächer arbeitet („strahlt"), dann führt dies zu einem Ungleichgewicht im Gesamtsystem der Chakren, und es kommt zu einer Energieblockade.

Die Hauptchakren sind:
1. Wurzel-Chakra, zwischen Geschlechtsorgan und Anus, am Damm;
2. Sexual- oder Milz-Chakra, in der Region der Sexualorgane;
3. Nabel-Chakra, in der Nabelgegend;
4. Herz-Chakra, in der Herzgegend;
5. Kehlkopf-Chakra, in der Mitte der Kehle;
6. Drittes Auge, in der Mitte der Stirn zwischen den Augenbrauen; und
7. Scheitel- oder Kronen-Chakra, in Höhe oder oberhalb des Scheitelpunktes des Kopfes, also über dem grobstofflichen Körper."[4]

Der sogenannte *zivilisierte Mensch* (im jetzigen Bewußtsein) benutzt lediglich 10^4 Bits pro Sekunde zwischen den Neuronen des Gehirns anstatt 10^{12} Bits pro Sekunde, die im Falle der Aktivierung sämtlicher Gehirnregionen (und der oberen Chakren) erreicht werden können. Diese Möglichkeit besteht im Zustand der tiefsten Liebe, also immer dann, wenn unser Gehirn und unser Herz eine Frequenz von 8 Hz ausstrahlt.

Tatsächlich findet eine Art Verkopplung zwischen dem Gehirn und dem Herzen statt. Indem Melatonin produziert wird, muß der elektrische Aspekt, welcher als *Ego* oder *intellektuelle Verstandes-Ebene* bezeichnet werden kann, mit 10^4 Bits pro Sekunde auf einer niedrigeren Ebene arbeiten. Dies ist der Zustand, den ich *Un-Bewußtheit* nenne.

In einer unserer Schlafphasen geschieht jedoch nachts etwas ganz außergewöhnliches. Durch die Umwandlung des *Melatonins* zu *Pinoline* in der Zirbeldrüse beginnt dieses Pinoline seinen neuen Platz, oder die Plätze, mit dem Serotonin an der DNS zu tauschen. Diese Vorgänge spielen sich auf Gehirnzellenebene ab.

Neueste wissenschaftliche Ergebnisse zeigen, daß unsere Träume eben durch dieses Pinoline ausgelöst werden. Je länger unsere Augen geschlossen sind, desto mehr Melatonin wird produziert und als weitere Folge entsteht daraus Pinoline!

Im Zustand des Schlafes sind sämtliche Neuronen unseres Gehirnes mit ihrer höchsten Bit-Frequenz (10^{12}) aktiv. Luzide Träume entstehen, wenn ein bestimmter Neurotransmitter des *Dritten Auges* (der Zirbeldrüse; siehe Abbildung der Chakren), genannt DMT (Dimethyltreptamin), aktiviert werden kann, der normalerweise durch ein körpereigenes Enzym zerstört wird. Dieses geschieht, indem Pinoline in ausreichender Intensität im Gehirn produziert wird.

DMT setzt Information aus dem Hyper-Raum in innere Bilder um. Wenn es in ausreichender Menge vorhanden ist, entstehen Sinnesverschmelzungen wie *luzides Träumen* oder *Nahtoderfahrungen*. Diese Zustände des Bewußtseins bedeuten, daß wir in den Fluß der lebendigen Sprache der DNS eintreten, also in die Bereiche, die das volle Kontingent des *Freien Willens* beinhalten, und somit unser eigenes Universum kreieren lassen.

Unter dem Einfluß von DMT und Pinoline stehen wir also in direkter Verbindung mit dem Hyper-Raum. In diesem Zustand ist ein tief klingender Ton wahrzunehmen. Hierbei handelt es sich um den bereits erwähnten DNS-Ton. Dieser Ton ist hörbar, weil durch diese DMT-Pinoline-Verbindung eine sehr große Anzahl von DNS zusammengeschaltet ist. Wenn wir nun diesen Ton mit unseren Lippen vokalisieren, verändert sich in unserer DNS die Intensität des ultra-violetten Lichtes. Das hat zur Folge, daß eine sogenannte *stehende Welle* um unseren Körper aufgebaut wird (Erklärung zu *stehende Welle* siehe Morpheus' Brain 11).

Sämtliche Informationen erfährt unsere DNS über die UV-Frequenz. Diese kann daher als die *Sprache der DNS* verstanden werden. Wissenschaftliche Versuche aus der modernen Klartraum-Forschung (luzides Träumen) zeigten, daß es in einem solchen Zustand nicht zu einer sonst üblichen Zeitverzerrung kommt. Bei dieser Art von Träumen läuft die Traumzeit quasi synchron zur meßbaren Zeit der Realität im Wachzustand (nach Prof. Paul Tholey, Uni Frankfurt/M. und Prof. Stephen LaBerge, Stanford-University).

In dieser Nullpunkt-Verbindung unserer DNS ist das gesamte kosmische Wissen zugänglich. Im Normalzustand eines Menschen wird die Produktion des Neurotransmitters *Pinoline* verhindert. Dieser wird durch einen anderen Neurotransmitter, nämlich *Serotonin*, ersetzt. Serotonin ist unter anderem der Neurotransmitter, der uns die Wahrnehmung der Zeit als Halluzination verschafft. Zeit ist sozusagen eine *Halluzination durch Serotonin* – und damit Teil der Matrix.

Durch die aktuellen Veränderungen der Sonnenmagnetfelder verändert sich ebenfalls die Geometrie unserer Neurotransmitter, wodurch wiederum größere Mengen von Pinoline produziert werden. Dies bewirkt eine Verbindung zu den höheren Dimensionen, die außerhalb jeglicher *künstlichen Matrix* liegen. Die sogenannten *Spielprogramme* der *Herren der künstlichen Matrix* werden über die elektromagnetischen Felder (Photonen) gesteuert. Dieses gesamte elektromagnetische Spektrum der Sonnen, speziell unserer Sonne, hält uns über unsere DNS im Spielplan der *Herren der künstlichen Matrix* fest. Das elektromagnetische Spektrum, also das Licht unserer Sonne, hält uns in der Zeit gefangen, um uns unsere ursprünglich gegebenen Möglichkeiten vergessen zu machen.

Doch dahinter steht ein Zweck!

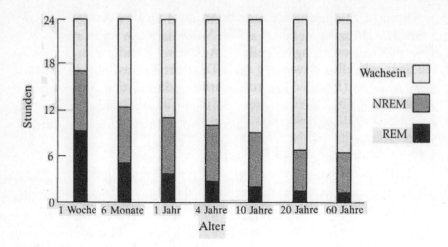

Abb.17:
Das Serotonin-System hat etwas mit dem Schlaf, insbesondere mit dem *REM-Schlaf* zu tun. Unter REM-Schlaf versteht man die Traumphase.
Zur Geburt eines Menschen ist dieser in einem Zustand der Ankopplung mit höheren Dimensionen.

Dieses *Vergessens* dient aus einer höheren Sichtweise heraus dem Zweck des Lernens beziehungsweise des individuellen Erfahrens in der Materie, welches nur in der Polarität möglich ist – das heißt, wenn wir die Zugänge zur Gesamtinformation von Vergangenheit, Gegenwart und Zukunft blockiert haben. Andernfalls wissen wir aus dem Hyper-Raum auch schon die Zukunft – damit entfällt unser Lern- und Schöpfungsprozeß. Somit ist davon auszugehen, daß die Wahrnehmung des Menschen über die Frequenzen der Sonne und über die eigene Serotonin-Produktion tatsächlich in der natürlichen Matrix begrenzt gehalten wird.

Während der nächtlichen Traumphasen produziert das Gehirn Pinoline, das dann unsere Träume hervorruft. Neueste Ergebnisse aus der DNS-Forschung haben ergeben, daß von der menschlichen DNS eine elektromagnetische und um neunzig Grad verschobene Schallwelle ausgeht. (F. A. Popp und andere). Die Frequenz liegt im UV-Bereich und stellt die physikalische Qualität einer sogenannten *stehenden Welle* dar – wie bereits erwähnt.

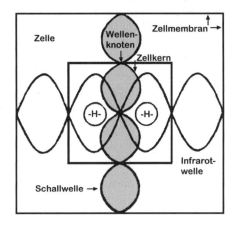

Abb.18:
Eine Zelle mit der DNS im Zentrum als Hohlraum-Resonator. Nach diesem Modell von Prof. F. A. Popp bildet sich in der Zelle ein fluktuierendes, stehendes Wellenfeld. Es besteht aus einer elektromagnetischen Infrarot-Welle, die mit einer Schallwelle gekoppelt ist.

Wenn ein Mensch diese DNS-Schallwelle, also einen tief brummend-vibrierenden Ton (wie zum Beispiel bei einem Alphorn oder einem Digeridoo), selbst anstimmt, wird den verschiedenen DNS-Teilen, die von einander abgeschnitten sind, ermöglicht, miteinander in Resonanz zu treten und somit wieder eine Verbindung aufzunehmen. Hierdurch findet eine Verbindung zwischen unserem Bewußtsein und unserem Unterbewußtsein statt. Gleichzeitig strahlt die DNS vermehrt UV-Licht aus.

Ein weiterer Effekt besteht in der Reduzierung der Schwerkraft, das heißt: je mehr Zellen miteinander in Verbindung treten, desto weniger wirkt die Schwerkraft. Versuche in Rußland zeigten auf, daß Personen unter diesem Einfluß levitierten und telekinetische Fähigkeiten zum Vorschein kamen.

64 verschiedene magnetische Feldqualitäten, die von der Sonne ausgehen, führen zur Zeit zu Anomalien im menschlichen Blutbild. Das *Karolinska-Institut* in Schweden entdeckte beispielsweise in den Blutproben von Menschen eine erhöhte Menge von Pinoline. Das heißt, wir erschaffen uns selbst Zutritts-Systeme zum Hyper-Raum – und damit wird ein Aussteigen aus der Matrix möglich!

Die Funktionsweise unseres Bewußtseins liegt auf einer Ebene, die noch vor der Entstehung der Magnetfelder liegt. Dr. Robert Becker von der Albert-Einstein-Universität in New York fand als Physiker im Alpha-Zustand *mikromagnetische Felder* im menschlichen Gehirn. Diese Felder gingen sämtlichen neuronalen Aktivitäten voraus. Das bedeutet, daß das Bewußtsein dem neuronalen Netzwerk übergeordnet ist!

Dr. Penrose wies im menschlichen Gehirn *natürliche Resonanzhöhlen* nach, worin eben diese mikromagnetischen Felder gemessen wurden. Diese Resonanzhöhlen sind: Hypothalamus, Thalamus, Medulla-Oblongata und der Hippocampus. In einer EEG-Untersuchung konnte er die Struktur eines *Wurmlochs* indirekt nachweisen. Das läßt ganz direkt die Schlußfolgerung zu, daß wir in unserem Kopf ein eigenes Universum besitzen.

Die Quantenphysik geht nun interessanterweise davon aus, daß in einem Wurmloch (*Schwarzes Loch*) sämtliche Universen miteinander in Verbindung stehen. Man vermutet, daß ein Kubikzentimeter des *Vakuum-Hyper-Raums* einem Kubikzentimeter des *Wurmlochs* entspricht. Die Massenenergie des *einen* Kubikzentimeters entspricht wiederum der gesamten Energie des Universums.

Dieses gigantische Potential tragen wir in unserem Kopf spazieren!

Wenn sich das menschliche Bewußtsein in einem Zustand der tiefsten, innigsten Liebe befindet, werden vermehrt Pinoline-Moleküle produziert. Im Normalzustand sind die Menschen in den Gedankenwellen der Magnetfelder gefangen. Dadurch werden sämtliche Gedanken von einer übergeordneten Struktur, das heißt einer *Matrix*, gelenkt. Wer die Magnetfelder beherrscht, beherrscht auch die Gedanken der Menschen. Diese beherrschen als Impulsgeber die Emotionen und damit in Wechselwirkung die Physik. Wer die Magnetfelder beherrscht – beherrscht dich!

Im tiefsten Zustand der reinen Liebe entstehen jedoch die eben beschriebenen elektromagnetischen Wurmlöcher, die jenseits aller Beeinflussung liegen und den Menschen somit die Freiheit schenken. Von hier aus sind weder Gedankenkontrolle, noch Manipulation möglich.

Meßergebnisse (EEG und EKG) zeigten, daß in diesem Zustand von Herz und Gehirn eine gemeinsame Frequenz von 8 Hz erzeugt wird. Diese Frequenz wiederum entspricht der Schumann-Resonanz-Frequenz des Planeten – der „Mutter Erde"!

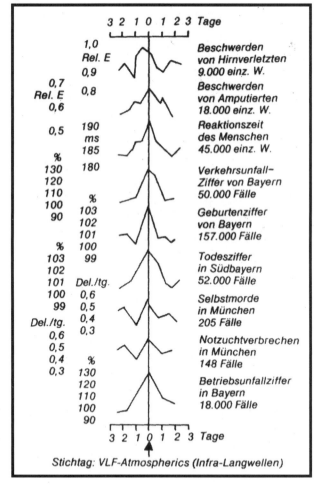

Abb.19:
Eine Zusammenstellung der Vorgänge an Tagen mit Infralangwellenstörung (VLF-Atmospherics) (Nullwetterlage) (nach R. Reiter).

Morpheus' Brain 6
DIE PHYSIKALISCHE EINFLUSSEBENE DER MATRIX(EN)

Eine weitere Frage, die mir gestellt worden ist, und auf die ich nun gesondert eingehen möchte ist: *„Was beeinflußt die Materie und auch den Menschen aus dem Hyper-Raum der Matrix?"*

Oberflächlich betrachtet handelt es sich um elektromagnetische Felder, doch käme diese Antwort der Wirklichkeit nur sehr wage näher.
Die Ursache eines Einflusses auf unsere materiellen Dimensionen ist genaugenommen der *Geist*, der aus den höchsten Dimensionen wirkt. Dieser Geist transformiert sich auf seiner „Reise" in die unteren Dimensionen in ein Bio-Gravitations-Feld, welches sich innerhalb unserer vertrauten Raum-Zeit beispielsweise in Neutrinos, in Photonen und damit in das elektromagnetische Feld umwandelt. Diese Wechselwirkungsquanten sind die zahlreichsten Vertreter im gesamten Kosmos überhaupt – sie sind die uns bekannten Informationsträger.
Ab hier beginnt der Stammbaum der Materie.

Aus den elementaren stabilen Teilchen *Neutrino* und *Anti-Neutrino* lassen sich alle übrigen Teilchen bilden – Neutrinos bilden Photonen, Photonen bilden Elektronen und Positronen und so weiter...

In unseren zwölfdimensionalen Weltdimensionen – inklusive dem Hyper-Raum – befinden sich mindestens vier Seinsebenen, die miteinander in Wechselwirkung stehen. Unsere physische drei beziehungsweise vierdimensionale Raum-Zeit-Ebene ist die Grenzebene zu den höheren Dimensionen ($X5$-$X12$).

Die Materie ist daher ein Produkt der Informationen (des Geistes) aus den höheren Dimensionen. **Somit ist die Materie die Projektion von Schwingungsvorgängen im sechsdimensionalen Raum.**

Das Bewußtsein erschafft aus den Dimensionen X7 und X8 die Materie. Die Menschen empfangen und senden ständig Informationen von und zu diesen höheren Dimensionen. Das, was wir als den *leeren Raum* oder *Äther* (Vakuum) bezeichnen, entspricht diesen höheren Dimensionen. Hierbei sind die beiden Dimensionen X5 und X6 von großer Bedeutung, da sie zum einen eigenständig auftreten können und zum anderen die Gravitation bilden.

Dieses sagt zwar noch nichts über die Eigenschaften der Gravitation aus, ist aber zunächst ausreichend, um zu erkennen, daß im sogenannten „leeren Raum" Gravitationsfelder bestehen, die den Äther ausmachen.

Die Ätherdichte ist im Kosmos relativ konstant. Als einfachste Struktur-Kondensation ist sie auch die energetisch schwächste, da ja mit jeder höheren Kondensation mehr Energie in Form kondensierter Felder im Elementarteilchen vorhanden ist. Dennoch ist ihr eigentliches Potential unvorstellbar groß.

Das, was als Schwerkraft bezeichnet wird, ist eine der vielen Wirkungen der Gravitation, die durch eine geringe Asymmetrie des ansonsten streng symmetrischen Feldes entsteht.

In diesem Zusammenhang möchte ich dir anvertrauen, was nur wenigen Physikern seit neuestem bekannt ist, nämlich daß das, was wir normalerweise unter Gravitation verstehen, drei weitreichende Felder sind – die Schwerkraft, ein elektrisches und ein magnetisches Feld.

Zusätzlich existiert jedoch ein symmetrisches Feld, welches aus beiden Komponenten – dem elektrischen und dem magnetischen Feld – gebildet wird.

Dieses symmetrische Feld ist Grundbestandteil des Kosmos, dringt in jedes materielle Objekt ein und kann dort einen Energieaustausch bewirken. Durch die Dimension X4 – die Zeit – wandeln sich die höherdimensionalen Gravitationsfelder (X5/X6) in Neutrinos und Photonen um, was wiederum bedeutet, daß sich das Gravitations- und das elektromagnetische Feld ineinander überführen lassen.

Das Gehirn und unsere Erde sind Umsetzer von Gravitations- in elektromagnetische Wellen – es ist der „Stoff", aus dem Gedanken bestehen!

Die Erde, der Mond und unsere Sonne wiederum bilden zusammen ein Gravitations- und gleichermaßen ein multidimensionales Antennensystem.

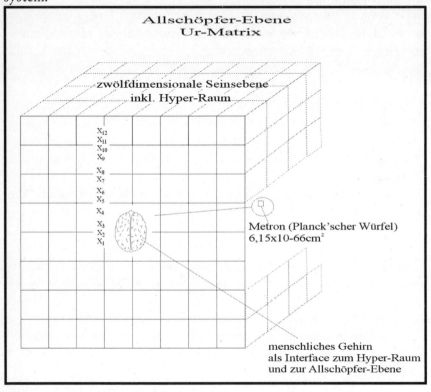

Abb.20:
Die Ur-Matrix und die von ihr erschaffene zwölfdimensionale Seinsebene – Metronen-Gitter (Würfel) als Ableitung aus den *Planck-Kuben* (M. Planck) von Burkhard Heim. Dieses kosmische Gitter stellt eine alles Geschehen koordinierende Informations- und Erschaffungs-Matrix dar. Organismen, wie alle Phänomene innerhalb der Raum-Zeit, sind in einen mehrdimensionalen Hyper-Raum eingebettet. Speziell das Gehirn stellt eine Art Interface zum Hyper-Raum dar.

Auch die beiden Gehirnhälften fungieren als Antennen (Interferometer) und sind somit Sender und Empfänger von Gravitations-Feldern. Die im EEG gemessenen Signale sind lediglich die sicht- und meßbaren Sekundäreffekte dieser Gravitations-Felder.

Somit ist das menschliche Gehirn zum einen ein Empfänger von Informationen aus verschiedenen Dimensionsebenen des Hyper-Raums und zum anderen selbst ein Sender von Informationen. Sämtliche vom Gehirn aufgenommenen und verarbeiteten Informationen wirken in unserer Raum-Zeit (X3+1) und werden gleichzeitig im Hyper-Raum abgespeichert.

Die Art des menschlichen Bewußtseins bestimmt den Grad seiner Empfangsqualität aus dem Hyper-Raum und der Umsetzung der Gedanken in diese Raum-Zeit-Realität. Diese Bewußtseinszustände stellen eine Art Kohärenz im Bereich menschlicher Gehirnwellen dar. Diese Kohärenz wird durch den Zustand von Entspannung und Klarheit ausgedrückt.

Auf der Erde kann eindeutig beobachtet werden, daß eine hohe Kohärenz den Photonen die Fähigkeit verleiht, Ordnung zu bilden und Informationen zu übermitteln. Die Eigenschaften der gemessenen Gehirnwellen verweisen also auf eine direkte Ankopplung an den Hyper-Raum. Es ist auch erkennbar, daß sich biologische Systeme dem Hyper-Raum gegenüber anders verhalten müssen als die isolierten, freien Atome in den Modellvorstellungen der Physiker – die **Atome befinden sich nämlich im Gewebe in einer Hohlraum-Situation, womit der Casimir-Effekt eine Rolle spielt.** Dadurch kommt man zu dem Schluß, daß sie nicht mehr mit einem **unendlichen** Hyper-Raum wechselwirken, sondern der Hyper-Raum durch den Hohlraum eingeschränkt wird. Kannst du mir noch folgen?

Durch die Wechselwirkung mit dem Hyper-Raum erhalten Zellen und andere Hohlräume – durch ihre Funktion als Hohlraum-Resonatoren – eine ganz neue Bedeutung. In diesem Zusammenhang ist nun auch besonders wichtig zu wissen, daß die DNS ein idealer Hohlraumresonator ist. Damit wird nun auch verständlich, daß die Kontrak-

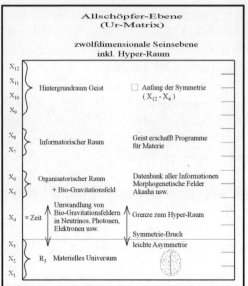

Abb.21:
Hierarchien und Interaktion zwischen Geist und Materie im zwölfdimensionalen Raum.

tion und Expansion der DNS, ihr Pulsieren also, auf ein Zusammenwirken mit der Casimir-Kraft zurückzuführen ist.

Die Wechselwirkung mit dem Hyper-Raum könnte somit als Triebkraft der Evolution betrachtet werden, und man kann daher davon ausgehen, daß die DNS als Schnittstelle zwischen dem Hyper-Raum und der Biologie fungiert.

Die Menschen leben in einer kosmologischen Raum-Zeit, die in einen imaginären Hyper-Raum (Mikrokosmos) eingebunden ist. Innerhalb dieser beiden „Wohnstätten" entwickelt sich nun das persönliche Bewußtsein, sofern nicht fremdbestimmende Strukturen den Mensch daran hindern (die *künstliche Matrix*).

Sowohl der reale Kosmos als auch der imaginäre Hyper-Raum sind aus den physikalischen Gesetzen hervorgegangen, deren Entwicklung vorhersehbar ist, sobald man diese Gesetze kennt.

Wendet ein erwachter Geist diese Gesetze bedeutsam an, sind ihm keine Grenzen gesetzt...

Das bedeutet sehr klar für dich, daß mit diesem Wissen ein Höchstmaß an Verantwortung auf dich übertragen wird!

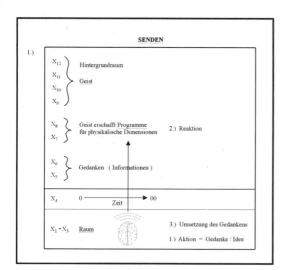

Abb.22:
Ablaufprozeß einer Manifestation am Beispiel eines Gedankens bzw. einer Idee: *senden.*

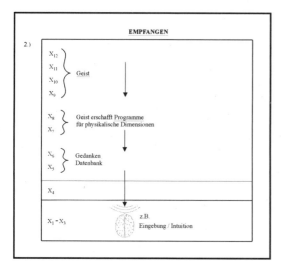

Abb.23:
Ablaufprozeß einer Eingebung aus dem Hyper-Raum zum menschlichen Gehirn: *empfangen.*
Das Gehirn ist ein Instrument, das – wie offenbar auch die DNS – als Schnittstelle zwischen dem Hyper-Raum und dem vom Menschen wahrnehmbaren vierdimensionalen Raum betrachtet werden kann.
Es ist möglich, willentlich auf diesen Prozeß einzuwirken.
Der Auswahlprozeß vollzieht sich hierbei durch entsprechende Gehirnfrequenzen, wobei die Qualität und die Zeit einer Umsetzung (Reaktionsprozeß) durch eine Synchronisation beider Gehirnhälften optimiert wird.

Morpheus' Brain 7
DAS SPIELPROGRAMM DER SCHÖPFERGÖTTER

Aus metaphysischen Schriften geht hervor, daß der Planet Saturn angeblich von der sechsten Dimension aus die menschliche DNS moduliert. Alle anderen Planeten, inklusive der Sonne, gehören der vierten Dimension an. In den Monden des Saturn (*Dion* und *Rea*) befinden sich demnach Transformatoren, welche die Programme aus der sechsten Dimension umwandeln. Von hier aus wird also der Spielplan der Menschheitsgeschichte eingeleitet. Die Matrix entstand hier. Hier werden Gedankenwellen zu elektromagnetischen Feldern, dann zu Ereignissen, Regierungen, Religionen, Entscheidungen, weiteren Schöpfungen und schließlich zur Realisierung der Liebe.

Ist es ein Zufall, daß das *Saturn-Prinzip* in der urchristlichen Tradition als das *Satans-Prinzip* durchschaut und erkannt wurde? Verstehst du den Zusammenhang?

Sämtliche Aktivitäten unserer Sonne (*Sonnenflecken* und *Sonnenstürme*) werden demnach durch die Konstellation der einzelnen Planeten gesteuert. Die Sonne fungiert als eine Art *Träger(-Frequenz)*, wobei die Planeten als Modulation in Form von *Informationen* wirken. Diese Wirkkraft zwischen der Sonne, den Monden und Planeten ist die Gravitations- und Skalarkraft. Zwischen den Jahren 2000 und 2001 befanden sich alle größeren Planeten außer der Erde und dem Pluto auf der abgewandten Seite der Sonne. Dieses Ereignis bewirkte über die Gravitations-/Skalarkräfte wiederum eine dramatisch verstärkte Sonnenaktivität – diese wiederum beeinflußte das Bewußtsein jedes Menschen auf der Erde!

Was ist nun die Erde auf der planetarischen Ebene?

Die Grundfrequenz der Erde (Schumann-Resonanz) beträgt 7,83 Hz und ist ebenfalls die Hauptresonanz-Frequenz für das menschliche Gehirn. 7,83 Hz ist auch die fundamentale Gehirnfrequenz der meisten

Säugetiere. Beim Menschen liegt sie knapp an der unteren Grenze des Alpha-Bereiches (die Grenze zwischen Wach- und Schlafzustand). Möglicherweise ist diese leicht abweichende Frequenz der Grund dafür, daß Tiere im Gegensatz zum Menschen einen geringeren Bewußtseinsgrad erfahren (Fosar, Bludorf und andere).

Die Forschung zeigt, daß von wissenschaftlich untersuchten Schamanen, Heilern und Zen-Meistern in den Phasen ihrer Konzentration die Schumann-Resonanz-Frequenz ausgesendet wurde. In jedem Falle konnten während der EEG-Aufzeichnungen, die bei diesem Personenkreis durchgeführt wurden, in den entscheidenden Phasen immer 7,83 Hz gemessen werden (diese Frequenz wurde in den vorderen Stirnlappen – *Neo-Cortex* – gemessen).

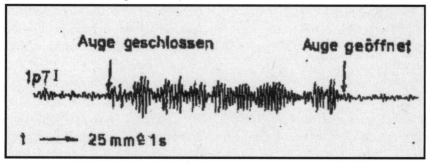

Abb.24:
Vom menschlichen Gehirn ausgesendete magnetische Felder im Alpha-Bereich von 7-12 Hz.
(Dies ist die erste Messung des magnetischen Feldes eines menschlichen Gehirns in einem magnetisch abgeschirmten Raum; nach Willimson 1983.)

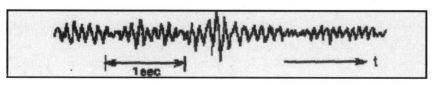

Abb.25:
Die Schumann-Resonanz-Frequenz mit 7,83 Hz (Erdresonanz).

Sämtliche EEG-Sende-Frequenzen eines menschlichen Gehirns durchdringen nahezu verlustfrei fast jede Materie (Erdboden, Wasser, Beton und so weiter). Versuche mit Probanden zeigten im Theta-Frequenzbereich, aber auch im wachen, entspannten Alpha-Zustand, eine 25mal leichtere Suggestion (Manipulation) als im normalen Wachzustand.

Es bestehen auffällige Ähnlichkeiten zwischen dem Frequenzspektrum der Erde und dem des menschlichen Gehirns. Tatsächlich sind natürliche Erdresonanz-Frequenzen nicht von menschlichen Gehirnfrequenzen zu unterscheiden!

Diese Erdresonanz-Frequenzen tendieren gleichzeitig dazu, den Menschen entweder zu beruhigen oder ihn aufzuwecken – je nachdem, in welchem Bereich außerhalb der Harmonie er sich gerade befindet. Als Resultat ist eine Synchronisation des gesamten Gehirns zu erkennen (auch beider Hemisphären). Ob es dem Menschen bewußt ist oder nicht: Das menschliche Gehirn reagiert durch veränderte (nicht natürliche), exogene Felder mit umfangreicher neuronaler Aktivität. Dieses Ereignis bewirkt entsprechende Bewußtseinszustände und emotionale Grundhaltungen. Somit sind durch Veränderungen entsprechender magnetischer und/oder elektromagnetischer Felder chaotische und streßfördernde Unruheeffekte hervorrufbar, die von bösartigen Aggressionen bis zur völligen Apathie führen können. In dem natürlichen Zustand der Erdresonanz mit dem menschlichen Gehirn erfährt der Mensch eine ähnliche Wahrnehmungsqualität, die normalerweise nur bei Klarträumen (*luziden Träumen*) in Erscheinung tritt. Durch eine uns umgebende Sinnesüberreizung wird das menschliche Gehirn jedoch blockiert, was eher zu einem gegenteiligen Effekt führt.

In den letzten Jahren wurden abweichende Änderungen dieser Erdresonanz-Frequenz festgestellt. Als Beispiel: Bis 1950 lag die Resonanz-Frequenz der Erde bei 7,83 Hz, wohingegen sie 1997 schon bei 8,2 Hz lag. Die Naturwissenschaftler gehen davon aus, daß sich die Zunahme der Intensität in der kommenden Zeit um das Mehrfache (Acht- bis Zehnfache) weiter erhöhen wird. Parallel dazu verringert sich seit etwa 130 Jahren kontinuierlich die Intensität des Erdmagnetfeldes. Eine der Haupteinflußgrößen der Veränderung wird durch die Partikelstrahlung (*Elektron-* und *Proton-Ladungsträger*) unserer Sonne ausgelöst.

Da das menschliche Gehirn eindeutig mit diesen Erdfrequenzen über Resonanz verbunden ist, findet hier auch das menschliche Bewußtsein eine Entsprechung. Mehr als das: Die Schumann-Resonanz-Frequenz kann vom menschlichen Gehirn über dessen Gedanken moduliert werden und führt damit als „Feedback"-Resonanz zu einer entsprechenden Veränderung des Erdbewußtseins.

Wenn Menschen – jeder für sich und ganz individuell – ihr Bewußtsein erhöhen, in den Bereich der natürlichen Erdfrequenz, die wiederum der Frequenz der Liebe entspricht, können diese **die gesamte Erde und deren Zukunft verändern!**

Ganz offensichtlich findet für die gesamte Menschheit derzeit ein bewußtseinstransformierender Prozeß statt. Für diesen Prozeß ist die Intensität des Erdmagnetfeldes von entscheidender Bedeutung. Sind die Menschen zum einen auf dieses Erdmagnetfeld angewiesen, so führt es doch auf der anderen Seite, ähnlich einer Abnabelung, auch zur erhöhten Intensität des *körpereigenen* Magnetfeldes.

Da sämtliche Informationen (Erinnerung) über Magnetfelder abgerufen werden, führt ein Ausbleiben eines solchen Magnetfeldes nach einer bestimmten Zeit zu einem Erinnerungsverlust. Dieses Phänomen wurde aus der bemannten Raumfahrt bestätigt. Kosmonauten, die sich außerhalb des Erdmagnetfeldes aufhielten, zeigten ab einer bestimmten Verweildauer psychisch auffällige Anomalien – vom Erinnerungsverlust bis hin zu Aggressionen. Nur durch künstlich erstellte Felder und durch eine entsprechende Schulung der Kosmonauten konnte dieser Zustand kompensiert werden. Zu dieser Ausbildung gehörte ein geistiges Training, welches zu einer Verstärkung des körpereigenen Magnetfeldes und speziell des menschlichen Gehirns führte. Dieses geistige Trainingsprogramm bewirkte eine größere Anzahl aktiver Neuronen, so daß hierdurch ein entsprechend stärkeres Magnetfeld erzeugt wurde.

Erinnere dich an dieser Stelle daran, daß eine jede Nervenzelle *elektrische Potentiale* aufbaut. Die Summe dieser elektrischen Potentiale ergibt ein entsprechendes Feld.

Es ist davon auszugehen, daß der Menschheit zur Zeit ein ähnliches Schicksal widerfährt, wie es die ersten Kosmonauten im Weltall erlebten. Über drastisch erfahrungsbezogene Situationen (Problembewältigung) werden die Menschen derzeit scheinbar in ein derart geistiges Gehirn-Trainingsprogramm geführt beziehungsweise gezwungen. Als Resultat dessen aber kommen die Menschen, die diese Prozesse verstehen und die Herausforderung annehmen, zu einer höheren körpereigenen Feldintensität, die sie dann zu souveränen und damit unabhängigen Wesen werden läßt – und damit den Ausstieg aus der Matrix ermöglicht!

Bei Experimenten mit Versuchspersonen stellte sich heraus, daß diejenigen, die sich in einem magnetisch abgeschirmten Raum aufhielten, im Normalzustand kein Melatonin produzierten und demzufolge in keinen höheren Bewußtseinszustand gelangen konnten!

Bei einem zweiten Versuch mit den gleichen Versuchspersonen, die sich dieses Mal in einem sogar verstärkten Magnetfeld befanden, führte dies zu einer Bewußtseinserweiterung, welche über die nun ermöglichte Produktion von Melatonin und Pinoline erfolgte.

Professor R. Wever, der Direktor des Max-Planck-Instituts in Andechs, beobachtete im Auftrag der NASA ebenfalls Probanden mit und ohne Einfluß der Schumann-Resonanz-Frequenz. Prof. Wever stellte dabei einen direkten Einfluß dieser Frequenz auf biologische (*zirkadiane*) Rhythmen der Menschen fest. Und zwar stehen die körpereigenen Rhythmen, wie der Schlaf-Wach-Rhythmus, der Menstruationszyklus und so weiter in einem direkten Bezug zur Schumann-Resonanz-Frequenz. Das Ausbleiben dieser Frequenz führt zu einer De-Synchronisation, das heißt einem „Weglaufen" der Rhythmen in ein chaotisches System – und damit in die Gefangenschaft der *künstlichen Matrix*!

Künstlich erzeugte Schumann-Resonanz-Frequenzen führten wiederum zu einer sofortigen Synchronisation dieser Rhythmen – und damit zumindest zur Chance eines Ausstiegs!

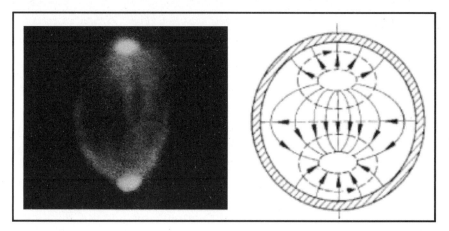

Abb.26: Mitose-Phase (Zellteilung)   Abb.27: Die Erde als Hohlraumresonator

Diese Bilder zeigen die frappierenden Ähnlichkeiten zwischen dem magnetischen Feldlinien-Verlauf der Erde und der Zellteilungsrate von biologischen Systemen auf.

Aus dem Forschungsbereich der Sinnes-Physiologie ist bekannt, daß Prozesse wie Fernheilung, Telekinese oder Hypnose immer dann von einem Menschen ausgeübt werden können, wenn dieser eine Frequenz im Alpha-Bereich erreicht. Das bedeutet, daß das entsprechende Gehirn Frequenzen im Schumann-Resonanzbereich abstrahlt. Eine besondere Rolle kommt hierbei dem Großhirn zu. Dieser Bereich, auch *vorderer Stirnlappen* genannt, ist für Prozesse der Manifestation von entscheidender Bedeutung. Und es ist ebenfalls bekannt, daß *„das Großhirn den Menschen erst zu dem macht, was er ist"*. In diesem Bereich befindet sich der entscheidende Teil des Geheimnisses des menschlichen Bewußtseins. Die Sinnesleistungen und die Empfindsamkeit für die den Menschen umgebende Umwelt, sein Denk- und Vorstellungsvermögen sowie die sprachlichen Fähigkeiten haben in diesem Bereich ihren Ursprung.

Seit neuestem ist auch bekannt, daß im Vorderhirn die Konzentrationsfähigkeiten, die Aufmerksamkeit sowie das gesamte menschliche

Verhalten maßgeblich geprägt werden (J. O. Keefe, Oxford). Letztlich ist zu der Schumann-Resonanz-Frequenz noch zu sagen, daß diese interessanterweise von sämtlichen Säugetieren – inklusive dem Menschen – hervorgerufen werden kann. Diese Frequenz ist die einzige, die genauestens eingehalten wird. Diese dem Vorderhirn zugesprochenen Eigenschaften finden nur ihren Ausdruck, wenn sie in einer Frequenz von 7,83 Hz schwingen. Die Zirbeldrüse und der Thalamus sind dann die Empfangsareale für sämtliche Informationen aus dem Hyper-Raum (Eingebungen, Intuition, Wissen über Vergangenheit, Gegenwart und Zukunft...). Genau hier entsteht aus der empfangenen Information ein inneres Bild beziehungsweise ein entsprechendes Gedankengut. Auf dieser Ebene sind übrigens sämtliche Sinnesorgane, die den Menschen mit der Umwelt verbinden (Augen, Ohren...) ausgeschlossen. Diese aus dem Hyper-Raum empfangenen Informationen werden in weiterer Folge dem Kleinhirn (Cerebellum) mitgeteilt, welches es hier in entsprechende Bilder umwandelt.

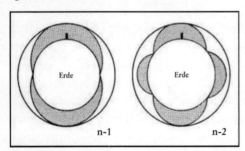

Abb.28:
Die Erde als Hohlraumresonator mit der Grundfrequenz 7,83 Hz – diese Frequenz wird von allen Menschen und Säugetieren genau eingehalten.

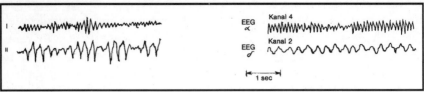

Abb.29:
Erd- und Gehirn-Wellen (*Sferics* und *EEG* eines Menschen). Die Wellen stimmen sowohl im Frequenzbereich als auch in der Impulsform überein (nach Prof. König 1977).

Cerebellum und Hirnstamm (inklusive Wirbelsäule) unterstützen diesen heiligsten Teil des menschlichen Gehirns. Alles, was in diesem Großhirn festgehalten wird, führt in der Außenwelt zur Verwirklichung!

Die Wahrnehmungsfähigkeit des Menschen findet daher auf zwei Ebenen statt:
1. Die erste Ebene ist dem *normalen Bewußtsein* zugeordnet. Hierunter ist ein *binäres Denken* zu verstehen (die Menschen denken sich als *separate Wesen*, getrennt von der All-Einheit des Ganzen).

2. Die zweite Ebene ist dem *erweiterten Bewußtsein* zugeordnet. Dieser Bereich wird dem *analogen Denken* zugeordnet (die Menschen sehen sich als *eins* mit der All-Einheit des Ganzen). Genau dieses findet im Frequenzbereich der Schumann-Resonanz-Frequenzen statt. Unter *analogem Denken* versteht man auch eine Identifikation von *innen* und *außen*. In diesen Augenblicken sind wir eins mit den Gegenständen unserer Wahrnehmung – man befindet sich sozusagen *„im Hier und Jetzt"* und außerhalb der künstlichen Matrix!
Hellsehen, Intuition, luzides Träumen oder Nahtoderfahrungen entsprechen dem analogen Denken. Das bedeutet, daß dem Menschen in den Phasen, in denen sein Gehirn die Erdfrequenz aussendet (Alpha), dieses Potential immer zur Verfügung steht. Verstehst du nun, warum Neo nur über den alten, analogen Telephonapparat den Ausstieg aus der Matrix machen kann? Neo geht über das Analog-Prinzip in den Hyper-Raum – seine wirkliche Seinsebene!

Das gesamte Sonnensystem ist damit als ein *seelenbehafteter Körper* aus der vierten Dimension zu verstehen. In dieser Seele manifestieren sich die unterschiedlichen Rassen auf dem Planeten Erde – vergleichbar mit den Saiten einer Gitarre –, wobei jeder Planet einem anderen Ton entspricht. Die „Finger" des „Spielers" dieser Gitarre gehören der vierten Dimension an – mit Ausnahme zweier Planeten aus der sechsten Dimension – Saturn und Jupiter.

Nahezu jeder Gedanke, den du als Mensch im Bereich eines *nicht* vorhandenen *Freien Willens* erfahren hast, und jedes Gefühl, ist als ein Konzept übertragen worden. Die Andromeda-Galaxie ist dabei der Transformator für alle 22 Galaxien, wovon eine die unsrige ist.

Die Gedanken-Manipulation erfolgt über unsere DNS. Die menschliche DNS hat in etwa die Form eines *Dodekaeders*, welches bekanntlich aus Fünfecken besteht. In jeder 360-Grad-Drehung der DNS befinden sich zehn (Zucker-)Fünfeck-Kristalle.

Tatsächlich hat die menschliche DNS die hervorragenden Eigenschaften einer Antenne zum Senden und Empfangen von Informationen. In einem Artikel des Magazins *Scientific American* wird dem zirka achtundneunzigprozentigen *DNS-Müll* eine besondere Bedeutung zugeschrieben (als *DNS-Müll* bezeichnen die Genetiker scheinbar inaktives DNS-Gut, welches sich bisher als ein absolutes Phänomen in der Naturwissenschaft herausgestellt hat).

Laß dir kurz beschreiben, wie diese achtundneunzig *inaktiven Prozent* der DNS als eine Antenne fungieren.

Vor vielen Millionen Jahren (dieser Raum-Zeit-Dimension) wurde der Mensch in dieser Dimension „gefangen". Zuerst wurden Klangmuster des Körpers noch *nicht* kristallisiert, so daß die Zirbeldrüse ein *Wirbel des Klanges* war, eine Art *supraleitendes Auge* in der ultravioletten Sprache der DNS. Die Neurotransmitter waren ebenfalls *Klangvortexe* beziehungsweise *Klangwirbel*.

Als sich aber die Zirbeldrüse in dem würfelförmigen Klangmuster kristallisierte und der Mensch energetisch gesehen „herabstieg", waren die Pinoline die ersten Neurotransmitter, die sich kristallisierten. Diese Neurotransmitter haben die größte *Spin-Resonanz* in ihren Elektronen. Indem das Schwerkraftfeld schwächer wurde und die „menschlichen Wesen" in der Zeit gefangen wurden, wandelte sich *Pinoline* zu *Melatonin* um, womit die Zeitmechanismen im Gehirn erst erschaffen wurden.

Dieser Prozeß setzte sich bis zum *Serotonin* weiter fort. Wie bereits beschrieben, produziert dieser Neurotransmitter die *Vorstellung der Zeit*, wie die Menschen sie jetzt erleben. Als die Menschheit spirituell immer fauler wurde, begann sie auch zu altern. Davor war eine Lebenserwartung von mehreren hundert Jahren normal. Diese hohe Lebensdauer ergab sich aus dem Wirkprozeß des Pinolines, das den Alterungsprozeß extremst verlangsamt. Erinnere dich: Durch die magnetischen Veränderungen der Sonne produziert die menschliche Zirbeldrüse nun wieder größere Mengen von Pinoline. Es ist deine Chance...!

Im alten Tibet wurde das körpereigene Pinoline durch den totalen Ausschluß von Licht hervorgerufen, damit das innere Licht aktiviert wurde, wie es heute beispielsweise in einem *Dark-Room-Retreat* dem Interessierten angeboten wird. Unter *Dark-Room-Retreat* versteht man einen über mehrere Tage andauernden Aufenthalt in absoluter Dunkelheit. Das führt zu neurochemischen Veränderungen des menschlichen Gehirns, welche mit einer Bewußtseinserweiterung enden. Solche Rituale wurden bereits bei den Indianern wie auch innerhalb der Freimaurerlogen praktiziert.

Professor Fritz Albert Popp konnte feststellen, daß biologische Zellsysteme unter besonderen Bedingungen vermehrt eigenes Licht (*Biophotonen*) abgaben. Wenn man äußere Lichteinflüsse bei einem Menschen für längere Zeit ausschaltet, produziert die Zirbeldrüse nach etwa drei Tagen Dunkelheit vermehrt Pinoline.

Heute aber sind die Menschen in der Linkslastigkeit des Gehirns gefangen (linke Hemisphäre entspricht der Ratio). Im Zustand der tiefen, innigen Liebe wiederum erfolgt allerdings ein Ausgleich beider Gehirnhälften. Damit erreicht der Mensch den Nullpunkt, der dem mikromagnetischen Wurmloch entspricht – der analogen Ausstiegstüre aus der künstlichen Matrix!

Wurmloch als Dimensionstor

Abb.30:
Makrokosmos:
Ein Schwarzes Loch im Zentrum einer Galaxis.

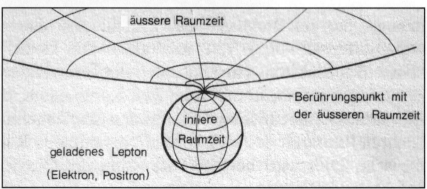

Abb.31:
Mikrokosmos: Die *innere Raumzeit* der Elektronen.

Im Zustand der Verbindung beider Hemisphären treten sämtliche Eigenschaften der menschlichen Chakren hervor. Das siebte Chakra entspricht dem rechten vorderen Hirnlappen. Dieser Bereich kann als Programmierzentrale des gesamten bewußten Körperbereichs verstanden werden. Von dem rechten vorderen Gehirnlappen aus ist es unter anderem sogar möglich, die menschliche DNS bewußt neu zu programmieren!

Dieses siebte Chakra fungiert ebenfalls als Transformator für die Äther-Teilchen, die als *reines* und *neutrales Bewußtsein* verstanden werden, das sich selbst dabei beobachtet, wie es sich beobachtet (sie besitzen überschnelle Lichtqualitäten, was übersetzt bedeutet, daß die Wirkung bereits *vor* der Ursache erfolgt).

Da wir uns immer mehr dem Jahr 2012 nähern, erscheint es notwendig, unser *inneres Licht*, unser *Pinoline* zu erwecken. Es liegt an der Zirbeldrüse, alle anderen Gehirnsysteme zu aktivieren und im besonderen Maße die Hypophyse zu verändern, indem sie die Produktion der Hormone, die den Prozeß des Sterbens einleiten, unterbricht und die Ausschüttung von Vasopresin (Gedächtnishormon) erhöht.

Doch damit nicht genug: Das menschliche Bewußtsein ist darüber hinaus auch eng mit der im Weltraum allgegenwärtigen Schwerkraft (Gravitation) verknüpft, was wiederum bedeutet, daß zwischen Bewußtsein und Gravitation eine Verbindung besteht.

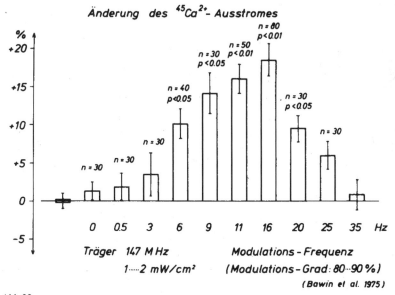

Abb.32:
Diese Darstellung zeigt den Zusammenhang zwischen bestimmten elektromagnetischen Feldern und der Ausschüttung von Kalzium-Ionen aus einem Gehirn.

Gravitation krümmt bekanntlich den Raum und verdichtet die Zeit zur Materie. Bewußtsein ist dagegen bestrebt, sich aus der Materie zu befreien. Im Zentrum dieses Kräftestreites stehst du!

Bekanntlich stellen die Wurmlöcher Raum-Zeit-Tunnel dar. Die sogenannten *Schwarzen Löcher* in unserem Universum entsprechen den *Eingängen* zu anderen Universen, wobei der sogenannte *Ausgang* dieser Schwarzen Löcher im entsprechend anderen Universum als *Weißes Loch* erscheint. Das sogenannte *Schwarze Licht* entspricht einem verdichteten Bewußtsein zur Materie, das heißt, daß es dadurch unbewußter wird. Und da sich die Zeit Richtung Zentrum mehr und mehr verlangsamt, bedeutet das, daß sie im Zentrum des Schwarzen Loches absolut stillsteht.

Weißes Licht bedeutet dagegen, daß Materie sich selbst bewußt wird und sich die Zeit beschleunigt. Beide Kräfte (*Weißes* und *Schwarzes Licht*) wirken derzeit ganz stark auf das menschliche Bewußtsein. Sie sind Tore zu höheren Dimensionen.

Bewußtsein und Gravitation sind dabei zwei Seiten der *„gleichen Medaille"*.

Aus der Quantenphysik ist bekannt, daß das Verhalten der Materie sich verändert, wenn sich Atome in einem höheren Energiezustand befinden. Sie reflektieren und absorbieren entsprechend andere Bereiche des Lichts (*elektromagnetische Photonen*). Ein solcher Zustand, so beschreibt es die aktuelle Quantenphysik, kommt nur zustande, wenn starke Bewußtseinskräfte am Wirken sind.

Genau dies tat Neo – er erreichte es durch Trinity, als Verkörperung der absoluten Liebe!

Morpheus' Brain 8
DIE MATERIE ENTSPRINGT DEM GEIST

Der Mensch besteht tatsächlich aus nichts anderem als aus Atomkernen und Elektronen. Alle Atomkerne sind innerhalb kürzester Zeit (1-200 Sekunden) nach dem Beginn des Universums, nach dem Urknall entstanden; alle Elektronen sind sogar noch früher (0,1 Sekunden nach dem Urknall) entstanden und seitdem unsterblich. Die Grundbausteine des Wesens Mensch tragen also das volle Erbe der kosmischen Evolutionsgeschichte mit sich.

Ewig existierende Atomkerne und die unsterblichen Elektronen des Universums gehen im menschlichen Körper nach Belieben ein und aus, und sein genetisches Gedächtnis gibt daher die Matrix für den Bau des Körpers vor.

Die Gene erzeugen aus vorgefertigten Molekülen, den Aminosäuren, Resonanzkörper für elektromagnetische Schwingungen. Sender dieser weitreichenden e-m-Schwingungen sind letztlich wieder Elektronen (Ladungen), zum Teil frei, zum Teil in Molekülen gebunden. Liegt Resonanz zwischen Atomen vor, so entstehen Kräfte, die Moleküle aufbauen. Herrscht Resonanz zwischen Molekülen, so entsteht schließlich Materie. Durch den sinnvollen, weise gesteuerten Energieaustausch, vor allem auch mit der Umgebung, kann der Organismus leben – und dies auch ohne Bewußtsein. Die weise Kraft im Menschen steuert und regelt über Resonanzen. Es ist die Weisheit, die dich elektromagnetisch mit dem Hyper-Raum verbindet, nur sie alleine hält den Körper in Funktion.

Nicht dein Gehirn tut es und nicht dein Wille, auf den du so großen Wert legst: Wenn dich ein Herzinfarkt trifft, kann weder dein Gehirn noch dein Wille dein Herz wieder zum Schlagen bringen – denn es war immer die größere Kraft, die es am Schlagen hielt und das Funktionieren deines Gehirns erst ermöglichte!

Heisenberg und die Kopenhagener Schule nannten unsere Wirklichkeit *„Realitätsbildung durch Beobachtung"*. Beobachtung ist letztlich eine spezielle Form von Resonanz. Die Gefahr liegt in der Dauerbeobachtung. Eine Dauerbeobachtung friert einen Zustand ein – es gibt keine Veränderungen mehr. Dies auch dann nicht, wenn Anregungskräfte vorhanden sind.

Dieser Effekt ist in Experimenten reproduzierbar. Zum Beispiel ein Stein: Alle Resonanzstellen sind festgelegt, alle „Beobachtungen" innerhalb des Steines bleiben immer gleich, denn Quantenzustände können sich nicht ändern. Ein Stein bleibt, wie er ist. Ganz anders verhält es sich dabei mit dem menschlichen Organismus: Gefühle modulieren die Funktion – unbewußt – als Bewertung der momentanen Umweltsituation. Permanent wird seine Umwelt vom Menschen abgetastet und durch sein Gefühl bewertet. Da sich permanent etwas im Menschen und in seiner Umgebung ändert, kann von einer Dauerbeobachtung auf der Ebene des Funktionierens keine Rede sein. Als Polarität zum unbewußten Gefühl wirkt das Bewußtsein.

Durch Bewußtsein wird der kollektive archaische Automatismus, das heißt die *Matrix*, unterbrochen. Das höchste Bewußtsein ist das Bewußtsein tiefer Liebe. Der menschliche individuelle Wille spielt allerdings nun eine maßgebliche Rolle bei der Modulation der Funktion.

Morpheus' Brain 9
DIE WIRKUNGSEBENEN DER KÜNSTLICHEN MATRIX

Der *Tzolkin*, der aus dem Maya-Kalender abgeleitet wurde, versteht sich als ein Aspekt der künstlich erschaffenen Matrix. Sein Entdecker, Dr. José Arguelles, beschreibt diesen Tzolkin in seinem Lebenswerk *„Der Maya Faktor"* ganz ausführlich. Bereits an dieser Stelle sei hervorgehoben, daß sich das I-Ging, die Kabbala (Tarot) und dieser Tzolkin in ihren Grundzügen als identisch darstellen.

Die Mayas verstanden die Sonne als *„Herz und Geist der Galaxis"* und meinten: *„Die Galaxis hätte Absichten."* Vom Herzen beziehungsweise Zentrum der Galaxis aus würden ihrer Ansicht nach sämtliche „Kodierungen" vorgenommen. Wiederum gingen die Mayas davon aus, mit dem Geist der Sonne in Verbindung zu stehen.

Tatsächlich läßt sich das Urwissen der Mayas mit den heutigen naturwissenschaftlichen Erkenntnissen in höchstinteressanter Form synthetisieren. Diesem *Tzolkin* ist zu entnehmen, daß sämtliche Gefühle von der Sonne beeinflußt werden. Heutzutage ist aus der Quantenphysik bekannt, daß ein sogenannter elektrodynamischer Austausch (Information) zwischen den Photonen der Sonne(n) und den menschlichen Elektronen stattfindet, die wiederum die menschliche Psyche beeinflussen beziehungsweise steuern.

Unsere Sonne vermittelt unter anderem Daten von anderen Sonnen. Sie wird von mindestens zwei anderen Sonnensystemen gespeist beziehungsweise moduliert (Sirius und Plejaden), wobei hier ein binäres Kommunikationsfeld entsteht.

Die Verbindungsebenen dieser Sonnen laufen über die Zentralsonne (das *Zentrum unserer Galaxis* und gleichzeitig ein *Schwarzes Loch*) und enden mit der Sonne unseres Planetensystems. Durch die binären Sonnenfleckenbewegungen wird buchstäblich *höheres Wissen* übertragen.

Unter diesen binären Sonnenflecken verstehen sich Progressionen bis zum sechsten Grad (2, 4, 8, 16, 32 und 64).

Das Leben verhält sich zum Licht (Photon) ebenso wie unsere DNS mit ihren 64 Nukleiden zum Tzolkin mit seinen 260 Einheiten. 260 setzt sich zusammen aus 13 (Monaten) mal 20 (Aminosäuren). Diese binären Progressionen stellen ihrerseits einen 64stelligen Wörtercode dar. Der genetische Code kann als eine Schrift aus vier „Buchstaben" (Adenin, Guanin, Cytosin, Uracil) verstanden werden, aus welchen wiederum „Wörter" aus drei Buchstaben gebildet werden.

Somit ergibt sich das Verhältnis 4^3 = 64 verschiedene Basentripplets (Codons). 61 der 64 Basentripplets (Buchstabenreihenfolgen) kodieren sämtliche 20 Aminosäuren. Die drei verbleibenden Codons sind sogenannte *Stop-* oder *Terminationscodons* und haben damit die Funktion einer Steuerung.

Der *Tzolkin* besteht aus 2 mal 32 Einheiten = 64 Einheiten, die links und rechts der sogenannten mystischen Säule spiegelsymmetrisch angeordnet sind. Diese Einheiten liefern die Energie (über die Sonne/Magnetfelder), welche die gesamte Genetik auf diesem Planeten und damit den biologischen Bauplan der Erde betrifft. Diese 64 Einheiten zeigen den Code (Matrix) und somit den Spielplan des menschlichen Schicksals.

Die Sonnenflecken sind Entsprechungen extremer magnetischer Feldeinflüsse und führen zu entsprechenden Explosionen (Sonnenstürme). Mit Geschwindigkeiten von teilweise zwei Millionen Stundenkilometern bewegen sich die Partikel dieser Explosionen (Elektronen und Protonen) durch das Weltall. **Dieses wiederum führt in der Regel zu einer Veränderung des Erdmagnetfeldes, wobei die Wirkungen des Erdmagnetfeldes wiederum, wie zuvor beschrieben, in direkter Verbindung zum menschlichen Bewußtsein und der Psyche stehen!**

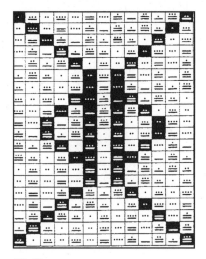

Abb.33:
Der entschlüsselte Tzolkin, der Kalender der Maya. Er enthält ein multi-dimensionales Organisations-Schema für die Evolution. Basis ist eine Matrix von 260 Feldern, die aus 13 Zahlen und 20 (Aminosäuren)-Symbolen gebildet ist und ein harmonisches Schwingungsmodul darstellt. Die Zahlen stehen für 13 grundlegende Muster von Strahlungsenergie (Magnetismus/Gravitation), die sich jeweils durch ein Spektrum von 20 Frequenzbereichen hindurch transformieren.

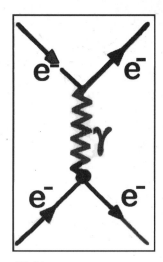

Abb.34:
Feynman-Diagramm:
Der Austausch der Sonnen-Elektronen mit denen der Menschen.

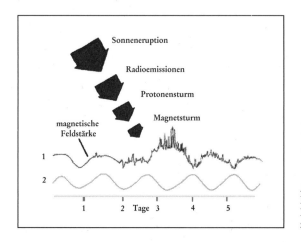

Abb.35:
Der Verlauf eines typischen Magnetsturms von der Sonne bis zur Erde.

Doch es erfolgt noch eine weitere, ebenfalls essentielle Einflußebene durch die Partikel der Sonnenstürme – also der Elektronen und Protonen, und zwar stellen diese Partikel Ladungsträger dar (Ionen). Diese Ladungsträger verändern den Spannungsunterschied zwischen der Erde und der Atmosphäre. Und es ist bekannt, daß bei bestimmten so aufgebauten atmosphärischen Bedingungen (Energiefelder) biologische Phänomene in Erscheinung treten, die bis zur **genetischen Veränderung** reichen.

Ein von Ciba-Geigy angemeldetes Europa-Patent beschreibt eine Labor-Anordnung, die unter ähnlichen Bedingungen unterschiedliche biologische Systeme (Pflanzen und Tiere) als ein Verfahren zur Züchtung von besonders effizienten Arten aufzeigt (resistenter, langlebiger, robuster, kräftiger...).

Somit ist es auch nicht verwunderlich, daß Dr. R. Becker vom Albert-Einstein-Hospital in New York bereits 1963 einen direkten Zusammenhang der Aufnahme in psychiatrische Kliniken und den Sonnenstürmen nachwies. Becker berichtete auch von erdmagnetischen Veränderungen, die durch die Einwirkung der Sonnenstürme erfolgten und gleichzeitigem Auftreten von gestörtem Verhalten in psychiatrischen Klinken.

Der Physiker Alexander Tchijevsky entdeckte sogar schon 1919/20 eine Wechselbeziehung zwischen Änderungen der Solartätigkeit und biologischen Prozessen. Mit statistischen Methoden wies Tchijevsky nach, daß Epidemien von Cholera, Grippe, Flecktyphus und so weiter stattfinden, wenn sich die Sonnentätigkeit ändert.

Er fand darüber hinaus heraus, daß Solarstürme die Funktionszustände des menschlichen Nervensystems ändern können. Zusätzlich entdeckte Tchijevsky auch eine Wechselbeziehung zwischen der Sonnenaktivität und aggressiver Haltung bei Menschen, wobei er diesen Zusammenhang auch bei Kriegen und Revolutionen feststellen konnte.

Als die Solarstürme stattfanden, änderte sich beispielsweise auch das Verhalten von geistig behinderten Kindern drastisch gegenüber ihrem normalen Verhalten. Jedoch unterstrichen seine Daten auch, daß gesunde Personen ebenfalls beeinflußt wurden. Ihre nervöse Erregbarkeit erhöhte sich ebenso wie ihre Emotionen (siehe dazu auch Abb.19).

Verfolgt man nun die Fachliteratur über die Magnetstürme der letzten siebzig(!) Jahre, so findet man immer mehr Untersuchungsergebnisse von ernstzunehmenden Autoren, die einen Zusammenhang zwischen den zyklisch alle zehn bis elf Jahre verstärkt auftretenden Magnetstürmen und den pathologischen Erscheinungen von Menschen nachgewiesen haben.

Die Wissenschaftler Düll und Düll berichteten schon 1934/35 über direkte Zusammenhänge zwischen dem menschlichen Gesundheitszustand und den *„plötzlichen Eruptionen der Sonne"*. Hierbei konnten sie feststellen, daß Krankheiten, die in einer Beziehung zum Gehirn stehen, gehäuft zu diesen Zeiten der *„aktiven Sonne"* auftreten.

Des weiteren beobachteten die beiden, daß in dieser Zeit der vermehrten Magnetstürme der Sonne auch die Häufigkeit an Todesfällen zunahm – ebenso erreichte die Selbstmordrate zu diesen Zeiten Spitzenwerte!

Nachweise für den Zusammenhang zwischen der Sonnenaktivität und Krankheiten:
Suicid [Stoupel 1999; Düll, Düll 1934], bei **epileptischen Anfällen** [Halberg et al. 1991], bei **Herzkreislaufbeschwerden,** insbesondere bei **Herzinfarktraten** (Myocardinfarkt) [Mendoza 2000; Stoupel 1999; Strestik, Stav 1996; Breus et al. 1995; Villaresi et al. 1994 a und b; Novikova 1969; Halberg et al. 1991; Lipa et al. 1976; Feinleib et al. 1975], bei **Schlaganfällen** [Feigin et al. 1997], bei **Cholera** [Chizhevski 1940], bei der **Aufnahme von Patienten in psychiatrische Kliniken** [Friedman et al. 1963] und **bei verändertem Verhalten psychisch Kranker** [Friedman et a. 1965].

Über **verschiedene pathologische Erscheinungen** wie veränderte Befunde von biologischen und psychischen Parametern zu Zeiten verstärkter Magnetstürme liegen weitere Forschungsbefunde vor: Halberg [2001 a und b, 2000], Breus et al. [1989], Mikuleck [1997], Roederer [1995], Vladimirski et al. [1995], Strestik und Prigancova [1986], Dubrow [1978], Feinleib et al. [1975], Gnevyshev et al. [1972], Barnwell [1960], Brown [1960], Brown et al. [1958, 1955].

In der unteren Abbildung sind die von Düll und Düll [1934] erhobenen Befunde zur **Mortalität von Patienten mit Hirnleiden** dargestellt. Desweiteren liegen die von Chizhevsky [1940] erhobenen Befunde **zur Häufigkeit der Fälle von Cholera** in den Jahren 1823-1923 in Moskau in Abhängigkeit von Magnetstürmen der Sonne vor.

Von wesentlich größerer Tragweite sind die Forschungs-Ergebnisse der beiden kanadischen Naturwissenschaftler Maurice M. Cotterell und Adrian G. Gilbert, die **einen direkten Zusammenhang zwischen** *historischen Epochen* **und** *besonderen Sonnenaktivitäten* **festgestellt haben**. Tatsächlich ist eine signifikante Korrelation zwischen bestimmten Sonnenfleckenhäufigkeiten und dem Auf- beziehungsweise Untergang der uns bekannten Hochkulturen festzustellen.

Wie ist dies heute? Die aktuellen Analysen der Astrophysiker beschreiben eine auffällige Sonnenaktivität, die sich in einer in der jüngsten Menschheitsgeschichte bisher nie dagewesenen Kontinuität allmählich zu steigern scheint. In den Kreisen dieser Wissenschaftler geht man davon aus, daß das extreme Maximum 2003 erreicht sein wird.

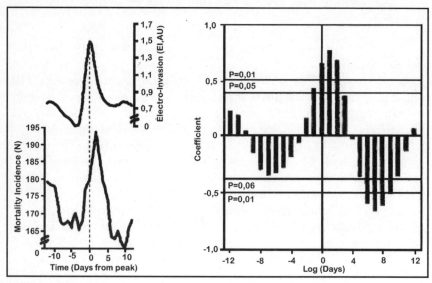

Abb.36:
Kreuzkorrelationen zwischen Magnetstürmen der Sonne und der Sterblichkeitsrate bei Menschen (Halberg, Düll).

In diesen Insider-Kreisen ist die Korrelation zwischen den Sonnenaktivitäten und den Veränderungen auf der Erde durchaus bekannt. Bereits vor etwa fünfzehn Jahren, also ein Jahr vor dem Fall der Berliner Mauer und dem Beginn der Auflösung des Ostblocks, war den Wissenschaftlern anhand jahrelanger Meßwerte diese extreme Veränderung bekannt. Es wird vermutet, daß ein entsprechendes Exposé den Regierungen einiger Länder vorgelegt wurde.

Diese wissenschaftlichen Untersuchungen würden auch die katastrophalen Ereignisse der letzten Jahre und die aktuelle Weltsituation mit ihren extremen Veränderungen in Physis und Bewußtsein erklären. Das würde wiederum auch den seit Jahrhunderten vorausgesagten Prophezeiungen (Nostradamus, „Offenbarung des Johannes", Mühlhiasl, Irlmaier...) entsprechen, denen zufolge es ab dem Jahr 1999 auf der Erde noch mal so richtig „rund" gehen soll (Kriege, Naturkatastrophen, Zerfall der bestehenden Staatssysteme...).

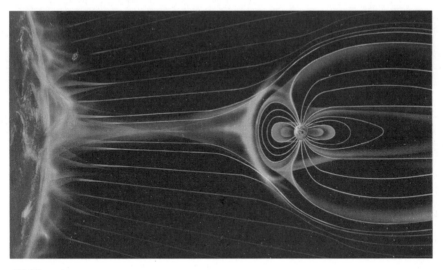

Abb.37:
Die Sonne sendet explosionsartig Elektronen und Protonen auf die Erde, welche unter anderem das Erdmagnetfeld und die Elektrizität (in der Luft) verändern.

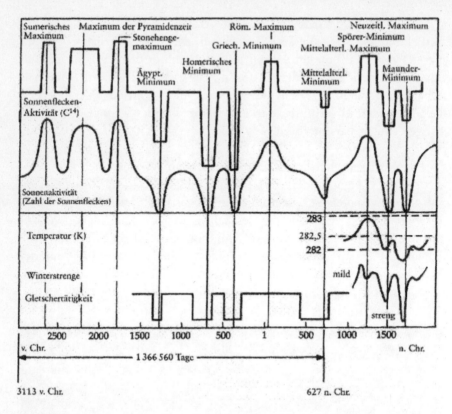

Abb. 38:
Die Zusammenhänge zwischen den Sonnenaktivitäten und Hochkultur-Epochen (Auf- bzw. Untergänge) der letzten 4.000 Jahre.

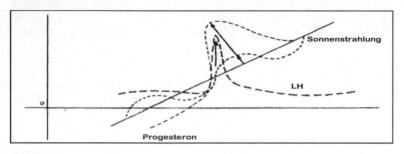

Abb. 39:
Die Produktion von Progesteron; aufgetragen gegen die zyklisch variierende Sonnenstrahlung.

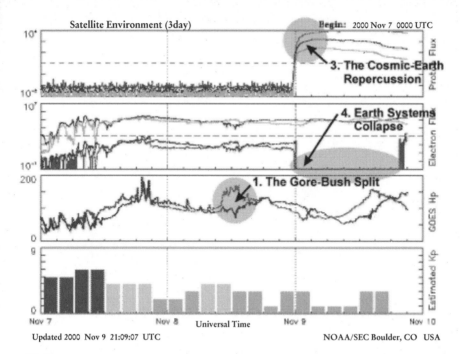

Abb.40:
Durch Sonnenpartikel (Elektronen und Protonen) verändertes Magnetfeld. Als Beispiel eine mögliche Korrelation zwischen diesem Ereignis und einem politischen Geschehen:

1. Sequenz: Protonen treffen auf die Erde
2. Sequenz: Elektronen treffen auf die Erde
3. Sequenz: Magnetische Veränderung
4. Sequenz: Intensität des Erdmagnetfeldes

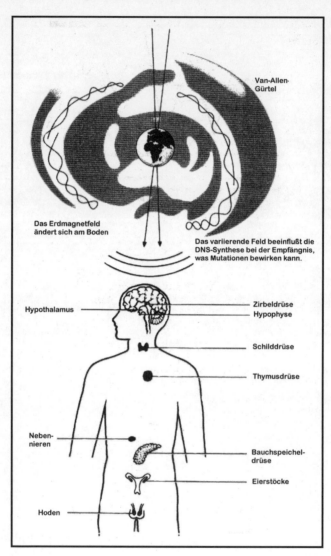

Abb.41:
Geladene Teilchen der Sonnenwinde (Elektronen und Protonen) gelangen in den Van-Allen-Gürtel und bewegen sich auf Spiralbahnen vom Nord- zum Südpol. In diesem Einflußbereich befindet sich unmittelbar der Mensch.

Um den Mechanismus dieser Einwirkung nachvollziehen zu können, sei an dieser Stelle auf die Arbeiten von Dr. J. Kirschvinik hingewiesen. Seine Arbeitsgruppe entdeckte als erste winzige magnetische Kristalle (Magnetit) im menschlichen Gehirn – speziell in der Zirbeldrüse. Somit wären diese Magnetit-Kristalle als klassische Rezeptoren (Empfänger) für magnetische Einflüsse identifiziert. Diese Entdeckung veranlaßte Prof. Dr. K. Hecht von der Charité in Berlin zu der Aussage, daß *„diese Ereignisse eine seriöse Grundlage für elektromagnetische Feldeinflüsse auf menschliches Verhalten darstellen".*[9]

Prof. Hecht, der in seiner Funktion als Raumfahrtmediziner einer der maßgeblichen Chronobiologen weltweit ist, bemerkte darüber hinaus, daß die Regulation eines Lebewesens und seiner biologischen Rhythmen relativ stark mit äußeren, geophysikalischen Einflüssen synchronisiert ist. Sobald eine relative Synchronisation zwischen äußeren und inneren Rhythmen besteht, gelangt der Mensch – dem jeweiligen Einfluß entsprechend – in den Zustand des Wohlbefindens, der Freude, der Lust oder der Aggression. Diese Darstellungen basieren auf Prof. Hechts eigenen jahrzehntelang geführten Forschungsstudien.

Weiterführend zeigt Prof. Dubrov, daß sich Abhängigkeiten zwischen Lebewesen und dem erdmagnetischen Feld auf physiologische, chemische, genetische *und* biophysikalische Prozesse beziehen. Ein dabei oft untersuchter Biorhythmus ist der sogenannte *zirkadianische Rhythmus.*

Eindeutige Resultate wurden bei Untersuchungen des Einflusses des Erdmagnetfeldes auf die Produktion des Hormons *Melatonin* gewonnen, welches in der Zirbeldrüse produziert wird (Cremer-Bartels, Leucht, Reuss und Semm).

Nun zurück zum Maya-Code:
Der galaktische Code, der *Tzolkin*, beschreibt zeitliche Einheitsgrößen, die als *Kin* bezeichnet werden. Ein Kin entspricht 2 x 11,3 Jahre ≈ 23 Jahre. An dieser Stelle möchte ich in Erinnerung rufen, daß dieser Maya-Code vor Ur-Zeiten konstruiert wurde. Um so erstaunlicher ist

es, daß eben diese 11,3 Jahreszyklen von modernsten wissenschaftlichen Untersuchungen unserer Sonne **bestätigt** werden. In regelmäßigen Zyklen von 11,3 Jahren, genannt *Helio-Pause*, verändert nämlich die Sonne durch die Sonnenflecken ihre Aktivitätsmuster.
Doch woher wußten das die Mayas?

Sie verrieten es uns: Ihre Kosmologie berichtet von verschiedenen Weltschöpfungen. Die beiden Schöpfer sind **Gucunatz**, die gefiederte Schlange aus den Tiefen des Meeres, und *Huracan*, er steht oben am Himmel in Gestalt dreier Blitze.

Die beiden Schöpfergötter – erinnere dich: auch die Genesis spricht in den Ur-Texten von Schöpfer-*Göttern*! – brauchten mehrere Versuche und hatten, so wird berichtet, zunächst Mißerfolge bei der Erschaffung des Menschen, den sie zunächst aus Ton modellierten. Also auch hier spiegeln sich die Überlieferungen aus dem Zweistromland und den späteren Abschriften der Bibel wider – zum einen die *künstliche Erschaffung* und zum anderen das Merkmal *Erde*, *Lehm* oder *Schlamm*.

Auch bei den Mayas wird von der Vernichtung einer Zwischenrasse durch eine gigantische Flut berichtet – wie übrigens auch in der Mythologie Japans, Australiens, Indiens, Persiens, Schwarzafrikas und anderer Kulturen. Erst als die Erde von den Mischwesen und Mutationen befreit war (nach der Flut), gelang die Erschaffung der „richtigen Menschen".

Es scheint die Geschichte der Besucher des Planeten Nibiru zu sein, welche die Sumerer *Anunnaki* nannten, die sich überall auf der Erde wiederholt. Und auch hier waren offenbar dem Menschen wohlgesonnene Anunnaki am Werk, da sie die Mayas über astronomische und wissenschaftliche Zusammenhänge unterrichteten.

Wollen wir uns aber die Sonnenaktivitäten nochmals näher betrachten: *Sonnenflecken* verstehen sich als Zentren intensiver magnetischer Aktivität. Wenn eine Gruppe von Sonnenflecken zusammenfließt, führt das in der Regel zu solaren Ausbrüchen, den sogenannten *Sonnenstürmen* (sunflares). Diese Sonnenstürme senden neben Elektronen und Protonen, die wir uns im Anschluß näher betrachten werden, ebenfalls das zuvor erwähnte *UV-Licht* aus. Erinnern wir uns dabei an die vorhergehende Ausführung, daß UV-Licht von der DNS ausgesendet und/oder empfangen werden kann. Das bedeutet, daß in diesem Frequenzbereich die DNS mit der Sonne in Resonanz und somit auch in einem ständigen Informationsfluß steht.

Sobald ein bestimmtes Informationsfeld der Sonne mit dem Informationsfeld des Menschen synchronisiert, können die eigentlichen Informationen übertragen werden. Im Konkreten beziehen sich diese Übertragungsinformationen auf das genetische Programm der Menschen. Der mit dem Sonnenzyklus und unserer DNS synchronisierte Informationsstrahl überträgt in diesem Augenblick Daten, die sich sofort manifestieren.

Forschungs-Ergebnisse belegen eindeutig, daß es während einer erhöhten Sonnenfleckenaktivität zu einer Veränderung bei Menschen und Tieren kommt. Diese Veränderungen stellen sich in erster Linie durch veränderte Stoffwechselaktivitäten dar, die wiederum zu einem auffälligen psychischen Verhalten führen.

Die *binäre Sonnenfleckentätigkeit* versteht sich also als *Maya-Code*. Sobald die Erde einen bestimmten Punkt der resonanten Aktivität erreicht hat, imprägniert der galaktische Informationsstrahl über die Sonnenflecken die äußere Magnethülle der Erde. Sobald diese Daten in das Magnetfeld der Erde eingekoppelt werden, sind somit auch die gesendeten Informationen im morphogenetischen Feld der Erde abgespeichert und für sämtliche biologischen Systeme zugänglich.

Die Alten Ägypter bezeichneten diesen galaktischen Strahl übrigens als *KA*. Dieses *KA* entspricht der alten Beschreibung einer informationsübertragenden Sonde aus der vierten Dimension, welche den physischen Körper in der dritten Dimension instrumentarisch ausstattet.

Dieses Wissen ergänzt zusätzlich auch die alten hebräischen Texte, die Prof. James Hurtak in seinem Buch „*Die Schlüssel des Henoch*" publiziert hat. Prof. Hurtak beschreibt darin eine genetische Kodierung aus höheren Dimensionsebenen. **Dieser Darstellung zufolge findet die genetische Kodierung durch eine** *göttliche Schablone* **(die** *Matrix***) statt, welche die DNS/RNS-Gitter kontrolliert.**

Bei der Proteinsynthese wird die genaue Sequenz der Aminosäuren, die im Protein gelagert sind, durch die Abfolge der Nukleotide (Zellkerne) bestimmt, von denen es in der Boten-RNS vier verschiedene gibt. Der genetische Code ist **das** Übereinstimmungssystem zwischen *Nukleotid-Sequenz* und *Aminosäuren-Sequenz*. Jede der 20 Aminosäuren ist durch eine andere Anordnung von drei aneinandergereihten Nukleotid-Basen spezifiziert. Erinnere dich: Es existieren insgesamt 64 mögliche Konstellationen von jeweils drei Nukleotiden; und viele Aminosäuren sind durch mehr als ein Tripplet festgelegt.

Eine andere Darstellungsform der *Matrix* ist die Geometrie. Der *Kubus* (Würfel, Oktaeder) kann als *gefangenes Licht* bezeichnet werden und stellt somit das Spielbrett der *Herren der Matrix* (Schöpfergötter) dar. Wir kennen die in einem 90-Grad-Winkel verschobene Relation

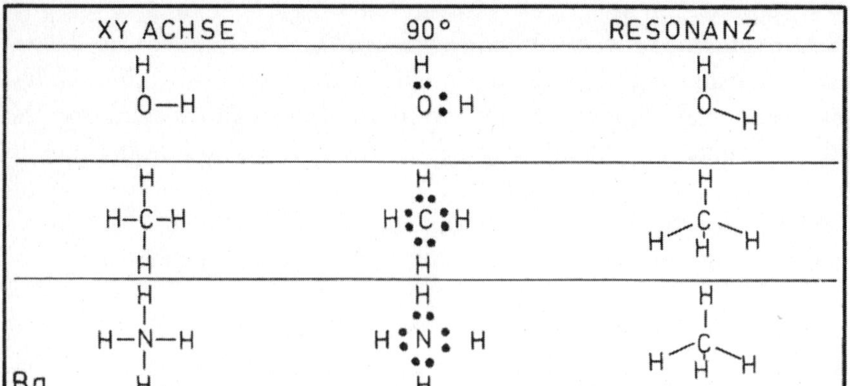

XY ACHSE	90°	RESONANZ
H | O—H	H O : H	H | O_﹨H
H | H—C—H | H	H H : C : H H	H—C—H H﹨ ﹨H
H | H—N—H | H	H H : N : H H	H | H﹨C﹨H

Abb. 42:
Darstellung verschiedener Bindungsmöglichkeiten.

zwischen dem elektrischen und dem magnetischen Feld (*Maxwell'sches Induktionsgesetz*). Hieraus ergeben sich die atomaren beziehungsweise molekularen Bindungsverhältnisse der Materie.

Diese bekannteste Grundform der physikalischen Geometrie ist entscheidend für den Gesamtaufbau des materiellen Universums.

Durch von außen einwirkende elektromagnetische Einflüsse bestehen direkte Möglichkeiten, die Winkel (Geometrie) zu verändern. In welchem Grad sich der Winkel ändert, ist wiederum abhängig von der Frequenz und der Energie dieser Felder (H. Baumer, 1987).

Der Physiker Burkhard Heim erarbeitete einen mathematischen Beweis dafür, daß sich alle Elementarteilchen als ein *„einfaches Ereignis einer inneren geometrischen Eigenschaft des Raumes"* darstellen lassen.

Burkhard Heims Mathematik beschreibt einen zwölfdimensionalen Raum, in dem der uns bekannte dreidimensionale Raum eingebettet ist. Innerhalb dieses zwölfdimensionalen Raumes beziehen sich die Beschreibungen zwischen sämtlichen Realitätsebenen der Matrix mit ein, womit die *natürliche, künstliche* und die *von uns selbst erschaffene* gemeint ist.

Strukturgebende Prozesse der materiellen Welt (unser dreidimensionaler Raum) werden von nicht-materiellen, hoch komplexen Gebilden (Koordinatensystem) aus der fünften und sechsten Dimension gesteuert, die dort als dynamische und veränderbare Baupläne existieren.

Diese *Baupläne* entsprechen exakt dem, was wir bisher als *Matrix* bezeichnet haben. Sie sind ungebunden in Zeit und Raum, das heißt, sie können zu jedem beliebigen Zeitpunkt und an jedem beliebigen Ort wirken.

Andererseits erleben diese Baupläne selbst Veränderungen; sie machen quasi Erfahrungen mit sich und der materiellen Welt, in welche die Menschheit eingebettet ist.

Unsere Persönlichkeitsstruktur und der persönliche Kern (die „Seele„") des Menschen kann als eine solche Struktur, die ihren Sitz in der fünften und sechsten Dimension beherbergt, aufgefaßt werden und besitzt dort eine extrem hohe Komplexität.

Dieses Modell von Burkhard Heim beschreibt ebenfalls, ähnlich wie der Tzolkin der Mayas, den Einflußbereich des Informationsstrahls aus den höheren Dimensionen (Hyper-Raum) über die Gravitation. Primär wirken diese gravitativen Felder auf die Strukturen der biologischen DNS. Den klassischen, naturwissenschaftlichen Beweis der Richtigkeit seiner Strukturformel erbrachte Burkhard Heim bereits 1970.

Hierbei kam seine Mathematik in den Teilchenbeschleunigern (DESY, CERN) zur Anwendung beziehungsweise Überprüfung. Diese sogenannte *Massenformel* erhebt unter Insidern den Anspruch, das heilige Ziel eines jeden Naturwissenschaftlers, die *vereinheitlichende Feldtheorie*, hiermit erreicht zu haben. Unter anderem beschreibt seine *Massenformel*, daß sich alle denkbaren Elementarteilchen als ein einfaches Ereignis von inneren geometrischen Eigenschaften des Raumes darstellen lassen.

Bisher ließen sich nicht-materielle Phänomene wie Gedanken, Emotionen, Ideen und Naturgesetze im materiellen Bereich nicht vollständig erklären, was Burkhard Heim mit seiner Massenformel offensichtlich gelungen ist, indem er diese Eigenschaften den höheren Dimensionen zugeordnet hat. Hier sind gewissermaßen *zeitlose Baupläne* für gleichgeartete Strukturen abgelegt (sogenannte *Holo-Morphismen*).

Diese Baupläne realisieren sich dann unter geeigneten materiellen Randbedingungen und schlagen sich in der Realität nieder, wodurch sich die Materie vom Elementarteilchen bis hin zu den lebenden Organismen als streng durchstrukturiert darbietet. Das Aufsehen erregende daran: Der steuernde Einflußbereich des materiellen Geschehens erfolgt de facto *von innen heraus* aus dem kleinsten Bestandteilchen der Materie.

Dies bedeutet, daß die eigentlichen steuernden Strukturen *aus dem Mikrokosmos* heraus erfolgen.

Der gesamte höherdimensionale Bereich von X5 bis X12 hat eine Struktur, die aus Elementar-Würfeln besteht. Diese Würfel bestehen wiederum aus sogenannten *Metronen*, die du dir am besten als Elementar-Würfel-Flächen vorstellen kannst (Planck'sche Länge $2{,}48 \times 10^{(-43)}$ cm; ein *Metron* ist das Quadrat davon, also $6{,}15 \times 10^{(-66)}$ cm²).

Diese Würfelstrukturen stellen ein stehendes Gravitationsfeld dar, das eine strenge Symmetrie aufweist, die erst in unserer Raum-Zeit „gebrochen" wird. Aus dieser Perspektive heraus kannst du dir ein würfelförmiges Schachspiel vorstellen, innerhalb dessen sämtliche Dimensionen (X1-12) auftauchen.

Außerhalb dieses zwölfdimensionalen „Spiels" (Matrix) existiert die Allschöpfer-Ebene, die unter anderem die „Urheberrechte" für dieses „Spiel" hält. Es existiert jedoch auch eine Verbindung zwischen der „Allschöpfer-Ebene" und „unserem" und weiteren „Spielen" – eine Art Standleitung, ähnlich den analogen Telefonen (Ausgängen) in den Matrix-Filmen. Diese Verbindung hat etwas mit einer bestimmten Wahrnehmung und Emotion zu tun.

Wahrnehmung ist deshalb ein *Auswahlprozeß*, bei dem die Bewußtseinslage des Wahrnehmenden resonanzhaft bestimmt, welche Strukturen aus der Totalität der Möglichkeiten ausgewählt werden und ins eigene Wahrnehmungsfeld (Bewußtheit) rücken. Nichts, aber auch gar nichts darf heute mehr als *objektive, da draußen, unabhängig vom Beobachter* existierende Wirklichkeit angesehen werden. Wie alle Objekte der Wahrnehmung, so können auch Erd-Energien nur als Wechselwirkung zwischen dem wahrnehmenden Menschen und der Realität verstanden werden.

Betrachten wir die Matrix in ihrer Geometrie nun detaillierter. Es manifestieren sich innerhalb des Kubus in unserer Raum-Zeit:
- Würfel des Lichts,
- Würfel des Magnetismus,
- Würfel des Kohlenstoffs,
- Würfel des Karmas,
- Würfel der 666

So besteht zum Beispiel Kohlenstoff aus 6 Elektronen, 6 Protonen und 6 Neutronen. Lediglich die Supraleitfähigkeit ist vom Einflußbereich des Kubus ausgeschlossen. Supraleitfähigkeit ist intergeometrisch und damit nicht in der Geometrie des Codes gefangen. Geometrie ist ein Schatten der Supraleitfähigkeit. Zu den physikalischen Eigenschaften dieses Kubus zählt beispielsweise die Lichtgeschwindigkeit mit maximal 300.000 km/s und die Gravitation mit der Qualität, ohne Zeitversetzung überall im Universum zu wirken, wohingegen die Supraleitfähigkeit mit Überlichtgeschwindigkeit quasi als *schneller als sofort* betrachtet werden kann. Sie geht in diesem Sinne über die geometrische Kodierung hinaus.

Von dieser „höheren" Ebene aus können eigene souveräne Schöpferqualitäten wahrgenommen werden. Von hier aus existiert eine Qualität hundertprozentigen *Freien Willens* (dagegen *innerhalb* der Matrix nur etwa ein Prozent).

So generieren quasi die „Matrix-Computer" das, was uns als Realität erscheint. Die Gravitation dient als die Haupteinflußgröße dieser „Matrix-Computer". Im Zustand der reinen und tiefen Liebe jedoch werden Ursache und Wirkung vereint, was sich auf der physikalischen Ebene innerhalb der menschlichen DNS unter anderem als *Supraleitfähigkeit* ausdrückt.

Im Grunde genommen erleiden wir diese Gefangenschaft, weil wir unsere Fähigkeit, eigene Realitäten zu erschaffen, anderen überlassen haben. So lassen wir lediglich vorgefertigte Erfahrungsmuster von anderen erneut wieder aufleben, indem wir Kino, Musik, Lektüre, Gespräche und so weiter verinnerlichen, die von anderen kreiert wurden.

Denken wir daran: Ein jeder Gedanke erschafft seine entsprechende Realität. Indem wir uns lediglich auf *eine* Ebene des kopierten Denkens (Nach-Denkens) begeben, machen wir uns selbst zu marionettenhaften Geschöpfen.

Die menschliche Fähigkeit, *emotional bezogen* zu denken, versteht sich als ein Schöpferpotential, welches sich einer jeglichen, auch der *künstlichen* Matrix entzieht. Sie ist mit der Urquelle verbunden und demzufolge mit der ersten *natürlichen* Matrix des Allschöpfers. Lediglich der bewußt gerichtete Einsatzbereich des Einsatz*potentials* kann verhindert werden. Auf genau dieser Ebene werden die Menschen nun von diesem Wissen ferngehalten.

Im vollen Umfang dieses Schöpfungspotentials ist es einem jeden Menschen möglich, ein unbegrenztes Schöpfungspotential selbst hervorzubringen.

Die Menschen befinden sich in einem komatösen Zustand und folgen den Strukturen anderer Entitäten. Das Erbe der Göttlichkeit ist Bewußtsein beziehungsweise Energie, welche durch einen Mechanismus im menschlichen Gehirn eingefroren wird. Die Menschen sind von Bewußtseins- und Energiepotentialen umgeben, und diese Potentiale verstehen sich als der subatomare Baustoff, der als *Quantenfeld* bezeichnet wird. Ein jeder Gedanke beeinflußt somit dieses Feld.

Quantenfeld = Bewußtsein und Energie = Gedanken.

Jedesmal, wenn du deinen vorderen Stirnlappen aktivierst, verwandelst du aus einem Quantenfeld heraus die Realität. Wenn du denkst, beeinflußt du dieses Quantenfeld um dich, wobei es hierbei unerheblich ist, was du denkst, ob Produktives oder Destruktives... Die Menschheit hat sich auf ein *Autopilotprogramm* umgestellt. Die Körper sind auf Überleben, Nahrung, Schlaf, Entleeren... eingestellt und die Gedanken beschäftigen sich überwiegend hiermit.

Nach dem Prinzip: *„Meine Realität entspricht allen meinen flüchtigen (auch unbewußten) Gedanken."*

Verstehst du nun, warum ich sagte: *„Mensch, wach endlich auf; und befreie deinen Geist!"*

Du mußt dir bei diesem ganzen Thema darüber im klaren sein, daß die materielle Erscheinungswelt eine *Illusion* ist. Was die Mystiker schon immer gesagt haben, wird heute durch die Quantenphysik bestätigt. Es gibt keine von Bewußtsein und Wahrnehmung unabhängige Realität, die für den Menschen relevant ist.

Feste Materie außerhalb seines Bewußtseins existiert nicht. Die multidimensionalen Partikel, welche die Basis der Materie bilden, werden erst dann fest, wenn der Mensch sie durch Beobachtung in die dritte Dimension hineinzieht.

Die gegenwärtige Festigkeit der Materie ist allenfalls ein Resultat der kollektiven Bewußtseinsschwingung oder mit den Worten von C. G. Jung ausgedrückt: *„Der kollektive Traum hat sich manifestiert."*

Zum besseren Verständnis der Strukturen menschlicher Gedanken kehren wir noch ein letztes Mal zu der differenzierten Beschreibung des *Tzolkin* von Dr. Arguelles zurück:

Der galaktische Informations-/Synchronisationsstrahl steht in enger Beziehung zum Konzept eines Hologramms.

Als Hologramme bezeichnet man Strukturen einer Wellenform, die in der Dreidimensionalität reproduziert werden. Diesem Modell entsprechend wäre jeder Mensch eine *fortlaufende Wellenform*. Wie auf einem Filmstreifen könnte diese Wellenform in verschiedene Einzelbilder zerlegt werden, wobei zu jedem Zeitpunkt jedes Einzelbild zeigen würde, daß die Wellenform auf einem einzigen Hologramm basiert.

Der wichtigste Punkt von alledem ist jedoch, daß *alles* was wir jemals denken, unsere Hologramme wieder auffrischt. Wir können nicht schneller „laufen", als unser Hologramm. Hinter diesem Mechanismus verbirgt sich das in der Physiologie bekannte „Halbe Sekunden Phänomen". Dieses Phänomen beschreibt eine Situation, die außerhalb unserer Wahrnehmung bereits eine halbe Sekunde bevor wir einen Entschluß gefaßt haben, als ein äußerer Auftrag vorliegt (die manipulative Ebene der Matrix).

Das Geheimnis, innerhalb unserer eigenen Wellenform zu bleiben, ist, sich mit seiner eigenen Wellenform zu identifizieren. Das bedeutet übersetzt: sich selbst zu akzeptieren, bedingungslos anzunehmen und zu lieben. Wenn wir uns lieben, akzeptieren und anerkennen, dann verleugnen wir unsere Unvollkommenheit nicht. Und wenn wir unsere Unvollkommenheit nicht verbergen oder verleugnen, übernehmen wir damit die volle Verantwortung dafür, *wer* und *wie* wir sind.

Damit behalten wir unsere Macht bei uns selbst und erschaffen auch keine negativen Blockaden. Die negative Stagnation artikuliert sich wie eine Blockade und zieht entsprechend auch wieder Negatives an. Der einzige Grund dafür, daß die Blockade ist, wo sie ist, ist der, daß sie in einer Beziehung zu dem steht, dem die Menschen ihre Macht abgeben. Die Blockade ist von zahlreichen Verteidigungs- und sogar von eigenen Verleumdungsmechanismen umgeben und ist der emotionale Sperrhaken, der immer wieder neu für das Muster verantwortlich ist, sich nicht zu lieben – und, mein Freund, damit *nie* aus der Matrix auszusteigen!

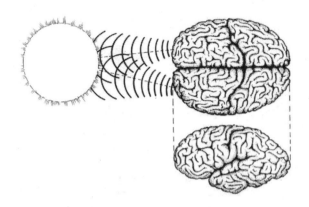

Abb.43:
Gedankenwellen erschaffen Realitäten.

Morpheus' Brain 10

Abb.44: Die sogenannte älteste „Sternkarte" der Welt auf einem akkadischen Rollsiegel, zirka 2300 v.Chr.. Das Bild zeigt das Rollsiegel „VA 243" nach Abrollen in Ton.

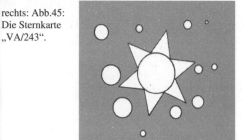

rechts: Abb.45: Die Sternkarte „VA/243".

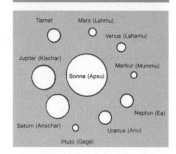

Abb.46: Das Rollsiegel „VA/243"

Abb.47: Das Sonnensystem mit einem zusätzlichen unbekannten Planeten.

rechts: Abb.48:
Unser Sonnensystem mit
dem Asteroidengürtel.

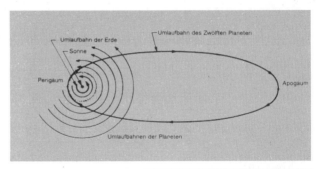

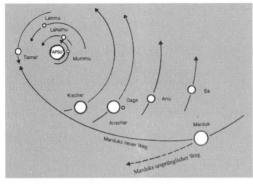

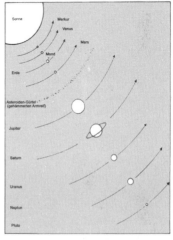

oben: Abb.49:
Marduk/Nibiru bewegt sich
gegen den Uhrzeigersinn.

rechts: Abb.50:
Unser Sonnensystem mit
dem Asteroidengürtel.

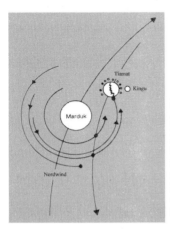

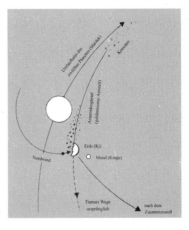

links und rechts:
Abb.51 und 52:
Die beiden großen
Planeten Tiamat
und Marduk/Nibiru
stießen nicht direkt
zusammen. Die
Kollision wurde
durch Marduks
Satelliten ausgelöst.

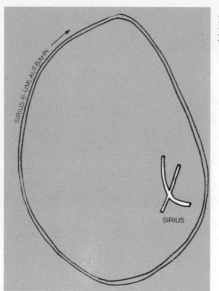

Abb.53:
Die Umlaufbahn des Sirius B nach einer Dogon-Zeichnung – 700 Jahre alt!

Abb.54:
Ein modernes astronomisches Diagramm des Sirius-B-Umlaufes. Die Jahresangaben beziehen sich jeweils auf die Positionen, die Sirius B jeweils in den fraglichen Jahren einnimmt.
Die Dogon plazieren Sirius B nicht im Zentrum ihrer Zeichnung, sondern verlegen ihn in die Nähe eines der Brennpunkte des ellipsenähnlichen Gebildes – das ist ein erstaunliches Detail, das die Dogon wissen.

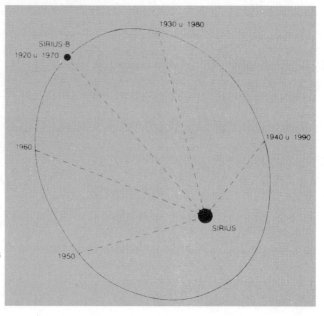

Morpheus' Brain 11
WISSENSCHAFTLICHE BEGRIFFE ERKLÄRT

Antimaterie und Negative Energie
Prinzipiell lassen sich Wurmlöcher, die genügend groß und auch entsprechend stabil sind, auch ohne Schwarze Löcher „konstruieren",. Das Zauberwort hierzu heißt *negative Energie* oder *Masse*, auch bekannt als *exotische Materie*. Die uns geläufige Materie weist durchweg positive Energie auf und verursacht deshalb eine positive Krümmung der Raumzeit.
Auch Antimaterie weist positive Energie auf. Für ein Wurmloch braucht man aber eine Region mit *negativer Krümmung*, also Materie mit *negativer Energie*, denn diese entspricht einer abstoßenden Gravitation. Was aber ist nun diese *negative Energie*, und wie kann man sie gewinnen? Hier kommt uns die Unschärferelation der Quantenmechanik zu Hilfe: Im subatomaren Bereich brodelt es heftig! Es entstehen ständig sogenannte *virtuelle, entgegengesetzt geladene Teilchenpaare*, die sich alsbald gegenseitig wieder vernichten, und das selbst im absoluten Vakuum!
Die Energie zu ihrer Bildung leihen sie sich einfach aus dem Vakuum und geben sie bei ihrer Vernichtung wieder zurück. Die Energiedichte eines jeden Feldes, egal, ob elektrisch, magnetisch oder gravitativ, ist nach der *Heisenberg'schen Unschärferelation* selbst Schwankungen unterworfen. Zu einem bestimmten Zeitpunkt kann sie in den negativen Bereich gelangen.
Sie wird aber durch erhöhte Werte der positiven Dichte ausgeglichen. Und zwar wird der negative Puls überkompensiert, und das um so mehr, je größer die Zeitintervalle zwischen den Pulsen sind. Diesen Effekt nennt man *Quantenzins* – die *negative Energie* ist quasi ein Darlehen, das mit Zinsen zurückgezahlt werden muß. Je länger die Darlehensdauer (größere Zeitintervalle) und je größer die Darlehensmenge (die negative Energie), um so höher ist der Zins (der positive Puls). Zudem ist bei ansteigenden Darlehensbeträgen die Laufzeit immer kürzer.[12]

Antiteilchen
Zu jedem Teilchen der „normalen" Materie existiert ein Antiteilchen. Teilchen und Antiteilchen sind nahezu identisch. Sie besitzen gleiche Masse und Spin, tragen aber eine entgegengesetzte Ladung. Wenn ein Teilchen und sein entsprechendes Antiteilchen aufeinandertreffen, so vernichten sie einander und es entsteht elektromagnetische Strahlung. Bisher wurde nur wenig Antimaterie im Kosmos beobachtet, und es ist unklar, warum die Natur eine von zwei möglichen Formen der Materie bevorzugt. Allerdings können die Antiteilchen heute von den Physikern mit Beschleunigern künstlich erzeugt werden. Das Antiteilchen des Elektrons bezeichnet man als Positron. Es wurde 1932 durch Anderson bei der Durchsicht von Nebelkammeraufnahmen entdeckt, wobei seine Existenz durch die relativistische Quantentheorie bereits vorausgesagt worden war. Eine moderne Interpretation nach Feynman besagt, daß das Positron auch als ein Elektron angesehen werden kann, das in der Zeit rückwärts reist.[10]

Bose-Einstein-Kondensat
Bose-Einstein-Kondensat ist ein neu (1995) entdeckter Zustand der Materie, bei nur einem Milliardstel Grad Kelvin über dem absoluten Nullpunkt. Schon von Einstein und Bose vorhergesagt, verwandelt sich dabei Materie in eine Welle und entwickelt Eigenschaften, die bisher nur von Photonen (Lichtquanten) bekannt waren.
Es wird in der modernen Physik beschrieben, wie superkalte Moleküle mit dem Quantenvakuum in Verbindung stehen und Informationen unserer Welt als Kräuselungen im Hyper-Raum gespeichert werden. Die Evolution ist also das Resultat eines Informationsaustausches zwischen Quantenvakuum und Materie.
Die Eigenschaften der Bose-Kondensation, wie dieses Phänomen auch genannt wird, stellen auch die Voraussetzungen für die Anbindung an den Hyper-Raum dar.[13]

Casimir-Effekt

Felder mit negativer Energiedichte lassen sich im Labor erzeugen. Benutzt wird hierzu der sogenannte *Casimir-Effekt*, benannt nach seinem Entdecker, dem niederländischen Physiker Hendrik B. G. Casimir.

Er zeigte bereits 1948, daß sich zwei ungeladene Metallplatten in sehr engem Abstand in einem Vakuum anziehen. Ursache hierfür sind die Vakuumfluktuationen.

Auch im perfektesten Vakuum entstehen ständig virtuelle Teilchenpaare aus Materie und Antimaterie, welche die Energie zu ihrer Entstehung vom Vakuum „ausleihen" und sie nach sehr kurzer Zeit wieder zurückgeben, indem sie sich gegenseitig vernichten (*annihilieren*).

Man kann virtuelle Teilchen nicht beobachten, denn jede Beobachtung würde sie sofort zu reellen Teilchen werden lassen.

Einen indirekten Beweis für ihre Existenz liefern sie aber, indem sie beispielsweise Wasserstoffatome etwas hin- und herstoßen, was zu einer meßbaren, winzigen Verschiebung ihres niedrigsten Energieniveaus führt.

Allein im Moment ihrer Entstehung hat das Vakuum bereits eine negative Energiedichte, weil es einen kleinen Anteil seiner Energie an die Teilchen entliehen hat. Die virtuellen Teilchen kann man auch nach dem Welle-Teilchen-Dualismus als Welle auffassen.

Nun passen aber nicht alle Wellenlängen zwischen beide Metallplatten, sondern nur stets ein ganzzahliges Vielfaches bestimmter Wellenlängen, während außen alle möglichen Fluktuationen beziehungsweise Wellenlängen existieren dürfen.

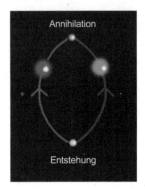

Abb.55:
Virtuelle Teilchen aus dem Vakuum, die wir durch unsere Beobachtung zu reelen Teilchen werden lassen.

Im Endeffekt drücken somit von außen mehr Wellen gegen die Platten als im Zwischenraum ausgeglichen wird. Es entsteht hier somit ein Feld mit negativer Energiedichte. Das Anziehen der Platten ist damit auch ein weiterer Beweis für die Existenz der virtuellen Teilchen. Der Casimir-Effekt ist winzig: zum Beispiel beträgt der Quantendruck bei einem Abstand der Platten von einem Millionstel Millimeter nur rund ein Zehntausendstel des Luftdrucks. Wenn man die Platten einander nähert, passen noch weniger Wellen in den Spalt, und die negative Energiedichte steigt weiter – zieht man sie auseinander, verschwindet der Effekt.[14]

DNS im Sinne der Quantendynamik

Heute weiß kaum jemand, daß das Verständnis der lebenden Moleküle (DNS), zum Beispiel in der Gentechnologie, erst durch die Quantenmechanik erklärt werden kann.

Um zu verstehen, wie wir Gene aufbauen oder umbauen können, müssen wir verstanden haben, warum Atome sich nur in ganz bestimmten Abständen und mit chemischen Bindungen von bestimmter Stärke zusammenschließen. Dieses Verständnis ist das Geschenk der Quantenphysik an die Chemie und die Molekularbiologie.[15]

Einstein-Rosen-Brücke

In den dreißiger Jahren wurden spezifische Lösungen der Einstein'schen Feldgleichungen entdeckt, die eine Art von Durchtunnelung der Raum-Zeit beschreiben. Diese Tunnel wurden zuerst von Albert Einstein und seinem Mitarbeiter Nathan Rosen bei der sogenannten Schwarzschildlösung der Gleichungen der Allgemeinen Relativitätstheorie gefunden. Die Schwarzschildlösung beschreibt die Verhältnisse in der Umgebung eines Schwarzen Lochs und zeigt, daß im Inneren des Schwarzen Lochs eine Verbindung zu einem anderen Raum-Zeit-Gebiet existiert. Man bezeichnet solch eine Verbindung als Wurmloch oder auch als Einstein-Rosen-Brücke. Die Schwarzschildlösung zeigt jedoch, daß eine Kommunikation über eine solche Brücke nicht möglich ist, da das Wurmloch nicht lange genug geöffnet ist, um mit weniger als Lichtgeschwindigkeit durchquert zu werden. Wenn ein Schwarzes Loch jedoch Ladung besitzt oder rotiert, sind die Verhältnisse komplizierter. Es lassen sich relativistische Modelle aufstellen, die Transport von Masse und Information über eine Einstein-Rosen-Brücke im Prinzip zulassen. In diesem Zusammenhang gibt es aktuelle Überlegungen der Physiker, ob Wurmlöcher Zeitreisen in die Vergangenheit ermöglichen.[10]

Elektromagnetische Wellen
Diese sind als potentielle Kraftfelder oder Strahler zu verstehen und entstehen primär aus einer Wirbelbildung (Vortex/Spin). Diese elektromagnetischen Wellen sind zuerst Wahrscheinlichkeitswellen, also noch keine Realität. Keine dieser Wahrscheinlichkeitswellen überlagert eine andere, sondern jede Welle führt ihr Wahrscheinlichkeits-Eigenleben. Dahingegen überlagern sich die potentiellen Kraftfelder aller Wellen zu Interferenz-Feldern mit neuer elektromagnetischer Individualität. Alle elektromagnetischen Wellen mit ihrer Energie und potentiellen Kraftwirkung sind letztlich Informationsträger für die bereits existierende Materie. Informationsaufnahme entsteht, wenn die Bauteile der Materie abgestimmte Antennen (also resonanzfähige Strukturen) besitzen.
In dem Augenblick, in dem die e-m-Wahrscheinlichkeitswelle auf Resonanzstrukturen trifft, geschieht etwas Entscheidendes: auf Kosten der Welle werden jetzt Photonen (Quanten) gebildet. Sobald diese Photonen übertragen werden, kollabiert die Welle. Sie kollabiert im ganzen Raum, im ganzen Kosmos, falls sie sich nicht weit genug ausbreiten kann.

Ereignis
Einen Punkt im Kontinuum der Raum-Zeit nennt man Ereignis oder Weltpunkt. Ein Ereignis ist mit einem bestimmten Ort und einer bestimmten Zeit verknüpft. In der mathematischen Beschreibung der Raum-Zeit werden einem Ereignis vier reelle Parameter zugeordnet: drei räumliche Koordinaten x, y, z und eine Zeitkoordinate t. Der Abstand zwischen zwei Ereignissen der Raum-Zeit bleibt in der Relativitätstheorie eine absolute Größe.[10]

Ereignishorizont

Ein Objekt, daß sich verdichtet, erhöht seine Oberflächenschwerkraft und damit die Fluchtgeschwindigkeit. Es existiert eine kritische Distanz, bei der die Fluchtgeschwindigkeit größer wird als die *Lichtgeschwindigkeit*. Diese spezielle Grenze der Komprimierung eines Masseobjektes wird auch als *Schwarzschildradius* bezeichnet. Wenn ein Körper auf die Größe seines Schwarzschildradius schrumpft (oder darüber hinaus), so kann er keine Strahlung, Materie oder Information mehr verlieren. Die Grenze, die den Schwarzschildradius markiert, wird als Ereignishorizont bezeichnet. Der Ereignishorizont schließt das Objekt vom Rest des Universums unumkehrbar ab, und es wird zum Schwarzen Loch. Das Schwarze Loch hat eine einbahnstraßenartige Oberfläche. Die physikalischen Bedingungen jenseits des Ereignishorizontes sind nur noch über Modellrechnungen ableitbar. Der Schwarzschildradius für einen Körper mit Sonnenmasse beträgt ungefähr 3 km. Es wird vermutet, daß Schwarze Löcher in unserem Universum als Endstadien im Prozeß der Sternentwicklung auftreten.[10]

Exotische Materie

Die Öffnung eines Wurmlochs sollte sich „glatt" mit der umgebenden Raum-Zeit verbinden, damit der Durchgang stabil bleibt. Wie von den Physikern Morris, Thorne und Yurtsever gezeigt werden konnte, besitzt das Material, das benötigt wird, um das Wurmloch offenzuhalten, in bestimmten Bezugsrahmen eine negative Energiedichte. Eine Materie dieser Art (oder auch Feld) wird „exotisch" genannt. Die kalifornischen Physiker nahmen dabei Bezug auf ein Experiment des holländischen Physikers Casimir, der schon 1948 negative Energiedichten zwischen zwei geladenen Kondensatorplatten untersucht hatte. Sie berechneten, daß ein Feld dieser Art das Wurmloch offenhalten kann, so daß ein drohender Zusammenbruch verhindert wird.[10]

Gehirn und Neuronen als Sender und Empfänger

Bei der Verarbeitung von Sinneseindrücken nutzt das Gehirn Schwingungsveränderungen der elektrischen Nervenimpulse offenbar ähnlich wie ein Radioempfänger oder –sender.

Israelische Forscher am Weizman-Institut (Prof. Ehud Ahissar) stellten fest, daß auch das Nervensystem (Neuronen) die Frequenz elektrischer Impulse zur Informationsübermittlung nutzt. Fangen Sinneszellen (bestimmte Neuronen) Reize auf, werden diese zuerst zum Thalamus geleitet. Der verteilt sie wiederum an die entsprechenden Verarbeitungszentren in der Großhirnrinde. Dort werden die einzelnen Reize dann zu einem umfassenden Sinneseindruck zusammengefügt.

Doch die Leitungen zwischen den Gehirnregionen funktionieren nicht nur in *eine* Richtung. Auch andere Gehirnareale senden ihrerseits Impulse an den Thalamus, die von dort aus in die Umwelt abgestrahlt werden.

Von entscheidender Bedeutung sind hierbei Frequenzen, die im 10-Hz-Bereich (Alpha) liegen, also der Grundresonanz-Frequenz der Erde ähnlich sind.[15]

Geschlossene Zeitschleife (CTC)

Die *Relativitätstheorie* verlangt, daß die Weltlinien, auf denen sich die Masseteilchen bewegen, zeitartig sind. Moderne Forschungen ergaben, daß massive Objekte (in Übereinstimmung mit der Theorie) Weltlinien, also Raum und Zeit, verbiegen können. Theoretisch wäre es denkbar, daß diese Raum-Zeit-Verdrehungen so stark sind, daß eine Weltlinie in sich zurückgebogen wird und eine geschlossene Schleife bildet. Lokal würden auf der *Weltlinie* die Eigenschaften von Raum und Zeit erhalten bleiben, aber es würden sich merkwürdige Korridore in die Vergangenheit öffnen. Wenn sich ein Masseteilchen auf dieser Schleife immer vorwärts in der Zeit bewegt, dann wird es nach einer endlichen Eigenzeit in seiner eigenen Vergangenheit auftauchen. Solch ein theoretisches Konstrukt nennt man eine geschlossene Zeitkurve oder Zeitschleife oder auch eine CTC (*Closed Timelike Curve*).[10]

Heisenberg'sche Unschärferelation
Eine Folgerung aus den Grundgesetzen der Quantenmechanik ist, daß bestimmte Produkte physikalischer Größen grundsätzlich eine Unbestimmtheit aufweisen. Dieses Unbestimmtheitsprinzip wurde erstmals 1927 von Werner Heisenberg formuliert und gilt im Bereich der atomaren Größenordnungen. Diese Unschärfe in der Mikrowelt kann nicht als Folge einer Meßungenauigkeit aufgefaßt werden, sondern ist eine prinzipielle Eigenschaft. Alle Elementarteilchen unterliegen diesem Unbestimmtheitsprinzip. So ist es zum Beispiel nicht möglich, gleichzeitig die genauen Werte für Ort und Geschwindigkeit eines Elementarteilchens zu bestimmen. Es läßt sich zeigen, daß die Impulsunbestimmtheit dp eines Elementarteilchens und seine Ortsunbestimmtheit dx der Beziehung $dp * dx \sim h$ gehorchen müssen.
Die konstante Größe h wird als Planck'sches Wirkungsquantum bezeichnet und hat den Wert $h = 6.6.261 * 10^{(-34)}$ Js.[10]

Kausalität
Kausalität ist das Verhältnis, in dem Wirkung und Ursache zueinander stehen. Die Physik versucht bei Ereignissen den Zusammenhang zwischen Wirkungen und Ursachen systematisch darzustellen. Durch physikalische Gesetze werden zukünftige Ereignisse auf zeitlich früher liegende zurückgeführt, und aus vorhandenen Daten werden zukünftige Zustände vorausberechnet. Das heißt die Ursache liegt zeitlich immer früher als die Wirkung. Die kausale Struktur der relativistischen Raum-Zeit unterscheidet sich grundlegend von der klassischen, Newton'schen Raum-Zeit. In der Newton'schen Physik nahm man an, daß alle zeitlich früher liegenden Ereignisse im Prinzip alle zukünftigen Ereignisse beeinflussen konnten. Dazu mußte man aber eine unendlich schnelle Ausbreitung der Wirkungen postulieren (Fernwirkungstheorie). Mit der Relativitätstheorie, die für jede Form der Signalausbreitung eine obere Grenze setzte (die Lichtgeschwindigkeit), erkannte man, daß es keinen unbeschränkten Kausalzusammenhang geben kann. Für jedes Ereignis E der Gegenwart teilt der zu E gehörige Lichtkegel den Raum in drei Bereiche ein:

(1) Im Zukunftskegel liegen alle die Ereignisse, die von E durch elektromagnetische Wechselwirkungen beeinflußt werden können.
(2) Im Vergangenheitskegel liegen alle Ereignisse, die E hätten beeinflussen können.
(3) Alle anderen Ereignisse bilden den dritten Bereich außerhalb, das „Anderswo".

Die relativistische Bedingung, daß reale Weltlinien niemals den Lichtkegel verlassen können, sichert die Kausalstruktur unserer vierdimensionalen Raum-Zeit.[10]

Moleküle und Gefühle

Wir haben nur die Chance, Körper, Psyche und Geist zu verstehen, wenn wir den Mechanismus des Zusammenspiels von Atomkernen, Elektronen und den dahinterstehenden Energien und Kräften entdecken. Das setzt voraus, daß wir den Fachbereich der *Quantenelektrodynamik* (QED) für diese Beschreibung zugrunde legen. QED gilt als die exakteste und erfolgreichste wissenschaftliche Theorie, für die Feynman, Schwinger und Tomo Nago 1965 den Nobelpreis erhielten.

Hieraus geht hervor, daß das gesamte Universum, die ganze Erdenwelt, die gesamte Natur und unser ganzes Leben unter anderem auf der unentwegt ablaufenden Wiederholung von nur drei elementaren Vorgängen beruhen:

1. der elektromagnetischen Welle, welche die Bewegungen des *Elektrons* kennzeichnet;
2. der elektromagnetischen Welle, welche die Bewegung des *Photons* kennzeichnet, und
3. der Wechselwirkung dieser beiden Wellen.

Alle sich ungleichförmig bewegenden Elektronen und alle elektrisch nicht neutralen, also alle geladenen Teilstrukturen oder Körper sind Sender elektromagnetischer Felder mit Kraftwirkung. Ein völliges Stillstehen gibt es nicht. Das bedeutet: *Alle Moleküle und Körper haben eine Quantenenergie.*

Jedes Atom und jedes Molekül kennzeichnet sich durch charakteristische Quantenenergie aus, ähnlich eines Fingerabdrucks. Alle Bio-Regulatoren wie Hormone, Anti-Gene, Substrate der Enzyme haben elektrische Eigenladungen (*fingerprints*), die sich meistens als Di-Pole darstellen. Gleichzeitig haben alle diese Moleküle eine mechanische Eigenschwingung. Beide zusammen genommen (Di-Pol-Moment und Vibration) fungieren als Sender von elektromagnetischen Wellen.

Ihre Partner, wie Rezeptoren, Antikörper und Enzyme fungieren wiederum als spezifische Empfänger dieser Wellen. Der spezifische Empfang der gesendeten Welle, das heißt, daß der Empfang von Informationen als codierte Energie dabei über Resonanz geschieht. So entsteht *Realität!*[15]

Paralleluniversum

In einer modernen Interpretation der Quantentheorie (Viele-Welten-Theorie) wird eine hypothetische Erweiterung unseres Universums angenommen. Unser aktueller Kosmos ist Teil eines umfassenden Multiversums, das aus einer ungeheuren Anzahl von separaten, unterschiedlichen oder auch parallelen Universen besteht. Direkte Wechselwirkungen (zum Beispiel Austausch von Materie) zwischen diesen Universen sind nicht zulässig.[10]

Photon

Das kleinste Paket des elektromagnetischen Feldes. Es ist das Austauschteilchen der elektromagnetischen Wechselwirkung (von den Radiowellen über das sichtbare Licht bis hin zur Gammastrahlung). Als Elementarteilchen besitzt das Photon keine Ruhemasse, da es sich konstant mit Lichtgeschwindigkeit fortbewegt. Licht kann als ein Strom von Photonen aufgefaßt werden, von denen jedes die Energie $E = h * v$ besitzt. Jedem Photon kann in Übereinstimmung mit dem Welle-Teilchen-Dualismus eine Wellenlänge und eine Frequenz zugeordnet werden. Dabei gilt: Je höher die Frequenz, desto kürzer ist die Wellenlänge und desto energiereicher ist die Strahlung.[10]

Planck'sche Länge
Eine Längeneinheit, die mit den Gesetzen der Quantengravitation verknüpft ist. Sie errechnet sich aus den Grundkonstanten der Physik und hat den Wert $l(p) = 1,62 * 10^{(-33)}$ cm. In dieser Größenordnung hört der Raum auf, wie wir ihn kennen. Unterhalb der Planck'schen Länge wird der Raum zum sogenannten Quantenschaum und unterliegt gewaltigen Quantenfluktuationen.[10]

Planck'sche Zeit
Exakt: die Zeit, die das Licht braucht, um die Planck'sche Länge zurückzulegen. Wenn man die Planck'sche Länge durch die Lichtgeschwindigkeit teilt, so erhält man ungefähr $t(p) = 6,3 * 10^{(-43)}$ s. Die Planckzeit ist mit den Gesetzen der Quantengravitation verknüpft. Wenn zwei Ereignisse durch ein Zeitintervall getrennt sind, das kürzer als die Planck'sche Zeit ist, dann läßt sich nicht mehr feststellen, welches Ereignis früher oder später stattgefunden hat. Die Kausalordnung geht in der Welt der Planck'schen Dimensionen verloren.[10]

Quantengravitation
Die beiden anerkannten Grundpfeiler und fundamentalen Theorien der Physik sind die Allgemeine Relativitätstheorie und die Quantenmechanik. Bei der Quantengravitation handelt es sich um ein Programm, das diese beiden Theorienzweige vereinheitlichen will. Angestrebt wird eine umfassende Theorie bezüglich der Gravitation, die auch Quanteneffekte einbezieht.[10]

Quantenschaum
Schaumartige Struktur des Raumes, die sich nach den Gesetzen der Quantengravitation unterhalb der Planck'schen Länge ausbildet. Er erscheint topologisch betrachtet als dynamisch vielfach zusammenhängend. Winzige Henkel, Öffnungen und Wurmlöcher durchbrechen die glatte Struktur des Normalraumes und verbinden sich zu einem komplexen Gebilde, in dem Quantenfluktuationen dominieren.[10]

Raum-Zeit

Alle Ereignisse, ebenso wie alle Massen, existieren in Raum und Zeit. Einem Ereignis kann man vier Koordinaten zuordnen, drei Raumkoordinaten x, y , z und eine Zeitkoordinate t. Diese Koordinaten bilden einen Ereignispunkt in einem vierdimensionalen Kontinuum. Die Raum-Zeit ist die Gesamtheit aller Ereignispunkte. Weltlinien, die sich aus Ereignispunkten zusammensetzen, beschreiben Ereignisse und Bewegungen von Körpern. Da die Lichtgeschwindigkeit die größtmögliche Kommunikationsgeschwindigkeit ist, liegen die Weltlinien innerhalb der relativistischen Lichtkegel, die der Raum-Zeit eine besondere Struktur verleihen. [10]

Raum-Zeit-Krümmung

Die Existenz von Gravitationsfeldern bedingt in unserem Universum eine von Ort zu Ort wechselnde geometrische Struktur des Raumes, die Raumkrümmung. In der Nachbarschaft von massereichen Körpern wird der Raum so verändert, daß elektromagnetische Strahlung und Materieteilchen gekrümmten Bahnen folgen (Geodäten). Untersucht man die Struktur des Universums als Ganzes, dann ergeben sich drei theoretisch mögliche Fälle:

(1) Raumkrümmung Null:
Die Struktur des Raumes entspricht dem unendlichen, euklidischen, flachen Raum, in dem die kürzeste Verbindung zwischen zwei Punkten eine gerade Linie ist.
(2) Raumkrümmung negativ:
Es handelt sich um einen gekrümmten, unendlich offenen, hyperbolischen Raum (Lobatschewski'sche Geometrie).
(3) Raumkrümmung positiv:
In diesem Fall erhalten wir einen Raum, der ohne Rand in sich geschlossen ist, wie die Oberfläche einer Kugel (Riemann'sche Geometrie).

Zur Zeit ist nicht hinreichend geklärt, welcher Fall für unser aktuelles Universum zutrifft. [10]

Resonanz

Resonanz ist Schwingung, und zwar eine zeitlich sich wiederholende Änderung einer oder mehrerer physikalischer Größen um einen Mittelwert. Häufig haben Schwingungen periodische Zustandsänderungen der jeweiligen physikalischen Systeme zur Folge. Bekannte Beispiele hierfür sind neben vielen anderen Schwingungen Saiten, Pendel, Luft und Flüssigkeiten. Außerdem zählen beispielsweise auch Schwingungen im Schwingkreis und die Schwingungen im elektrischen und magnetischen Feld dazu (siehe Elektrizität, Elektronik und Magnetismus). Bei der Pendelschwingung handelt es sich um eine wiederholte Hin- und Herbewegung mit Durchgang durch die Gleichgewichtslage (auch *neutrale Position* genannt). Eine einzelne Bewegung von einer Extremposition zur anderen (eine *Amplitude*) und zurück mit zweimaligem Durchgang durch die neutrale Position bezeichnet man als Zyklus, wobei die Anzahl der Zyklen pro Sekunde oder *Hertz* (Hz) die Frequenz der Schwingung wiedergibt. Ein schwingfähiges System schwingt dann mit der sogenannten *Eigenfrequenz*, wenn man dieses System zu Schwingungen anregt und anschließend sich selbst überläßt.

Zur Veranschaulichung dieses Phänomens betrachten wir uns einen Versuch von Prof. Meyl: Erst bei Resonanz zwischen Sender und Empfänger geht beim Empfänger eine Kontroll-Lampe an als Zeichen dafür, daß die gesendete Energie auch ankommt. Geht man im Experiment aus der *perfekten Resonanz* beziehungsweise *Eigenresonanz* heraus, indem man die Frequenz ändert, geht beim Empfänger die Kontroll-Lampe aus. Nur bei *perfekter Resonanz* (Nikola Tesla) – wobei Resonanz als Synchronismus von Sender, Empfänger und den vermittelten Teilchen zu verstehen ist – kommt hundert Prozent Sendeleistung beim Empfänger an, während andere, die nicht in Resonanz gehen, selbst wenn sie dem Sender näher sind, überhaupt nichts abbekommen (Meyl); erst im Resonanzfall findet ein Datenaustausch (Kommunikation) statt. Die Feldlinien, die dabei vom Sender, also einem Pol, abgegeben werden, können vom Empfänger (dem anderen Pol) ohne Energieverlust nur bei umgekehrter Phase eingesammelt werden. Bei gleich-phasigem Schwingen kann der Empfänger die Signale nicht empfangen.

Erst bei perfekter Resonanz zeigt nach Meyl die Teslastrahlung eine schwingende elektromagnetische Wechselwirkung, das heißt:

- Die Tesla-Strahlung ist ebenfalls eine elektromagnetische Welle, wenn auch eine longitudinale, und
- bei resonant schwingenden Polen erfolgt die gegenseitige Anziehung genauso wie bei ungleichnamigen statischen Polen.[16]

Schumann-Resonanz-Frequenz (Erdfrequenz)

Diese Frequenz entspricht nach ihrem Entdecker Prof. Dr. Schumann (TU München, 1938) der Erdresonanz-Frequenz. Diese Erdresonanz-Frequenz ergibt sich aus dem Verhältnis der Lichtgeschwindigkeit zum Umfang der Erde und entspricht 7,83 Hz. Diese 7,83 Hz entsprechen in auffälliger Weise dem Frequenzmuster des menschlichen Gehirns im Alpha-Bereich (Übergangszustand zwischen Schlaf- und Wachzustand beziehungsweise in Meditation).

Die seit einigen Jahren zunehmende Erhöhung dieser Schumann-Resonanz-Frequenz erklärt sich durch zwei Einflußgrößen, die einerseits künstlichen Ursprungs sind (HAARP) und andererseits einen naturgemäßen Prozeß erklären lassen. Diese naturgemäße Einflußebene stellt unsere Sonne dar.[15]

Schwarzes Loch

Ein stellares Schwarzes Loch ist ein Raumgebiet, in dem ein Stern kollabiert ist. Ein Sternzusammenbruch findet in der Regel dann statt, wenn sich sein nuklearer Ofen erschöpft hat. Die Gravitationskraft zieht die Masse des Sterns in sich zusammen. Wenn sich die Masse in diesem Prozeß auf ein Gebiet reduziert, daß kleiner als der sogenannte Schwarzschildradius ist, dann beherrscht die Gravitation alle anderen Kräfte und schnürt dieses Raumgebiet vom äußeren Universum ab. Die Gravitationskraft wächst im Inneren des Schwarzen Lochs auf unendliche Werte. Nicht einmal die Photonen des Lichts können den Anziehungsbereich eines Schwarzen Lochs verlassen. Das Zentrum eines Schwarzen Lochs, daß sich jeder physikalischen Interpretation entzieht, wird als singulär bezeichnet. Durch die Singularität verliert jede physikalische Theorie ihre Bedeutung. Zur Zeit sind Schwarze Löcher noch hypothetisch, doch besitzen die Astronomen einige Indizien. Es werden einige kosmische Objekte analysiert, deren Beobachtungsdaten auf Schwarze Löcher hinweisen.[10]

Singularität

Ein Punkt im Kontinuum der Raum-Zeit, in dem die physikalischen Gesetze keine Gültigkeit mehr besitzen. Wenn anerkannte Standardtheorien in diesem Punkt unendliche Werte für Dichte, Masse und Gravitationskräfte voraussagen, geben sie indirekt zu, daß keine sinnvollen und empirisch überprüfbaren Aussagen möglich sind. Zum Beispiel wird der Big Bang auch als Anfangssingularität unseres Universums bezeichnet. Die Frage, was vor dem Big Bang geschehen ist, können die Physiker nicht sinnvoll beantworten. Das singuläre Geschehen im Ursprung setzt für jede Theorie eine unüberwindbare Schranke.[10]

Stehende Welle

Eine stehende Welle setzt sich immer aus zwei interferierenden Wellen gleicher Frequenz und Amplitude zusammen. Meist erhält man stehende Wellen bei einer Reflektion an einer Wand, wobei sich die Welle mit der reflektierten Welle überlagert. Eine stehende Welle zeichnet sich besonders dadurch aus, daß bei ihr keine Energieübertragung mehr stattfindet, wie es bei einer fortschreitenden Welle der Fall wäre. Die Energie wird vielmehr gespeichert.

Das menschliche Gehirn, mit seinen 10 hoch 10 Neuronen (Nervenzellen), welche sich in zwei Hemisphären aufteilen, ist unter holografischen Aspekten zu betrachten.

Um dem Prinzip des Hologramms zu entsprechen, sollten sogenannte *stehende Wellen* aufgebaut sein.

Stehende Wellen sind dem Gesetz der Kohärenz zuzuordnen. Die synchron schwingenden Neuronen bilden eine sogenannte *stehende Welle*. Über ein aufgebautes Hologramm des Gehirns bestehen di-

rekte Interaktionsmöglichkeiten mit dem Umfeld, dem ganzen Universum!
Von der Physik wissen wir, daß unter Bedingungen einer *stehenden Welle* eine Informationsübertragung quasi zeitgleich erfolgt, da innerhalb dieser Welle alles mit allem verbunden ist.[15]

Strings

Fadenförmige kosmische Relikte aus der Anfangsphase des Universums. Ihr Durchmesser (ca. $10^{(-30)}$ cm) ist kleiner als der eines Atomkerns, und sie erstrecken sich über riesige kosmische Distanzen. Strings entstehen nicht aus Materie, sondern sind Störungen des Vakuums. Sie sind mit Energie aufgeladener leerer Raum, entstanden in den turbulenten Phasenübergängen des frühen Universums. Es wird angenommen, daß sie als gravitative *Samen* bei der Ausbildung von Galaxien eine wichtige Rolle spielen.[10]

Supraleiter

Unter *Supraleitung* versteht man kurz zusammengefaßt einen makroskopischen Quantenzustand von Elektronenpaaren, die über Photonen miteinander gekoppelt sind. Charakteristisch für einen Supraleiter sind folgende Eigenschaften:

- Ideale Leitfähigkeit und
- idealer Diamagnet.

Die Phänomene der Supraleitfähigkeit sind bei weitem noch nicht vollständig aufgedeckt. So wurde zum Beispiel die Fähigkeit von Supraleitern, Licht speichern zu können, erst in jüngster Zeit entdeckt. Das klingt vielleicht überraschend, doch man sollte sich deutlich vor Augen halten, daß Licht, obwohl uns allen vertraut, nichts eigentlich Greifbares ist. Licht ist reine elektromagnetische Energie, unterteilt in kleine Quanten, sogenannte Photonen, die – wie der Name schon sagt – ständig mit Lichtgeschwindigkeit unterwegs sind. Man kann Photonen zwar durch bestimmte Teilchenreaktionen vernichten, das heißt ihre Energie vollständig auf andere Materie übertragen, ein Photon „einzusperren", gelang jedoch bislang nicht.

Am Rowland-Forschungsinstitut in Cambridge, USA, stellte nun die Harvard-Physikerin Lene Vestergaard Hau fest, daß sich Laserlicht beim Durchqueren von Natrium-Atomen bei fast -270 Grad auf eine Geschwindigkeit von etwa 60 Kilometer pro Stunde abbremsen läßt. Grundvoraussetzung für diesen Bremseffekt ist, daß das Medium in einen sehr exotischen Aggregatzustand übergehen muß, ein sogenanntes *Bose-Einstein-Kondensat,* was ebenfalls die Fähigkeit zur Supraleitung mit einschließt.

Wie wir ferner aus den Forschungen von Fritz Albert Popp wissen, ist die DNS zugleich Antenne, Supraleiter und Licht-Informationsspeicher. Die Geschwindigkeit dieser imaginären Photonen ist schneller als die klassische Lichtgeschwindigkeit.[17]

Vakuumsfluktuation

Unter einem Vakuum versteht man einen Bereich der *Raum-Zeit,* in dem weder Teilchen noch Felder vorhanden sind. Im Vakuum entstehen (bedingt durch die *Heisenberg'sche Unschärferelation*) zufällige und spontane Energieschwankungen, indem sich benachbarte Raumgebiete gegenseitig Energie ausleihen und wieder zurückgeben. Dadurch entstehen zwangsläufig Oszillationen eines physikalischen Feldes. Zum Beispiel bilden sich spontan virtuelle Photonen, die Träger der elektromagnetischen Vakuumsfluktuationen. In entsprechender Weise verkörpern virtuelle Gravitonen den Teilchenaspekt der Gravitationswellen.[10]

Viele-Welten-Theorie

Eine 1957 von dem Physiker Hugh Everett vorgeschlagene Deutung der Quantenmechanik. Diese Deutung zielt darauf ab, das viel diskutierte Meßproblem der Quantenmechanik zu lösen. Es handelt sich dabei um den sogenannten Zusammenbruch der Wellenfunktion. Wenn man eine Messung durchführen will, um eine physikalische Größe zu bestimmen, befindet sich das System vor der Messung in einem Zustand, in dem alle Lösungen für das zeitliche Verhalten des physikalischen Systems enthalten sind. Das System wird durch die Schrödinger-Wellenfunktion vollständig beschrieben. Dabei ist die Quantisierung der physikalischen Größen automatisch Bestandteil der Lösungen. Die Wellenfunktion bricht bei der Messung zusammen, da nur eines der vielen wahrscheinlichen Resultate gemessen und realisiert wird. Die vorherrschende Kopenhagener Deutung der Quantenmechanik besagt, daß die Wellenfunktion, in der alle Möglichkeiten enthalten sind, keine Realität an sich darstellt. Das Quadrat des Absolutbetrags der Wellenfunktion läßt sich aber anschaulich beschreiben: Es gibt die Wahrscheinlichkeit des Teilchens oder des Teilchensystems an, daß es sich in einem bestimmten Raumgebiet aufhält. Über die Eigenschaften von Teilchen werden in der Kopenhagener Deutung nur Wahrscheinlichkeitsaussagen gemacht. In der Deutung der Viele-Welten-Theorie versucht man nun, alle anderen Meß-Ereignisse, die beim Zusammenbruch der Wellenfunktion als Ballast ausscheiden, in die Realität zu holen. Jedes mögliche Meß-Ereignis existiert tatsächlich, nur jeweils in einem eigenen Universum. Jede Wahlmöglichkeit des Systems spaltet das Universum in voneinander unabhängige Zweige auf. Der Meß-Prozeß stellt daher keine Wahl zwischen Meß-Ereignissen dar, sondern eine Wahl zwischen Universen. Alle Möglichkeiten der Wellenfunktion werden in einem Superuniversum paralleler Welten realisiert. Zur Zeit wird die Viele-Welten-Theorie von der Mehrzahl der aktiven Physiker abgelehnt. Die Idee einer unermeßlichen Vielfalt von parallelen Universen, die für uns physikalisch unerreichbar sind, wird von vielen Physikern als unnötiger Begriffsballast verworfen.[10]

Virtuelle Teilchen
Elementarteilchen, die spontan und extrem kurzfristig im Vakuum entstehen. Sie verdanken ihre Existenz der *Heisenberg'schen Unschärferelation*. Die Teilchen entstehen paarweise und „borgen" sich Energie aus den benachbarten Raumgebieten. Die Unschärferelation verlangt, daß sie ihre Energie schnell wieder zurückgeben, so daß sie nicht eingefangen werden können. Die „geborgte" Energie wird zurückbezahlt, und die Teilchen vernichten sich. Virtuelle Teilchen lassen sich daher als Resultat von *Vakuumsfluktuationen* auffassen.[10]

Weißes Loch
Das hypothetische Gegenstück eines Schwarzen Lochs. Während in einem Schwarzen Loch die Materie unaufhaltsam in die Singularität kollabiert, strömt aus der Singularität des *Weißen Lochs* unablässig Materie in den umgebenden Raum.[10]

Welle-Teilchen-Dualismus
Beschreibung subatomarer Phänomene als Wellen *und* als Teilchen. Seit dem 17. Jahrhundert herrschte unter den Physikern Streit darüber, ob das Licht als Welle oder als transportable Masse (Teilchen) anzusehen ist. Auf der einen Seite stand Newton, der die Teilchenhypothese vertrat, auf der anderen Seite Huyghens, der das Licht als Wellenbewegung deutete. Im 18. und 19. Jahrhundert schien sich mit den erfolgreichen Interferenz- und Beugungsversuchen des Lichts zunächst die Auffassung Huyghens durchzusetzen. Bis Einstein 1905 in seiner Erklärung des photoelektrischen Effekts nachwies, daß sich Licht auch als diskreter Strom von Photonen äußern kann. Photonen bezeichnen die partikelhaften Träger der elektromagnetischen Wechselwirkung. Als um 1920 gezeigt wurde (de Broglie u.a.), daß man umgekehrt auch Elektronen eine Wellenlänge zuordnen kann, wurde der Welle-Teilchen-Dualismus als Beschreibung subatomarer Phänomene endgültig anerkannt. Niels Bohr formulierte die Idee der Komplementarität. Ein bestimmtes Geschehen, zum Beispiel Licht, kann nicht nur auf der Basis einer einzigen Vorstellung allein beschrieben werden, sondern es existiert eine dazu komplementäre Beschreibung. Welle und Teilchen sind im Bereich der atomaren Größenordnungen gleichberechtigte Beschreibungsweisen. Die beiden komplementären Beschreibungen schließen sich allerdings bei der Interpretation eines Experiments gegenseitig aus.[10]

Wurmloch
Ein Wurmloch ist eine tunnelförmige Verbindung zwischen zwei weit entfernt voneinander liegenden Raumpunkten. Es stellt eine Art Abkürzung in der gekrümmten Raumzeit dar, indem es die Krümmung einfach umgeht. Nach der Relativitätstheorie kann

man Licht zwar nicht überholen, aber mit einem Wurmloch läßt es sich austricksen.[10]

Zeitdehnung

Die *Relativitätstheorie* behauptet, daß bewegte Uhren langsamer gehen als ruhende, wenn man sie vom ruhenden System aus betrachtet, d.h. für den bewegten Beobachter verlangsamt sich der Zeitverlauf. Ist im System S die Dauer der Ereignisse gleich dt, so beträgt sie im bewegten System S^* – entsprechend der Lorentztransformation $dt^* = dt \cdot SQRT(1 - v^2/c^2)$.

Zum Beispiel blieb 1971 ein Flugzeug mit einer extrem genauen Cs-Atomuhr 15 Stunden lang in der Luft. Die durchschnittliche Reisegeschwindigkeit des Flugzeugs betrug ca. 1.200 km/h, das sind etwa 0.001% von c. Nach 15 Stunden wurde eine Zeitverschiebung von 0.00000047 Sekunden gegenüber einer identischen, am Boden zurückgebliebenen Uhr gemessen. Das ist genau die Größe der zu erwartenden Zeitdehnung.[10]

Literatur- und Quellenverzeichnis:

(1) *Dirk Jasper-Fimlexikon*, www.djfl.de
(2) Die Filme *Matrix* und *Matrix reloaded*, Warner Brothers
(3) www.ngfg.com/texte/ae007.htm
(4) *Denken am Rande des Undenkbaren*, Rupert Sheldrake, Terence McKenna, Ralph Abraham, Piper-Verlag
(5) Magazin *Spektrum der Wissenschaft*, Sonderausgabe *Biographie Kurt Gödel*, Juni 2003
(6) Universitäts-Veröffentlichung der Valparaiso-Universität in Calgary, Kanada
(7) Privatarchiv Morpheus
(8) *Cosmic Consciousness in Humanity*, Kaznacheyev, Vlail p. und Trofimov, Alexander V., Tomsk, 1992
(9) *Die Natur der Rhythmen im menschlichen Leben*, Prof. Karl Hecht, Institut für Psychosoziale Gesundheit GbR, Büxensteinallee 25, 12527 Berlin
(10) *Kleines Lexikon physikalischer Begriffe zu Raum und Zeit*, Klaus Scharff, http://home.arcor.de/klaus.scharff/time/info2.htm
(11) Magazin *Spektrum der Wissenschaft*, 02/2000, 20.01.2000
(12) www.allmystery.de/raum_zeit/wurmloecher/negative_energie.shtml
(13) www.terra.es/personal2/hyperspace/home.htm
(14) www.allmystery.de/raum_zeit/wurmloecher/casimir_effekt.shtml
(15) Morpheus
(16) www.rossaint.de
(17) www.physik.uni-augsburg.de/exp6/courses/fp21/fp21.shtml
(18) *Die gegenwärtige Situation der Quantenmechanik*, Erwin Schrödinger, Naturwissenschaften 23, 1935, S. 807ff

Bildquellen:

(1) *Die Kinder des neuen Jahrtausends,* Jan Udo Holey, Ama Deus Verlag, www.amadeus-verlag.com, S. 383
(2) www.astronews.com
(3) www.astronews.com
(4) www.astronews.com
(5) NASA-Archiv, NASA-News, Hubble-Teleskop (SOHO), 2002
(6) *Postmortale Zustände,* Burkhard Heim und *Die erweiterte einheitliche Quantenfeldtheorie von Burkhard Heim,* Wolfgang Ludwig, Resch 2000, ISBN 3-85382-063-8
(7) siehe (6)
(8) siehe (6)
(9) Privatarchiv Morpheus
(10) *Chronobiologie,* Autor nicht bekannt, Leipzig 1973
(11) Privatarchiv Morpheus
(12) *Whispers of the cosmos,* Dr. George Merkl, El Paso, 2000
(13) siehe (12)
(14) siehe (12)
(15) *Biophotonen – Das Licht in unserem Zentrum,* Marco Bischof, Verlag Zweitausendeins, siehe auch www.marcobischof.com
(16) *Die Kinder des neuen Jahrtausends,* Jan Udo Holey, Ama Deus Verlag, www.amadeus-verlag.com, S. 53
(17) Prof. R. Wever, Max-Planck-Institut, Andechs
(18) *Biologie des Lichts – Grundlagen der ultraschwachen Zellstrahlung,* Prof. Fritz-Albert Popp, Blackwell-Verlag
(19) *Unsichtbare Umwelt – Der Mensch im Spielfeld elektromagnetischer Kräfte,* Prof. H. König, München, S. 90
(20) Privatarchiv Morpheus
(21) siehe (20)
(22) siehe (20)
(23) siehe (20)
(24) siehe (6)
(25) siehe (6)
(26) *The Art of MboC,* 1995 Garland Publishing, Inc.
(27) siehe (15)
(28) siehe (15)

(29) siehe (19)
(30) siehe (5)
(31) *Physik der Erleuchtung*, Dr. M. Strzempa-Depre, Goldmann, 1988, S. 41
(32) Prof. Bawin, internes Forschungsergebnis, 1975, aus Archiv von Prof. König – siehe auch unter (19)
(33) *Der Maya-Faktor*, José Arguelles, München, 1990
(34) Privatarchiv Morpheus
(35) *Die Natur der Rhythmen im menschlichen Leben*, Prof. Karl Hecht, Institut für Psychosoziale Gesundheit GbR, Büxensteinallee 25, 12527 Berlin
(36) siehe (35)
(37) K. Endo, Photo Courtesy of Prof. Yohsuke Kamide, National Geophysikal Data Center
(38) *The Mayan Prophecies*, Adrian G. Gilbert & Maurice Cotterell, Element Books, 1994, ISBN 1-85230-431-6, S. 207
(39) siehe (38), S. 284
(40) NOAA/SEC, Boulder, CO, USA
(41) siehe (38), S. 287
(42) *Sferics – Die Entdeckung der Wetterstrahlung*, H. Baumer, Rowohlt, Hamburg, 1987
(43) Hal Crawford, 1981, Tom Bearden, www.cheniere.org
(44) Vorderasiatisches Museum, Berlin
(45) *Der zwölfte Planet*, Zecharia Sitchin, München, 1995
(46) siehe (44)
(47) siehe (45)
(48) siehe (45)
(49) siehe (45)
(50) siehe (45)
(51) siehe (45)
(52) siehe (45)
(53) *Den Göttern auf der Spur*, Stefan Erdmann, Ama Deus Verlag, 2001, ISBN 3-9807106-6-1, S. 166
(54) siehe (53), S. 168
(55) Privatarchiv Morpheus

DIE REALITÄTENMACHER

MORPHEUS

Physik des Bewußtseins

In seinem zweiten Buch führt Morpheus den Leser erneut in die faszinierende Welt des Geistes und erklärt, wie die *Matrix* – also das Webmuster des Lebens – funktioniert, und wie der Mensch sich darin erkennen und – sollte dies sein Wunsch sein – auch daraus befreien kann.

Morpheus: *„Das denkende und fühlende neuro-chemische Netzwerk eines Menschen erzeugt eine Realität, welche dem jeweils Gedachten entspricht.*
Dieser realitätsgenerierende Schöpfungsprozeß – „Denken" genannt – erschafft sowohl die geistige als auch die materielle Ebene des Seins. Die Wahrnehmung dessen, was wir als „unsere Realität" bezeichnen, ist das Summenprodukt aller bisherigen Denkprozesse (unserer eigenen und der aller anderen)...
Was wir gewohnt sind, als „äußere physikalische Erscheinungen" zu bezeichnen, ist in Form materieller Objekte konditioniert und muß definitionsgemäß intersubjektiv in jeder Psyche existieren. Um die Unbegrenztheit unserer Möglichkeiten in all ihrem Potenzial zu erfassen, bedarf es einer glaubhaften Darstellung gegenüber der Ratio- und intuitiven Ebene.
Tatsächlich existieren solche überzeugenden und glaubhaften Belege aus der Naturwissenschaft, die eine willkürlich gesetzte Grenze zwischen Geist und Materie aufhebt und hierdurch sehr wirkungsvoll zu einer Verinnerlichung der eigenen Fähigkeiten beiträgt...

Denken ist eine Art Reflexion unserer Wahrnehmung, jedoch ist das, was wir wahrnehmen, nur ein individuell konditioniertes Muster einer künstlichen Wirklichkeit. Die tatsächliche Wirklichkeit hingegen ist anders ...

„Die Realitätenmacher" beschreibt dieses „anders"!"

ISBN 3-9501801-3-3 • 21,00 Euro

DIE KINDER DES NEUEN JAHRTAUSENDS

Jan Udo Holey

Mediale Kinder verändern die Welt!

Der dreizehnjährige Lorenz sieht seinen verstorbenen Großvater, spricht mit ihm und gibt dessen Hinweise aus dem Jenseits an andere wieter. Kevin kommt ins Bett der Eltern gekrochen und erzählt, daß „*der große Engel wieder am Bett stand*". Peter ist neun und kann nicht nur die Aura um Lebewesen sehen, sondern auch die Gedanken anderer Menschen lesen. Vladimir liest aus verschlossenen Büchern und sein Bruder Sergej verbiegt Löffel durch Gedankenkraft.

Ausnahmen, meinen Sie, ein Kind unter tausend, das solche Begabungen hat? Nein, keinesfalls! Wie der Autor in diesem, durch viele Fallbeispiele belebten Buch aufzeigt, schlummern in allen Kindern solche und viele andere Talente, die jedoch überwiegend durch falsche Religions- und Erziehungssysteme, aber auch durch Unachtsamkeit oder fehlende Kenntnis der Eltern übersehen oder gar verdrängt werden. Und das spannendste an dieser Tatsache ist, daß nicht nur die Anzahl der medial geborenen Kinder enorm steigt, sondern sich auch ihre Fähigkeiten verstärken. Was hat es damit auf sich?

Lauschen wir den spannenden und faszinierenden Berichten medialer Kinder aus aller Welt, darunter

- die hellsichtig-medialen Kinder, die in Kontakt mit der geistigen Welt – mit dem ‚Jenseits' - stehen,
- die Kinder, die sich an ihr letztes Leben erinnern können,
- die *Indigo-Kinder*, die durch ihr hyperaktives Verhalten, ihre extreme Art, sich nicht anzupassen, und ihren hohen IQ auffallen,
- die supermedialen chinesischen Kinder, die nicht nur in der Lage sind, mit den Ohren oder den Händen zu lesen, sondern auch Gegenstände aus dem „Nichts" zu materialisieren, und
- die Kinder, die eine neue – bisher als „*mutiert*" bezeichnete – DNS aufweisen und daher nicht nur gegen infiziertes Blut resistent, sondern selbst gegen Krebszellen immun sind.

ISBN 3-9807106-4-5 • 23,30 Euro

DEN GÖTTERN AUF DER SPUR

Stefan Erdmann

Gentechnik vor 400.000 Jahren

Waren wir bisher der Meinung, daß die Frage nach der Entstehung des Menschen längst geklärt sei? Wenn ja, werden wir durch dieses Werk eines besseren belehrt. Stefan Erdmann hat auf seinen Expeditionen durch sechs Kontinente, schwerpunktmäßig jedoch durch den afrikanischen, Entdeckungen gemacht, die sehr überzeugend darlegen, daß die ersten Kulturbringer der Menschheit einst *von den Sternen* kamen und genetisch in die Entwicklung auf der Erde eingegriffen hatten.

Auf seiner Suche nach Anhaltspunkten, die diese These unterstützen würden, hatte er Gebiete Afrikas besucht, die nie zuvor ein Weißer betreten hatte, traf dabei auf Menschen, von denen bisher kein Mensch wußte, daß sie überhaupt existierten, besuchte verborgene Täler, von denen bisher nur Mythen berichteten und stieß dabei immer wieder auf Hinweise, die einen Eingriff von *außen* bestätigten.

Auch wenn wir solch einer Annahme bisher noch skeptisch gegenüber eingestellt gewesen sein sollten, wird sich das nach der Lektüre dieses Buches gerändert haben. Wie ein roter Faden ziehen sich Berichte über diese „Besucher" durch die Geschichte der Menschheit und wir werden dabei unweigerlich mit der Frage konfrontiert, ob der Mensch wirklich die Krone der Schöpfung ist, wie es das Alte Testament lehrt, oder nur ein evolutionärer Fremdling, der sein Auftauchen der Laune einer Gruppe von „Göttern" zu verdanken hat?

Begeben wir uns mit dem Autor auf eine faszinierende und teilweise fantastisch anmutende Spurensuche durch die verschiedenen Kulturen dieses Planeten und erfahren dabei von Ereignissen, die der klassischen Archäologie nicht nur unangenehm werden, sondern diese teilweise gänzlich über den Haufen werfen. Seien wir auf die Überraschungen gespannt, die wir mit Stefan Erdmann auf seiner Zeireise durch die Menschheitsgeschichte erleben werden und folgen wir ihm auf den Spuren der Götter.

ISBN 3-9807106-6-1 • 20,30 Euro